U0450640

本著作系河南省高等学校人文社会科学重点研究基地河南工业大学"媒介生态与社会治理创新研究中心"的研究成果。

技术与认同

新生代农民工手机媒介使用与社会认同研究

黄俊华◎著

Technology and Identity
Research on Mobile Media
Use and Social Identity of
the New Generation of Migrant Workers

中国社会科学出版社

图书在版编目(CIP)数据

技术与认同:新生代农民工手机媒介使用与社会认同研究/黄俊华著.
—北京:中国社会科学出版社,2023.5
ISBN 978-7-5227-1617-6

Ⅰ.①技⋯ Ⅱ.①黄⋯ Ⅲ.①民工—社会认知—研究
Ⅳ.①F323.6

中国国家版本馆 CIP 数据核字(2023)第 047968 号

出 版 人	赵剑英
责任编辑	郭晓鸿
特约编辑	杜若佳
责任校对	师敏革
责任印制	戴 宽

出　　版	中国社会科学出版社
社　　址	北京鼓楼西大街甲 158 号
邮　　编	100720
网　　址	http://www.csspw.cn
发 行 部	010-84083685
门 市 部	010-84029450
经　　销	新华书店及其他书店
印　　刷	北京明恒达印务有限公司
装　　订	廊坊市广阳区广增装订厂
版　　次	2023 年 5 月第 1 版
印　　次	2023 年 5 月第 1 次印刷
开　　本	710×1000　1/16
印　　张	16.5
插　　页	2
字　　数	206 千字
定　　价	88.00 元

凡购买中国社会科学出版社图书,如有质量问题请与本社营销中心联系调换
电话:010-84083683
版权所有　侵权必究

目　录

第一章　导论 ···（1）
　第一节　研究背景与研究意义 ···（1）
　第二节　文献综述 ···（4）
　第三节　理论视角与核心概念测量 ······································（18）
　第四节　研究方法 ···（25）

第二章　新生代农民工手机媒介使用的调查分析 ·····················（28）
　第一节　新生代农民工手机媒介使用频率 ····························（28）
　第二节　手机媒介使用动机 ···（39）
　第三节　新生代农民工手机媒介使用效果 ····························（52）

第三章　媒介化时代新生代农民工的社会认同 ·······················（66）
　第一节　文化认同 ···（66）
　第二节　群体认同 ···（77）
　第三节　地域认同 ···（81）
　第四节　地位认同 ···（89）
　第五节　职业认同 ···（93）
　第六节　政策认同 ···（102）

第七节　新生代农民工社会认同的因子分析 …………（110）

第四章　新生代农民工手机媒介使用与社会认同的
　　　　　相关性 ……………………………………（114）
　第一节　手机媒介使用频率与社会认同 ……………（114）
　第二节　手机媒介使用动机与社会认同 ……………（124）
　第三节　手机媒介使用效果与社会认同 ……………（132）
　第四节　新生代农民工媒介化社会的认同 …………（141）

第五章　手机媒介使用对新生代农民工社会认同的
　　　　　影响过程 ……………………………………（146）
　第一节　手机媒介使用影响社会认同的三个阶段 ………（148）
　第二节　手机媒介使用对新生代农民工社会
　　　　　认同的意义 …………………………………（165）

第六章　结论与政策建议 ………………………………（178）
　第一节　基本结论 ……………………………………（178）
　第二节　政策建议 ……………………………………（185）

参考文献 …………………………………………………（196）

附录一　城市务工人员生活状况调查问卷 ……………（207）

附录二　城市务工人员生活状况访谈提纲 ……………（222）

后记 ………………………………………………………（252）

表 目 录

表1-1 研究者关于农民工社会认同的概念及测量 ……… (23)
表1-2 样本的描述性分析 …………………………… (26)
表2-1 新生代农民工媒介使用的描述分析 …………… (29)
表2-2 新生代农民工每天媒介使用频率的描述分析 …… (30)
表2-3 农民工媒介使用情况的描述分析 ……………… (31)
表2-4 农民工手机媒介每天使用频率的描述性分析 …… (33)
表2-5 性别与新生代农民工媒介使用的描述分析 ……… (34)
表2-6 新生代农民工的性别与每天手机媒介使用频率的描述分析 ………………………………… (35)
表2-7 新生代农民工的受教育程度与媒介使用的描述分析 ……………………………………… (35)
表2-8 新生代农民工的受教育程度与每天媒介使用频率的描述分析 ……………………………… (37)
表2-9 受教育程度与新生代农民工每天媒介使用频率的描述分析 ………………………………… (37)
表2-10 新生代农民工的经济收入与每天媒介使用频率的描述分析 ……………………………… (39)
表2-11 新生代农民工每天闲暇时间描述性分析 ………… (40)

表2-12 新生代农民工媒介使用动机的描述分析……………(41)
表2-13 新生代农民工手机使用动机………………………(42)
表2-14 新生代农民工手机媒介使用动机…………………(42)
表2-15 农民工闲暇时间活动的描述分析…………………(43)
表2-16 农民工媒介使用动机的代际差异…………………(44)
表2-17 新生代农民工手机媒介使用动机代际差异的
　　　 描述性分析……………………………………………(46)
表2-18 新生代农民工的性别与手机媒介使用动机的
　　　 描述分析………………………………………………(46)
表2-19 新生代农民工性别与手机媒介使用动机的
　　　 描述性分析……………………………………………(47)
表2-20 新生代农民工的受教育程度与手机媒介使用动机的
　　　 描述分析………………………………………………(48)
表2-21 新生代农民工的受教育程度与手机媒介使用
　　　 动机的描述性分析……………………………………(49)
表2-22 新生代农民工的经济收入与手机媒介使用动机的
　　　 描述分析………………………………………………(50)
表2-23 新生代农民工的经济收入与手机媒介使用
　　　 动机的描述性分析……………………………………(52)
表2-24 新生代农民工媒介使用效果评价的描述分析……(53)
表2-25 新生代农民工对手机媒介使用效果评价的
　　　 描述分析………………………………………………(54)
表2-26 农民工媒介使用效果代际差异的描述分析………(55)
表2-27 农民工手机媒介使用效果代际比较的
　　　 描述性分析……………………………………………(56)

表号	标题	页码
表2-28	新生代农民工的性别与媒介使用效果描述分析	(57)
表2-29	新生代农民工的性别与手机媒介使用效果描述分析	(59)
表2-30	新生代农民工的受教育程度与媒介使用效果描述分析	(60)
表2-31	新生代农民工的受教育程度与手机媒介使用效果描述分析	(61)
表2-32	新生代农民工的经济收入与媒介使用效果描述分析	(62)
表2-33	新生代农民工的经济收入与手机媒介使用效果描述分析	(64)
表3-1	新生代农民工的文化认同的描述分析	(68)
表3-2	农民工对本地语言掌握情况描述分析	(70)
表3-3	农民工在家中使用的语言的描述分析	(70)
表3-4	农民工熟悉本地风俗习惯的描述分析	(71)
表3-5	农民工过本地人节日的描述分析	(71)
表3-6	农民工遵照本地人的习惯办事的描述分析	(72)
表3-7	农民工邀请本地人来家做客的描述分析	(73)
表3-8	受教育程度与本地语言掌握程度的描述分析	(73)
表3-9	受教育程度与家中使用语言的描述分析	(74)
表3-10	受教育程度与熟悉本地风俗习惯的描述分析	(75)
表3-11	受教育程度与过本地人节日的描述性分析	(75)
表3-12	受教育程度与遵照本地人习惯办事的描述分析	(76)
表3-13	受教育程度与本地人来家做客的描述分析	(77)
表3-14	新生代农民工群体认同的描述分析	(79)

表 3-15 农民工群体认同的代际比较的描述分析……………（79）
表 3-16 受教育程度与群体认同的描述分析………………（80）
表 3-17 新生代农民工地域认同的描述分析………………（82）
表 3-18 农民工回到老家有无家的感觉的描述分析………（84）
表 3-19 农民工在郑州有无家的感觉的描述分析…………（84）
表 3-20 农民工希望子女在郑州发展的描述分析…………（84）
表 3-21 农民工对未来在郑州打算的描述分析……………（85）
表 3-22 农民工购房意愿的描述分析………………………（85）
表 3-23 受教育程度与对老家感觉的描述分析……………（86）
表 3-24 受教育程度与对郑州感觉的描述分析……………（87）
表 3-25 受教育程度与希望子女在郑州发展的描述分析……（87）
表 3-26 受教育程度与未来打算的描述分析………………（88）
表 3-27 受教育程度与未来购房意愿的描述分析…………（88）
表 3-28 新生代农民工地位认同的描述分析………………（90）
表 3-29 农民工地位认同代际比较的描述分析……………（91）
表 3-30 受教育程度与新生代农民工的地位认同…………（92）
表 3-31 新生代农民工职业认同的描述分析………………（94）
表 3-32 农民工职业认同代际比较的描述分析……………（96）
表 3-33 受教育程度与新生代农民工职业认同的
　　　　描述分析（一）………………………………………（98）
表 3-34 受教育程度与新生代农民工职业认同的
　　　　描述分析（二）………………………………………（100）
表 3-35 新生代农民工政策认同的描述分析………………（102）
表 3-36 农民工政策认同代际比较的描述分析……………（104）
表 3-37 受教育程度与新生代农民工政策认同的
　　　　描述分析（一）………………………………………（106）

表3-38	受教育程度与新生代农民工政策认同的描述分析(二)	(108)
表3-39	社会认同的因子分析	(110)
表3-40	社会认同转换后的平均值	(112)
表4-1	手机使用频率与社会认同方差分析	(115)
表4-2	手机使用频率与社会认同的多元OLS分析	(116)
表4-3	手机媒介使用频率与社会认同方差分析	(121)
表4-4	手机媒介使用频率与社会认同的多元OLS分析	(121)
表4-5	手机使用动机与社会认同的方差分析	(125)
表4-6	手机使用目的与社会认同的多元OLS分析	(126)
表4-7	手机媒介使用目的与社会认同方差分析	(129)
表4-8	手机媒介使用目的与社会认同的多元OLS分析	(130)
表4-9	手机媒介使用效果与社会认同方差分析	(134)
表4-10	手机媒介使用效果与社会认同的多元OLS分析	(134)
表4-11	手机媒介信任评价与社会认同方差分析	(138)
表4-12	手机媒介信任评价与社会认同的OLS分析	(138)

第一章 导论

第一节 研究背景与研究意义

一 研究背景

本文所称的"新生代农民工",是指出生于20世纪80年代以后,年龄在16岁以上,在异地以非农就业为主的农业户籍人口。我国现阶段新生代农民工总数在1亿人左右。他们作为近年来迅速崛起却又处于弱势地位的群体,已经成为农民工主体力量。不同于老一代农民工,新生代农民工更渴望融入城市,渴望享受现代文明发展的成果。但由于我国长久的城乡差异,新生代农民工游离于城市体制之外,产生职业与身份分离的"半城市化"现象。这种现象导致目前新生代农民工社会认同的"内卷化"趋势。[①] 随着我国新型城镇化进程的推进,促进新生代农民工的融城化与市民化已成为党与政府亟待解决的现实问题。"大众传媒一方面应对农村转移人员进行城市文明教育,提高其城市

[①] 陈菊红:《新生代农民工的研究现状与展望》,《学习时报》2014年6月30日第15版。

适应力，另一方面可为农村转移人员和城市社会提供交流平台，优化农村转移人员的生存环境，从而推动农村转移人员的城市化。"① 在解决新生代农民工的城镇化进程问题时，如何重塑他们的社会认同、推动他们走出社会认同危机是至关重要的问题。②

我们已全面进入媒介社会，社会生活中媒介无处不在。手机媒介作为网络媒体的延伸，具有网络媒体互动性强、信息获取快、传播快、更新快、跨地域传播等特性，已成为新生代农民工使用频率最高的媒体。据《中国互联网络发展状况统计报告》显示，截至2021年6月，我国网民规模达10.11亿，较2020年12月增长2175万，互联网普及率达71.6%。③ 随着移动通信网络环境的不断完善以及智能手机的进一步普及，移动互联网应用向用户各类生活需求深入渗透，促进手机上网使用率增长。从某种程度上看，手机媒介对于新生代农民工来说已经超越了单纯的使用功能，更大程度上作为一种感知的延伸去接触这个世界。"手机不仅仅是一种通讯技术，也不仅仅是一种通讯工具，对于新生代农民工而言，更是一种社会资源。利用这种社会资源，他们实现着制度框架设定之外的社会身份，他们适应着城市的主流生活。"④ 基于媒介使用与社会认同的关系，手机媒介及其使用行为将影响新生代农民工的社会认同，对其社会认同有着重要的建构作用。

因此，本书以新生代农民工的社会认同为研究选题，以新生代农民工的手机媒介使用为切入点，重点探讨新生代农民工手机

---

① 王盛慧、赵亚丽、李红艳：《大众传媒与农民工研究的理想与现实》，《传媒观察》2009年第8期。

② 潘家华、魏后凯：《中国城市发展报告（6）：农业转移人口的市民化》，社会科学文献出版社2013年版。

③ 中国互联网络信息中心：《中国互联网络发展状况统计报告》，2021年8月。

④ 李红艳：《手机：信息交流中社会关系的建构——新生代农民工手机行为研究》，《中国青年研究》2011年第5期。

媒介使用对其社会认同的影响,进而探析以手机媒介推动新生代农民工走出社会认同"二重性"危机的具体路径。

二 研究意义

(一) 学术意义

本书尝试深化和拓展新生代农民工媒介使用与社会认同的研究。社会认同的建构涉及意义系统的传播与再造。[①] 意义系统以象征符号作为其表达符号,一般通过传媒、教育、人际互动等建构起来。当前我国的社会转型造成社会成员的认同分化,尤其是新生代农民工更是陷入"二重性"的认同困境。"尽管新生代农民工对城市的认同高于对农村的认同,对工人身份的认同大于对农民身份的认同,但城市的壁垒和排斥消解着他们对城市的认同。"[②] 通过研究手机媒介使用对新生代农民工社会认同的影响,有助于立足新生代农民工这一特殊群体的体验,揭示手机媒介对社会认同的建构作用。通过研究手机媒介使用对新生代农民工社会认同的影响,探讨其影响和建构社会认同的特点和规律,从而更加科学、准确地把握手机媒介影响和建构社会过程的内在机理,为重塑和引导新生代农民工的社会认同提供扎实的理论支撑。

(二) 实践意义

考察和研究手机媒介影响新生代农民工社会认同的基本特点和规律,由此形成的理性认识,可以帮助相关各方设计和施行更好的行动方案,更加自觉、更有针对性、更有效地发挥手机媒介

[①] 李友梅:《重塑转型期的社会认同》,《社会学研究》2007年第2期。
[②] 陈菊红:《新生代农民工的研究现状与展望》,《学习时报》2014年6月30日第15版。

建构新生代农民工社会认同的积极作用，充分发挥其在新生代农民工融入城市中的正功能，促进新生代农民工更好地适应和融入城市，推动其市民化进程。

新生代农民工的市民化过程嵌入媒介化社会。本书融合大众传媒和社会认同两个研究领域，提出以手机媒介引导和促进新生代农民工构建社会共识，重塑其社会认同，推动新生代农民工更好地适应和融入城市社会生活。

第二节　文献综述

一　农民工媒介使用的研究

（一）农民工媒介使用研究

孙皖宁和苗伟山在其撰写的《底层中国：不平等、媒体和文化政治》一文中以主流新闻和都市电影为切入点，考察了媒体和政府如何在逻辑互动中生产对于农民工或有利或不利的条件，以及农民工在这种霸权话语中如何认识自我，其研究发现，农民工采取的策略是将自己嵌入主流文化空间中。[1]

丁未以湖南攸县的哥村为研究对象，揭示了打工者以互联网和手机等现代通信技术为手段的社区传播特征。其研究显示，在全球化网络社会形成过程中，农民工以中低端媒介技术为工具，根据自己的需求，形成了独具特色的媒介化社会关系和传播实践。[2]

---

[1] 孙皖宁、苗伟山：《底层中国：不平等、媒体和文化政治》，《开放时代》2016年第2期。

[2] 丁未：《流动的家园："攸县的哥村"社区传播与身份共同体研究》，社会科学文献出版社2014年版。

邱林川提出了"新工人阶级的网络社会"这一概念，用以指称网络社会的渗透性突破了信息鸿沟的限制，中下层老百姓也由此得以使用信息技术。他的研究着力描述了南方的打工者对互联网和手机的使用。①

田阡以在深圳务工的湖南攸县籍出租车司机为对象，采用人类学参与观察的田野调查方法，分析了以QQ为主的即时交流软件在农民工中的使用情况。其发现新媒体在农民工中的传播遵循幂律分布，呈现拓扑结构的复杂网络特征。新媒体成为农民工在异地构建业缘关系网络的工具。②

宋红岩和曾静平采用分层抽样问卷调查的方法，对长三角农民工的手机QQ社交平台使用情况进行了实证研究。结果发现，在QQ群意见气候语境下，长三角农民工的反应策略是多元化的，其手机使用中仍存在着"迎合式"与"回避式"的"沉默的螺旋"现象。③

李智和杨子考察了城市中女性农民工在日常生活中通过社交媒体获取信息、娱乐休闲、进修学习以及与亲人交流等方面的情况。在他们的调查中，85.6%的女性农民工反映，自己是社交媒体的使用者。④

黄梅芳认为，由于农民工群体受教育程度和经济水平相对较低，决定其在资讯时代无法和普通市民一样享受传播媒介提供的信息和传播资源。他们中的很多人自我表达意识匮乏、社会资源缺少，因此，很少借助网络等媒体进行自身权益的维护、表达对

---

① 邱林川：《信息时代的世界工厂：新工人阶级的网络社会》，广西师范大学出版社2013年版。
② 田阡：《新媒体的使用与农民工的现代化构建——以湖南攸县籍出租车司机在深圳为例》，《现代传播》（中国传媒大学学报）2012年第12期。
③ 宋红岩、曾静平：《新媒体视域下"沉默的螺旋"理论的检视与研究》，《新闻与传播研究》2015年第4期。
④ 李智、杨子：《女性农民工使用社交媒体调查》，《现代传播》2015年第12期。

社会现象的看法。①

（二）新生代农民工媒介使用研究

周葆华和吕舒宁在对新生代农民工的新媒体使用及评价进行系统的实证考察后发现，新生代农民工的新媒体使用率达到很高水平，已超过传统媒体。他们使用新媒体的目的以人际交往、休闲娱乐功能为主，尤其集中于对 QQ 和百度的使用。同时，新生代农民工对新媒体的评价也显著高于传统媒体。②

胡昊采用质性研究方法对 10 名符合研究要求的务工人员进行了深度访谈。这些访谈对象都是农村户籍、在城市务工，介于 16—35 岁并且使用手机和电视、有媒介消费行为的外地来京务工人员。他们集中在商业服务行业，多为中小学历，很少有务农经历。访谈发现，在对手机和电视的媒介消费中，被访对象获得了信息资讯、休闲娱乐，也在此过程中结合城市生活经验对自己有所定位和反思。但是，新生代农民工由于经济文化、自身素质等因素的制约，对手机和电视认知不足、使用有限。③

黄伟迪以广东省惠州市比亚迪工业园的新生代农民工为调查对象，其考察发现，新生代农民工群体高度依赖新媒体建构人际关系，这种关系相比于老一代农民工基于地缘和业缘的人际网络而言，十分脆弱且多以情感宣泄为导向。④

（三）新生代农民工手机媒介使用

杨善华和朱伟志以珠三角地区农民工手机消费为切入点，将

---

① 黄梅芳：《多媒体时代青年农民工媒介素养现状与对策》，《新闻战线》2014 年第 12 期。

② 周葆华、吕舒宁：《上海市新生代农民工新媒体使用与评价的实证研究》，《新闻大学》2011 年第 2 期。

③ 胡昊：《新生代农民工手机电视使用对其城市融入的影响》，硕士学位论文，中国传媒大学，2015 年，第 1 页。

④ 黄伟迪：《新媒体与新生代农民工的流动生活——比亚迪工业园的民族志调查》，《新闻与传播评论》2011 年第 10 期。

全球化背景下的世界工厂和城乡二元壁垒在社区生活中的再现和新一代流动民工对这种环境的认知作为分析起点，以现象学社会学的"生平情境"这一概念作为分析工具，指出新一代流动民工的手机消费被他们赋予了消费之外的意义。[1]

李红艳对新生代农民工手机使用的调查，分别从信息交流工具的手机、作为技术变革的手机、作为身份认同的手机三个视角，详细描述了新生代农民工与手机之间的密切关系。李红艳指出，手机对于新生代农民工而言，"不仅仅是一个技术资源、工具资源，更是一种社会资源，他们建构了自己当代中国社会中新的身份，并影响了社会的新秩序"。[2]

杨嫚通过对武汉新生代农民工的深度访谈，从手机消费的角度诠释他们如何在新技术使用、青年亚文化、阶层以及城乡二元结构等多个层面的交织之中构建自我的社会身份。杨嫚指出，手机消费给新生代农民工以表达自我身份的主动性，但不能从根本上重塑他们的社会身份。[3]

姜兰花认为，手机的"移动"特性对接新生代农民工的"流动"属性，手机的使用在新生代农民工群体中较为普遍。对于新生代农民工而言，从相对闭塞的农村进入城市，重构在城市中的各种关系，促进城市融入和自己后代的身份转换，拥有并使用手机成为必要。[4]

龙东采用问卷调查和无结构访谈的方法，对珠海市新生代农

---

[1] 杨善华、朱伟志:《手机：全球化背景下的"主动"选择——珠三角地区农民工手机消费的文化和心态解读》，《广东社会科学》2006年第2期。
[2] 李红艳:《手机：信息交流中社会关系的建构——新生代农民工手机行为研究》，《中国青年研究》2011年第5期。
[3] 杨嫚:《消费与身份构建——一项关于武汉新生代农民工手机使用的研究》，《新闻与传播研究》2011年第6期。
[4] 姜兰花:《流动空间里的空间人——新生代农民工手机体使用初探》，《长沙大学学报》2013年第6期。

民工的手机媒介使用行为进行了初步分析。其研究发现，手机媒介已成为新生代农民工生活中不可缺少的一部分，手机消费成为新生代农民工城市化的标志。手机功能多元化满足了新生代农民工的精神需求。①

宋红岩对长三角农民工手机使用与数字鸿沟现象进行了实证研究。研究结果显示，长三角农民工在手机使用的意愿、技能和内容等方面存在着一定的差异性，手机智能应用在一定程度上催化了他们的信息分化与社会分层。②

二　农民工社会认同研究

（一）移民的社会认同研究

新生代农民工属于城市新移民，移民的社会认同研究由来已久。移民研究可以分为跨国移民和国内移民。关于跨国移民，莫利和罗宾斯研究了在后现代地理条件下运用有线和卫星通信的传播环境里，人们是怎样重新塑造集体文化认同的，他们的研究审视了欧洲与其最主要的他者——美国、伊斯兰世界、东方——之间的关系，关注到欧洲认同弱化问题；③ 亨廷顿曾分析了拉美移民和伊斯兰移民对美国认同的挑战，认为若不大力捍卫和发扬盎格鲁新教文化这一特性，国家就会有分化的危险。④ 在这里本研

---

① 龙东：《手机媒体与新生代农民工城市化——基于珠海市新生代农民工手机媒体使用行为的调查》，《特区经济》2015 年第 11 期。
② 宋红岩：《"数字鸿沟"抑或"信息赋权"？——基于长三角农民工手机使用的调研研究》，《现代传播》2006 年第 6 期。
③ ［英］戴维·莫利、凯文·罗宾斯：《认同的空间：全球媒介、电子世界景观与文化边界》，司艳译，南京大学出版社 2003 年版。
④ ［美］塞缪尔·亨廷顿：《我们是谁？——美国国家特性面临的挑战》，程克雄译，新华出版社 2005 年版。

张文宏和雷开春借鉴了亨廷顿有关移民社会认同要素的分析，把城市移民的社会认同分为群体认同、文化认同、地域认同、职业认同、地位认同等五种社会认同类别，探索移民社会认同的内在关系结构，其研究结果表明移民的社会认同呈现出一致性认同与差异性认同并存的关系结构。① 在另一篇文章中，雷开春分析了白领新移民的地位偏移现象，认为城市白领移民在主观社会地位认同上出现一致认同、向上偏移、向下偏移和模糊认同四种倾向。②

管健和戴万稳分析了我国改革开放三十多年来由于城市化进程而迅速分化和形成的第一代城市移民和其子代污名社会表征，认为城市移民污名的建构体现了对话与互动的双向特征，通过锚定和具化机制加以实现。③ 在另一本专著里，管健具体借助社会表征的视角，深层次地阐释了移民污名的社会表征形塑过程和基耦本质，以及移民的污名感知和认同观与应对策略的代际变迁。④

严志兰分析了大陆台商的社会认同特征，剖析了目前大陆台商群体仅限于"小圈子"建构本土化生活，结果造成经济"深耕大陆"而生活很难"根植大陆"的现实冲突。⑤

(二) 农民工的社会认同研究

我国有关农民工的社会认同研究兴起于20世纪90年代初期，

---

① 张文宏、雷开春：《城市新移民社会认同的结构模型》，《社会学研究》2009年第4期。
② 雷开春：《白领新移民的地位认同偏移及其原因分析》，《青年研究》2009年第4期。
③ 管健、戴万稳：《中国城市移民的污名建构与认同的代际分化》，《南京社会科学》2011年第4期。
④ 管健：《身份污名与认同融合：城市代际移民的社会表征研究》，社会科学文献出版社2012年版。
⑤ 严志兰：《大陆台商社会适应与社会认同研究：基于福建的田野调查》，社会科学文献出版社2014年版。

至今仍然是相关学科的重要研究领域。在城乡二元体制和二元社会的限制下，农民工在我国当前的社会结构中仍然属于农民阶层，然而随着农民工居留城市的长期化和家庭化特征日益显著，他们对自身农民身份的心理认同感逐渐降低。这种制度安排、社会结构与心理归属的矛盾性使这一群体的社会认同成为学界的争议性论题。

陈映芳研究发现，"农民工"在80年代以来的中国社会中，是由制度与文化共同建构的第三种身份。这些乡城迁移者的生活目标设定以及在城市的生活原则、生活方式基本上是以农村、农民为参照的。[①]

郭星华和李飞在对北京农民工调查的基础上发现，农民工的社会认同在现实中不是同质线性和单一维度的，而是复杂、多维的，具有二重性的特征。此外，农民工与城市居民的社会交往状况、与城市居民收入的比较、每年在京打工时间以及未来身份归属等因素均对其二重性认同有显著影响。[②] 郭星华和邢朝国提出农民工的社会认同并不是单一维度的，而更多的是一种矛盾性多元化的状况，很少有绝对的城市认同或者乡土认同，反之依然如此，农民工社会认同内在的两个维度之间往往存在着张力。[③]

亓昕分析了宏观制度结构是如何具体地建构了建筑工群体与城市的距离感、他们对农民身份的认同和这个群体内部的形成过程。认为农民工来自劳动力的日常生产与再生产的体验足以促成他们自己不同于城市人的身份认同和模糊的职业认同，地缘和亲缘关系影响包工队的组织过程和劳动过程，同时也影响农民工群

---

① 陈映芳：《"农民工"：制度安排与身份认同》，《社会学研究》2005年第3期。
② 郭星华、李飞：《漂泊与寻根：农民工社会认同的二重性》，《人口研究》2009年第6期。
③ 郭星华、邢朝国：《社会认同的内在二维图式——以北京市农民工的社会认同研究为例》，《江苏社会科学》2009年第4期。

体认同的形成。①

褚荣伟等通过对上海市农民工抽样调查数据的实证分析发现，农民工社会认同存在以户籍为基础的制度性约束和以资源匮乏为特征的能动性限制，主要受文化态度、社会交往、经济成功和社会环境四类变量的影响，农民工的个体人口统计特征也会影响其城市认同的意愿。②

汪新建和柴民权认为，农民工社会认同研究搭配着社会结构路径和主体建构路径。二者对社会认同概念的阐释和理解各有侧重，从而导致二者具有不同的研究视角、先期预设和研究领域，而二者的融合将是未来研究的方向。③

（三）新生代农民工的社会认同研究

新生代农民工的社会认同研究是近年来研究的热点，很多学者意识到社会认同在新生代农民工的城市融入中至关重要，建构社会认同对新生代农民工的社会融入有着巨大的作用与意义。

较早对新生代农民工问题开展研究的学者王春光认为，新生代农民工有了更多的机会与城里人接触和互动，或者更多地受到传媒的影响。他们在外出流动中与周围社会的互动中强化了对其农民身份的认可，但其中有一些人开始试着去认同流入地社会，新生代农民工对家乡的乡土认同总体上在减弱。④

许传新在成都市的问卷抽样调查发现，性别、城市生活体

---

① 亓昕：《农民工社会认同的形成——基于建筑业农民工的考察》，《人口与经济》2013年第1期。
② 褚荣伟、熊易寒、邹怡：《农民工社会认同的决定因素研究：基于上海的实证分析》，《社会》2014年第4期。
③ 汪新建、柴民权：《从社会结构到主体建构：农民工社会认同研究的路径转向与融合期待》，《山东社会科学》2014年第6期。
④ 王春光：《新生代农村流动人口的社会认同与城乡融合的关系》，《社会学研究》2001年第3期。

验、与市民的社会交往状况、与市民之间的社会差异感、城市社会生活的满意度以及是否参与当地城市社区组织等因素，对新生代农民工的身份认同有显著性影响。①

何绍辉认为，新生代农民工并非既有研究刻板印象中的"问题群体"，新生代农民工在城市社会扎根的过程，就是一个"为承认而斗争"的过程。如果通过群体资格这样一种新的研究路径和视角来考察和认识新生代农民工，就可能获得对新生代农民工并非另类的理解和解释。②

谢启文从身份认同、对城市社区的认同、对乡村生活和文化的认同、未来认同四个方面对"80 后"农民工的社会认同状况进行分析，认为其社会认同困境是"80 后"农民工在乡土情境中的乡土记忆和在城市情境中的体验共同作用的结果。③

刘晓丽和郑晶研究发现，新生代农民工对自己的身份认同较为清晰，且大多认同自己的工人身份，职位特征、乡土记忆、城市经历以及发展预期都对新生代农民工身份认同产生一定影响，受教育程度、所处职位、是否了解惠农政策、是否融入城市生活和入户意愿等五个因素最终影响新生代农民工的身份认同。④

吴蓓通过对北京市新生代农民工 9206 份调查问卷的数据分析和访谈发现，北京市新生代农民工社会认同的现状是：对公共政策歧视度呈中性偏消极评价；与市民的人际交往状况较差，但未现隔离与排斥之势；对现代性的城市文化初步接纳与认同；自我

---

① 许传新：《新生代农民工的身份认同及影响因素分析》，《学术探索》2007 年第 3 期。
② 何绍辉：《新生代农民工社会认同问题研究》，《当代青年研究》2009 年第 9 期。
③ 谢启文：《"80 后"农民工的社会认同与城市融入》，《重庆社会科学》2011 年第 12 期。
④ 刘晓丽、郑晶：《新生代农民工身份认同及其影响因素研究》，《华南农业大学学报》（社会科学版）2013 年第 1 期。

身份认同游离于"市民"与"农民"之间。①

柴民权的研究指出，农民工的刻板印象威胁应对策略具有显著的代际差异，表现出截然不同的社会认同管理策略：第一代农民工的社会认同呈现双重认同趋势，其认同管理是稳定和理性的；新生代群体的社会认同则是不稳定和非理性的，其否定策略、角色榜样策略、认同融合策略也有显著差异，这种差异的原因可能是二者具有认同整合的不同心理机制。②

金晓彤和崔宏静基于对新生代农民工文化消费模式的对比，分析了外显性炫耀与内隐性积累的文化消费对应的两种路径在新生代农民工认同建构中的效果。结果表明教育型文化消费有利于新生代农民工通过内隐性路径建构社会认同。③

目前对新生代农民工的社会认同研究多属于社会学路径的研究。这些研究揭示了新生代农民工社会认同的特征及其影响因素。但是，现有研究还很少把大众传媒作为一个独立的影响因素加以专门的考察，还缺少具体而深入地分析大众传媒，尤其是新兴媒体的出现对新生代农民工社会认同的影响。

三 农民工媒介使用与认同的研究

（一）移民的媒介使用与认同研究

"传媒是连接公民、社会、政府、国家的桥梁和纽带，在促进社会整合，构建社会认同，凝聚人心士气，实现社会价值回归

---

① 吴蓓：《二重与多维：融入进程中的社会认同——北京市新生代农民工社会认同研究》，《陕西行政学院学报》2013年第4期。

② 柴民权：《代际农民工的社会认同管理：基于刻板印象威胁应对策略的视角》，《社会科学》2013年第11期。

③ 金晓彤、崔宏静：《新生代农民工社会认同建构的路径选择：外显性炫耀与内隐性积累的文化消费模式对比分析》，《江苏社会科学》2014年第3期。

等诸方面，负有重要的功能和使命。"① 大众传媒是影响社会认同的重要因素。

媒体在移民身份认同和社会融入中的角色与功能，一直是西方传播研究的经典议题，自"芝加哥学派"始，至今已积累了大量成熟的理论资源。帕克深入少数民族社区，对数十种移民报刊进行调查研究后认为，移民报刊的主要作用在于帮助新近加入的移民懂得如何在北美生存下来，很少有报刊鼓励对于原先祖国的忠诚。② 英克尔斯分析了乡城移民向现代人的转变过程，在他看来，大众传媒给人们带来有关现代生活诸多方面的信息，给人们打开了输入新观念的大门，向人们展示新的行为方式。所有这一切在能够接受外来影响的人那里会导致更大的现代性。③

乔同舟认为，由于西方经验与中国现实之间的差异与间离，研究我国"媒体与移民身份认同的关系"，既要借鉴西方经验，更要立足中国语境。"移民与媒体"议题应该置于社会结构和社会政策的互动关系中考察，因为结构与政策的错位和冲突，是我国国内移民身份认同困境产生的主要根源。④

（二）农民工的媒介使用与社会认同研究

杨嫚认为，媒介中的"他者话语"成为受众知识体系的一部分，并通过符号互动被内化为外来务工人员的认知，影响外来务工人员对自我社会身份的评价，进而影响他们对所经历事件的解

---

① 范红霞：《社会认同与传媒使命》，《当代传播》2009 年第 6 期。
② ［美］罗伯特·E. 帕克：《移民报刊及其控制》，展江等译，中国人民大学出版社 2011 年版。
③ ［美］阿列克斯·英克尔斯、戴维·H. 史密斯：《从传统人到现代人——六个发展中国家人的变化》，顾昕译，中国人民大学出版社 1992 年版，第 321 页。
④ 乔同舟：《媒体与移民身份认同研究：从西方经验到中国语境》，《华中农业大学学报》2014 年第 4 期。

释和行为回应。① 在另一篇文章中，杨嫚分析了手机消费对新生代农民工构建社会身份的影响，虽然手机消费给新生代农民工以表达自我身份的主动性，但并不能从根本上重塑他们的社会身份，因为他们的手机消费方式与其在生产领域中的地位以及所处的工作情境始终是紧密相关的。②

丁未通过对攸县的哥村的社区传播研究发现，农民工以中低端媒介技术，按照自己的需求使用甚至创新，形成了独具特色的媒介化社会关系。他们利用新媒体技术主动建构自己的网络，编织他们的身份地位、寻找他们的人生意义与精神家园。③

王锡苓和李笑欣使用社会资本理论，剖析位于北京乡城迁移者聚居地的皮村中乡城迁移者社交媒体的建构及其嵌入的社会资本和身份认同的复杂关系。其研究表明，社交媒体的使用帮助乡城迁移者构建了社会关系网络，但社交媒体及其嵌入的社会资本未能带来乡城迁移者身份认同的改变。④

郑欣基于传统农民工与新生代农民工融入城市意愿差异的分析，认为媒介的全方位延伸深刻地嵌入了新生代农民工的日常生活，改变着他们适应城市的过程，而这一过程的最终走向则是一种身份的再造，即从农民成为市民。⑤

赵莹莹和程砚蓉认为，新的媒介传播方式使城市环境成为不

---

① 杨嫚：《媒介与外来务工人员社会认同》，《西南石油大学学报》（社会科学版）2011年第2期。
② 杨嫚：《消费与身份构建——一项关于武汉新生代农民工手机使用的研究》，《新闻与传播研究》2011年第6期。
③ 丁未：《流动的家园——"攸县的哥村"社区传播与身份共同体研究》，社会科学文献出版社2013年版，第313页。
④ 王锡苓、李笑欣：《社交媒体使用与身份认同研究——以"皮村"乡城迁移者为例》，《现代传播》2015年第6期。
⑤ 郑欣：《媒介的延伸：新生代农民工城市适应研究的传播学探索》，《西南民族大学学报》（人文社会科学版）2016年第6期。

可逆转的流动空间逻辑,对网络传播环境的把控与适应,是城市农民工在这种时空背景下处理社会认同等方面必须要学会的生存技能。①

金艳认为,网络媒体关于农民工的话语形态主要呈现为:与政策同盟的官方话语、"代为立言"的精英话语、与市场共谋的多元话语等。这些话语都不约而同地将农民工群体客体化,在这些话语的合力作用下,新生代农民工在社会认同不断被强化的同时,自我认同却处于被淡化的状态。②

姚崇等分析了新媒体在农民工身份认同塑造中的作用,认为新媒体多种多样的电视节目为农民工提供了诸多展示自己、实现自身理想的平台。农民工可以发出自己的声音,使媒体对农民工的报道多样化,媒体对农民工身份认同的影响正朝着积极的方向变化。③

张青和李宝艳分析了网络媒体对新生代农民工的积极影响和消极影响。积极影响包括网络媒体促进新生代农民工社会经济认同、社会政治认同、社会文化认同和社会身份认同;消极影响包括网络媒体导致新生代农民工产生经济危机感、价值迷茫感和文化疏离感。④

相对于老一代农民工,新生代农民工作为在媒介化社会中成长起来的一代,更有意愿也更善于利用新媒体。新生代农民工并不缺少现代传播观念,尤其是新媒体的出现降低了媒体使用门

---

① 赵莹莹、程砚蓉:《身份·空间·关系——对城市农民工社会认同的人际传播视角解读》,《新闻研究导刊》2013年第13期。
② 金艳:《网络媒体话语影响下新生代农民工的身份认同》,《今传媒》2013年第2期。
③ 姚崇、席海莎、张婉馨:《新媒体发展对新生代农民工身份认同的影响》,《今传媒》2014年第2期。
④ 张青、李宝艳:《网络媒体影响下的新生代农民工社会认同研究》,《福建农林大学学报》(哲学社会科学版)2015年第1期。

槛，他们更为积极主动地利用媒体促进社会认同的建构。但是，现有研究多是对新生代农民工的身份认同研究。"社会认同路径主要关注的是社会认同而不是自我认同。"[①] 为数不多的社会认同研究也属于规范研究，对新生代农民工的媒介使用与社会认同的关系缺少经验层面的研究。

四 文献总结

目前围绕农民工媒介使用与社会认同的相关议题，学者们已开展了研究，并取得了一定的进展。从群体定位上，关注的重心从老一代农民工转向新生代农民工；从媒介对象上，关注的焦点从传统媒体转向新兴媒体；从研究内容上，关注的视角从身份认同转向社会认同。研究者已经开始关注手机媒介所传播的内容内化为个体的价值观念和行为规范，亦即手机媒介影响社会认同建构过程。纵观现有研究，仍有如下缺憾。

首先，在研究视角上，社会学的研究多于传播学，从传播过程、传播机制本身考察手机媒介使用影响新生代农民工社会认同建构过程的系统研究相对薄弱。本研究引入传播学视角，以手机媒介使用行为作为自变量来研究新生代农民工的社会认同问题。

其次，研究内容方面，对社会认同的概念测量较为驳杂，尚未形成相对全面的社会认同框架。本研究借鉴亨廷顿对认同的界定，把社会认同划分为文化认同、群体认同、地域认同、地位认同、职业认同和政策认同等6个维度，围绕这6个维度设计问卷开展调查。

---

① ［澳］迈克尔·A. 豪格、［英］多米尼克·阿布拉姆斯：《社会认同过程》，高明华译，中国人民大学出版社2011年版，第33页。

最后，在研究方法上，多为规范性分析，缺少对手机媒介使用建构新生代农民工社会认同的定量和定性研究。本书立足于经验研究，综合运用定量分析和定性分析的方法展开研究。定量分析主要用于描述新生代农民工手机媒介使用和社会认同状况，以及手机媒介使用与社会认同的相关性；定性分析则用于揭示新生代农民工手机媒介使用影响其社会认同的内在机理。

因此，本书从"手机媒介使用如何影响新生代农民工社会认同建构"这一问题出发，把新生代农民工的社会认同分解为文化认同、群体认同、地域认同、地位认同、职业认同和政策认同，通过描述新生代农民工手机媒介体使用行为，探讨手机媒介对他们社会认同建构的积极作用和消极作用，致力于探寻手机媒介影响新生代农民工社会认同建构过程的内在机理，以促进新生代农民工的市民化，推动他们更好地融入城市社会。

第三节　理论视角与核心概念测量

一　社会认同理论

"认同"译自英文的"identify"一词。它在英文中有多种含义，既包括一些客观的相似或相同特性，如相同的身份、相同的表现，又包括心理认识上的一致性及由此形成的关系。泰费尔将社会认同定义为："个体认识到他（或她）属于特定的社会群体，同时也认识到作为群体成员带给他的情感和价值意义。"[1] 社会认同就是对作为一个群体成员的自我定义，是个人拥有关于其所从属的群体，以及这个群体身份所伴随而来在情感上与价值观上的

---

[1]　张宝瑞、佐斌：《社会认同理论及其发展》，《心理科学进展》2006年第3期。

重要性知识。因此，社会认同一般是基于群体范畴而定义的，"无论人们是被分配到一个群体，还是自己选择到一个群体，他/她所归属的这个群体对于决定其人生体验都具有重要意义"。[1]

每个个体都拥有多个社群的成员资格，却只会使用其中一部分成员资格来建立自己和他人的社会身份。社会认同研究者从个体心理需要入手，提出社会认同的动机在于：透过所认同的社群提高自尊；降低无常感或提高认知安全感；满足归属感或个性的需要；寻找存在的意义。[2]

社会认同理论分为三个基本的社会心理过程：社会分类、社会比较和积极区分。[3] 社会分类是对客观事物进行的分类，以便于更好地理解它们，人们将人进行分类也是为了更好地理解社会环境。社会比较是指为了评价自身将自己与相似的他人进行比较，从而对内群体和外群体的差别化进行比较。积极区分是指个体为了满足自尊或自我激励的需要会突出自己某方面的特长，使自己在群体比较的相关维度上表现得比其他群体成员更出色。

当被支配群体成员感到自己所属群体在声望和权势上处于弱势时，他们会采用多种积极应对策略，包括社会流动策略、社会创造策略和社会竞争策略。[4] 第一种是社会流动策略。社会成员相信群体之间的边界是可渗透的，他们会采取个体性策略，抛弃他们的附属社会认同，转而偏好支配群体的社会认同以及与之相

---

[1] ［澳］迈克尔·A. 豪格、［英］多米尼克·阿布拉姆斯：《社会认同过程》，高明华译，中国人民大学出版社 2011 年版，第 3 页。
[2] 雷开春：《城市新移民的社会认同研究——感性依恋与理性策略》，上海社会科学院出版社 2011 年版，第 11—12 页。
[3] Henri Tajfel, Social Psychology of Intergroup Relations, *Annual Review Pyschology*, 1982 (33), pp. 1–39.
[4] ［澳］迈克尔·A. 豪格、［英］多米尼克·阿布拉姆斯：《社会认同过程》，高明华译，中国人民大学出版社 2011 年版，第 35—37 页。

伴随的物质地位和积极评价。第二种是社会创造策略。社会创造策略不会改变现状，选择一个不同的比较群体，使附属群体的社会认同变得相对积极。第三种是社会竞争策略。现状的合法性受到质疑，不再被视为稳定的和不可改变的，真正的社会变迁是可能的，被支配群体不需要一直处于附属地位。

社会认同是一种视角和方法，因为它是一种独特的理论类型、一种接近社会心理的独特方式。同时，它也是一种理论，因为它包含一系列相关联的命题，经验上可检验的假设就来自这些命题。[1]人们倾向于根据他们与自我的相同与相异来对其他人进行分类；人们不断地将其他人或者感知为与自我是同一范畴的成员（内部群体），或者感知为与自我是不同范畴的成员（外部群体）。[2]

社会认同属于跨学科的术语，不同学科对社会认同现象的取向有所不同：（1）作为心理学取向的社会认同理论，聚焦于社会认同的心理过程及选择策略，强调作为积极行动者的能动性；（2）作为社会学取向的社会认同理论，聚焦于社会文化对社会认同的影响作用，强调社会结构的系统压力和不可抗拒性；（3）作为人类学取向的社会认同理论，聚焦于历史变迁中的身份问题，强调原生情感与工具理性的交互作用。[3]对于本书属于传播学取向而言，社会认同聚焦于手机和手机媒介所传播的内容对于社会认同的影响，强调传播客体对于传播内容的接受和解释。

---

[1] ［澳］迈克尔·A.豪格、［英］多米尼克·阿布拉姆斯：《社会认同过程》，高明华译，中国人民大学出版社2011年版，第17页。

[2] ［澳］迈克尔·A.豪格、［英］多米尼克·阿布拉姆斯：《社会认同过程》，高明华译，中国人民大学出版社2011年版，第27页。

[3] 雷开春：《城市新移民的社会认同研究——感性依恋与理性策略》，上海社会科学院出版社2011年版，第28页。

我们正身处媒介化时代，电视、报纸、手机、网络等媒介提供了丰富的认知资源和拟态环境，个体大多依托这种资源和环境建构自身的认同性。媒体传播有助于塑造某种社会文化和社会对整个世界的看法及其价值观。"媒体文化也为许多人提供了材料，使其确立对阶级、族群和种族、民族、性，以及'我们'与'他们'等的理解。"① 文化研究也关系亚文化群体和个人如何抵制文化与认同性的主导形式，如何创造他们自身的风格与认同。"媒介文化提供了产生意义、愉悦和认同性的资源，但也塑造和形成了特定的认同性，同时传播那些以用来对受众灌输特定立场的材料。"②

二 核心概念测量

农民工是我国城乡二元体制的产物，是我国在特殊的历史时期出现的一个特殊的社会群体。农民工这一概念反映了乡城移民过程中就业与户籍的分离，以及流动的反复性特征。新生代农民工是相对于传统农民工而言的，反映了代际间身份的传统以及农民工代际间的变化。2010年1月31日发布的2010年中央一号文件《中共中央国务院关于加大统筹城乡发展力度 进一步夯实农业农村发展基础的若干意见》中，首次使用了"新生代农民工"的说法。在本书中，新生代农民工指出生在1980年以后在城市以非农就业为特征的农村人口。

手机媒介使用是本书的另一个核心概念。手机媒介与手机媒

---

① ［美］道格拉斯·凯尔纳：《媒体文化：介于现代与后现代之间的文化、认同性与政治》，丁宁译，商务印书馆2013年版，第1页。
② ［美］道格拉斯·凯尔纳：《媒体文化：介于现代与后现代之间的文化、认同性与政治》，丁宁译，商务印书馆2013年版，第394页。

体是两个很相似的概念，且英文都是 Mass Media。较早使用手机媒体概念的是匡文波，其认为"发明手机的主要目的是用来进行语音通话，但手机与互联网的结合已使其成为一个重要的新媒体"。[1] 因此，所谓的手机媒体即借助手机进行信息传播的工具，手机媒体是网络媒体的延伸。[2] 手机媒介强调手机的媒介功能，"手机作为一种传播媒介，无论是手机通话、手机短信、手机游戏，还是手机报纸、手机杂志、手机广播、手机电视、手机小说等都已经能够在这个信息接收与发布平台呈现出来"。[3] 本书无意对手机媒介与手机媒体做出区分，两个概念只存在取舍的问题。从手机的融合性出发，新生代农民工通过使用手机这一媒介，在城市生活和工作中既实现了人际交流的情感目的，又实现了自我发展的工具目的，因而本书倾向于使用手机媒介这一概念。手机媒介使用即手机作为一种媒介的使用。对于手机媒介使用行为，本书从手机媒介的使用频率、手机媒介的使用动机和手机媒介的使用效果三个方面测量。

当前对社会认同的理解主要来自泰费尔在 20 世纪 70 年代提出的定义。社会认同是"个体自我概念的一部分"，这种自我概念来自他/她对某类社会群体（或多个社会群体）的成员资格的知识，以及基于这个成员资格的价值和情感意义。[4] 后来的学者在不同意义上使用社会认同概念，并发展了多种社会认同的测量方式。下表是本书整理的关于农民工社会认同的相关概念及测量维度。

---

[1] 匡文波：《论手机媒体》，《国际新闻界》2003 年第 3 期。
[2] 匡文波：《手机媒体的传播学思考》，《国际新闻界》2006 年第 7 期。
[3] 秦艳华、路英勇：《全媒体时代的手机媒介研究》，北京大学出版社 2013 年版，第 2 页。
[4] Hery Tajfel, *Differentiation Between Social Groups: Studies in the Social Psychology of Intergroup Relations*, London: Academic Press, 1978, p. 63.

表 1-1　　　　研究者关于农民工社会认同的概念及测量

研究者	定义	维度
王春光[①]	对自我特性的一致性认可、对周围社会的信任和归属、对有关权威和权力的遵从等	身份认同、职业认同、乡土认同、社区认同、组织认同、管理认同和未来认同
周明宝[②]	有关个人在情感和价值意义上视自己为某个群体成员以及有关隶属于某个群体的认知	制度认同、人际认同、生活方式认同
王毅杰、倪云鸽[③]	流动农民在与城乡居民交往互动中，基于城乡及城乡居民差异的认识而产生的对自身身份的认知、自己感情归属或依附、未来行动归属的主观性态度	分类意识、目前身份意识、未来归属意识三个层面
谢启文[④]	作为一个群体成员的自我定义，是个人拥有关于其所从属的群体，以及这个群体身份所伴随而来在情感上与价值观上的重要性知识	身份认同、对城市的认同、对乡土社会的认同和未来归属认同
郭星华、李飞[⑤]	农民工对自我身份和归属的判断、自我与社会群体之间关系的认知和评价、自身的生活体验	城市认同、农村认同
郭星华、邢朝国[⑥]	对社会群体本身的认知和评价，对自身与社会群体之间关系的认知和评价	对自身与北京市之间关系的认知与评价以及对北京市本身的认知与评价；对自身与乡土社会之间关系的认知与评价以及对乡土社会本身的认知与评价

---

① 王春光：《新生代农村流动人口的社会认同与城乡融合的关系》，《社会学研究》2001年第3期。

② 周明宝：《城市滞留性青年农民工的文化适应与身份认同》，《社会》2004年第5期。

③ 王毅杰、倪云鸽：《流动农民社会认同现状探析》，《苏州大学学报》（哲学社会科学版）2005年第2期。

④ 谢启文：《"80后"农民工的社会认同与城市融入》，《重庆社会科学》2011年第12期。

⑤ 郭星华、李飞：《漂泊与寻根：农民工社会认同的二重性》，《人口研究》2009年第6期。

⑥ 郭星华、邢朝国：《社会认同的内在二维图式——以北京市农民工的社会认同研究为例》，《江苏社会科学》2009年第4期。

续表

研究者	定义	维度
吴蓓[①]	反映行动主体在心理上对某一社会群体和环境的接纳、适应及内化程度	政策歧视度、人际交往、文化接纳与身份认同

亨廷顿认为,人们在社会上有多种认同,这些认同可具体分为6种类型:(1)归属性的,例如年龄、性别、祖先、血缘家族、血统民族属性和人种属性等;(2)文化性的,如民族、部落、从生活方式界定的民族属性、语言、国籍、宗教和文明等;(3)疆域性的,如所在街区、村庄、城镇、省份、国别、地理区域、洲和半球等;(4)政治性的,如集团、派别、领导地位、利益集团、运动、事业、党派、意识形态和国家;(5)经济性的,如职务、职业、工作单位、雇主、产业、经济部门、工会和阶级;(6)社会性的,如友人、俱乐部、同事、同人、休闲团体及社会地位等。[②]

国内学者雷开春在研究城市新移民的社会认同时,借鉴了亨廷顿对社会认同的分类。从原住地社会认同——迁入地社会认同的角度,认为国内移民可能面临的主要社会认同问题包括文化认同、地域认同、群体认同、地位认同以及职业认同。

本书属于对新生代农民工社会认同的研究,从本质上隶属城市新移民研究。区别之处在于雷开春的研究属于白领新移民,而本书属于低端的民工研究。在本书中同样借鉴亨廷顿的分类,将社会认同分为文化认同、群体认同、地域认同、地位认同、职业认同和政策认同。亨廷顿的政治认同在本书中具体操作化为政策认

[①] 吴蓓:《二重与多维:融入进程中的社会认同——北京市新生代农民工社会认同研究》,《陕西行政学院学报》2013年第4期。

[②] [美]塞缪尔·亨廷顿:《我们是谁?美国国家特征面临的挑战》,程克雄译,新华出版社2005年版,第25页。

同，主要反映了新生代农民工对所在城市政府的认知。

第四节 研究方法

本研究所使用的方法为问卷调查法和深度访谈法。问卷调查法在于大规模地了解农民工手机媒介使用和社会认同的状况，深度访谈法在问卷调查的基础上进一步剖析个案，更深入地洞悉手机媒介使用对社会认同的影响。

一 问卷调查

社会调查指一种采用自填式问卷或结构式访问的方法，系统地、直接地从一个取自总体的样本那里收集量化资料，并通过对这些资料的统计分析来认识社会现象及其规律的社会研究方式。[①] 关于农民工研究的抽样方法，分为流入地抽样和流出地抽样。"流入地抽样更具有可操作性，流出地抽样更有可能保证概率抽样原则。"[②]

由于缺少农民工总体的抽样名单，研究者对农民工的研究一般较少采取严格的随机抽样，而是使用受访者驱动的方法。[③] 笔者根据论文研究需要，设计关于手机媒介使用与社会认同的调查问题，根据受访者驱动抽样的方式，利用配额方法在郑州发放调查问卷。选择该地区的理由为：作为农业大省的省会，郑州市是新生代农民工主要流入地；郑州市为笔者的工作地，在抽选调查对象、实施调查行动等方面具有一定的便利条件；由于调查经

[①] 风笑天：《现代社会调查方法》，华中科技大学出版社2005年版，第4页。
[②] 朱磊：《流入地抽样抑或流出地抽样——对当前农民工研究中抽样方法的评析》，《青年研究》2014年第1期。
[③] 赵延东、Jon Pedersen：《受访者推动抽样：研究隐藏人口的方法与实践》，《社会》2007年第2期。

费、时间所限，无法进行更大范围的调查，只能选定一个地区进行调查。

笔者在郑州开展了为期6个月的调查，在郑州的东西南北中5个方位的郑东新区、高新区、二七区、金水区、管城、惠济区共发放调查问卷1100份，回收1047份。其中，新生代农民工为828份，传统农民工为219份，作为与新生代农民工的对比。需要指出的是，本书中包括受教育程度为大专及以上的被调查者。这是因为大多数来自农村的大专生，尽管接受了高等教育，但是并没有在大学毕业后找到一份稳定满意的工作，而是一直漂在城市，就像农民流入城市打工一样，不具有所在城市的户籍，享受不到城市居民所享受的福利待遇，形成了一个特定的群体——智力型民工。[①] 由于缺乏郑州市新生代农民工总体状况的数据，笔者把调查样本的属性近似视为新生代农民工的状况。

表1-2　　　　　　　　　　样本的描述性分析

性别	样本数	频次	性质	样本数	频次
男	568	54.25	传统	219	20.92
女	479	45.75	新生代	828	79.08
婚姻状况	样本数	频次	受教育程度	样本数	频次
未婚	413	39.45	初中及以下	353	33.72
已婚	625	59.69	高中	320	30.56
其他	9	0.86	大专及以上	374	35.72

对搜集的数据，主要利用SPSS进行处理与分析，使用的方法包括频次分析、相关分析、方差分析和回归分析等。问卷调查的目的在于了解新生代农民工手机媒介使用状况及其与社会认同不同维度的相关性。由于问卷数据是在郑州市收集的，因此该数

---

① 韩恒：《漂在城市的农村籍大学毕业生——智力型民工的形成与群体特征》，《中国青年研究》2010年第9期。

据的调查结论的推广价值和适用性有待进一步检验。

二 深度访谈

社会认同是一个社会建构过程，其内在的意义是难以通过问卷调查发现的。"研究传播就是为了考察各种有意义的符号形态被创造、理解和使用这一实实在在的社会过程。"[1] 为了探究新生代农民工手机媒介使用作用于社会认同的具体过程，本书还采用了访谈方法，通过口头谈话的方式从被研究者那里收集第一手资料。[2]

本研究选取不同职业的新生代农民工个体进行访谈，共做了20个样本的访谈。对访谈资料进行编码，运用定性分析技术进行研究。深度访谈的目的在于以更丰富的资料呈现新生代农民工手机媒介使用行为和社会认同，揭示手机媒介影响新生代农民工社会认同的内在机理。

---

[1] [美]詹姆斯·凯瑞：《作为文化的传播》，丁未译，华夏出版社2005年版，第18页。

[2] 陈向明：《质的研究方法与社会科学研究》，教育科学出版社2000年版，第165页。

第二章　新生代农民工手机媒介使用的调查分析

随着互联网在我国大中城市的迅速发展，社会公众的日常生活也迅速媒介化了。"随着人类进入信息化社会，媒介作为一种工具理性的存在，已经成为人类生产、生活中无法隔离的中介物之一，这种以媒介为中心的生产、生活方式，即为广义的媒介化生存。"① 因此，拥抱媒介、接触媒介成为现代城市人的生活方式。新生代农民工群体也不例外，他们积极使用各种媒介，用于在城市构建新的社会关系网络，填充业余时间，以及提升个人技能，从而更好地适应城市生活。本章主要通过问卷调查搜集到的数据描述新生代农民工的媒介使用状况，主要内容包括：新生代农民工手机媒介使用频率；新生代农民工手机媒介使用动机；新生代农民工手机媒介使用效果。

第一节　新生代农民工手机媒介使用频率

本次调查对象中的新生代农民工媒介使用体现为使用频率、使用动机和使用效果。其中，新生代农民工的媒介使用频率主要

---

① 颜敏：《媒介化生存视阈下关于人的在场问题研究》，《今传媒》2016年第1期。

以使用频次、使用时间等测量。

一 新生代农民工媒介使用频率

(一) 新生代农民工的媒介使用情况分析

表 2-1 显示，调查对象中的新生代农民工日常使用和接触较多的媒介，第一位中，使用最多的是手机，所占比例为 65.70%。第二位中，使用最多的是电脑，比例为 42.56%；其次为电视，比例为 27.09%；再次为手机，比例为 17.65%。在第三位中，使用最多的是电视，比例为 31.03%；其次为电脑，比例为 15.64%。以往有研究者对郑州市农民工媒介使用做过调查，"就使用频次而言，农民工接触频率最高的媒介是手机，其次是电视，接触频次最低的是广播"。[①] 由此可见，经过几年的变化，郑州市新生代农民工首选使用的媒介仍是手机，只不过电脑代替电视排在第二位，电视在此次调查中处于第三位。

表 2-1　　　　　新生代农民工媒介使用的描述分析

媒介	第一位 样本数	第一位 百分比	第二位 样本数	第二位 百分比	第三位 样本数	第三位 百分比
报纸	23	2.78	36	4.35	89	10.79
广播	20	2.42	44	5.32	68	8.24
电视	118	14.25	224	27.09	256	31.03
电脑	111	13.41	352	42.56	129	15.64
手机	544	65.70	146	17.65	89	10.79
杂志	10	1.21	19	2.30	70	8.48
其他	2	0.24	6	0.73	124	15.03

---

① 郑素侠：《农民工媒介素养现状调查与分析——基于河南省郑州市的调查》，《现代传播》2010 年第 10 期。

(二) 新生代农民工的媒介使用频率

表2-2显示了新生代农民工对电视、报纸、广播、杂志、电脑和手机等媒介的接触使用情况:对电视的使用,基本不接触的比例最高,其次为接触时间少于30分钟,再次为30—60分钟;对报纸的使用,基本不接触的比例最高,达到67.15%,其次为少于30分钟,两者合计达93%;对广播的使用,基本不接触的比例最高,达到63.65%,其次为少于30分钟,两者合计达90.46%;对杂志的使用,基本不接触的比例最高,达到63.04%,其次为少于30分钟,两者合计达89.13%;对电脑的使用,比例最高的为少于30分钟,其次为30—60分钟,两者的比例基本一致;对手机的使用,比例最高的为3个小时以上,其次为1—2个小时。这说明新生代农民工的媒介使用以新媒介为主,对传统媒介使用较少。

表2-2　新生代农民工每天媒介使用频率的描述分析

媒介	基本不接触 样本数	基本不接触 百分比	少于30分钟 样本数	少于30分钟 百分比	30—60分钟 样本数	30—60分钟 百分比	1—2个小时 样本数	1—2个小时 百分比	2—3个小时 样本数	2—3个小时 百分比	3个小时以上 样本数	3个小时以上 百分比
电视	257	31.04	253	30.56	202	24.40	76	9.18	23	2.78	17	2.05
报纸	556	67.15	214	25.85	39	4.71	10	1.21	6	0.72	3	0.36
广播	527	63.65	222	26.81	61	7.37	12	1.45	4	0.48	2	0.24
杂志	522	63.04	216	26.09	59	7.13	19	2.29	7	0.85	5	0.60
电脑	140	16.90	201	24.28	200	24.15	133	16.06	55	6.62	99	11.96
手机	17	2.05	70	8.45	151	18.24	178	21.50	129	15.58	283	34.18

二　新生代农民工媒介使用频率的代际差异

(一) 新生代农民工媒介使用情况的代际差异

传统农民工和新生代农民工在媒介使用方面存在明显的差

异。表2-3显示，在个人首选使用的媒介中，传统农民工选择比例最高的是手机，为43.84%，其次是电视，为34.25%；新生代农民工选择比例最高的也是手机，高达65.70%，其次是电视，为14.25%，说明新生代农民工使用手机的比例高于传统农民工，而传统农民工使用电视的比例高于新生代农民工。在个人第二位使用的媒介中，传统农民工使用比例最高的是电视，其次为手机；新生代农民工使用比例最高的是电脑，其次为电视。在个人第三位使用的媒介中，传统农民工使用比例最高的是报纸，其次为手机；新生代农民工使用比例最高的是电视，其次为电脑。统计检验显示，传统农民工和新生代农民工在媒介使用方面的差异达到显著性水平，这反映了新生代农民工的代际变化，"与他们的上一辈不同，身处信息化时代，新生代农民工在接触新媒介方面与城市青年的趋同性增强，他们中的大部分人拥有手机和网络"。[1]

表2-3　　　　　　　　农民工媒介使用情况的描述分析

媒介	农民工类型	第一位 样本数	第一位 百分比	第二位 样本数	第二位 百分比	第三位 样本数	第三位 百分比
报纸	传统农民工	15	6.85	22	10.05	47	21.56
报纸	新生代农民工	23	2.78	36	4.35	89	10.75
广播	传统农民工	9	4.11	18	8.22	28	12.84
广播	新生代农民工	20	2.42	42	5.32	68	8.24
电视	传统农民工	75	34.25	83	37.90	28	12.84
电视	新生代农民工	118	14.25	224	27.09	256	31.03
电脑	传统农民工	14	6.39	40	18.26	30	13.76
电脑	新生代农民工	111	13.41	352	42.56	129	15.64

---

[1] 周葆华、吕舒宁：《上海市新生代农民工新媒体使用与评价的实证研究》，《新闻大学》2011年第2期。

续表

媒介	农民工类型	第一位 样本数	第一位 百分比	第二位 样本数	第二位 百分比	第三位 样本数	第三位 百分比
手机	传统农民工	96	43.84	53	24.20	41	18.81
手机	新生代农民工	544	65.70	146	17.65	89	10.97
杂志	传统农民工	6	2.74	2	0.91	12	5.50
杂志	新生代农民工	10	1.21	19	2.30	70	8.48
其他	传统农民工	4	1.83	1	0.46	32	16.48
其他	新生代农民工	2	0.24	6	1.73	124	15.03
卡方检验		$\chi^2 = 78.202$ p = 0.000		$\chi^2 = 52.491$ p = 0.000		$\chi^2 = 51.513$ p = 0.000	

(二) 农民工手机媒介使用频率的代际差异

手机已经成为一个无处不在的媒介，它的移动特性正好适应了新生代农民工流动的特征，"与报纸、广播、电视等大众传播媒介相比，手机个性化、多媒介融合、互动性强、集各功能于一身等优势"。[1] 这使它一经普及便被新生代农民工群体广泛使用。

表2-4数据显示，关于手机媒介每天的使用频率，被调查的传统农民工中使用时间少于30分钟的比例为25.11%，其次为1—2个小时，每天不接触手机媒介者的比例为7.31%。被调查的新生代农民工中，使用时间为3个小时以上的比例为34.18%，其次为1—2个小时，所占比例为21.50%。统计检验显示，传统农民工和新生代农民工每天的手机媒介使用频率方面差异达到显著性水平，后者的手机媒介使用频率显著高于前者。

---

[1] 姜兰花：《流动空间里的空间人——新生代农民工手机媒体使用初探》，《长沙大学学报》2013年第6期。

表2-4　　　农民工手机媒介每天使用频率的描述性分析

人群	基本不接触		少于30分钟		30—60分钟		1—2个小时		2—3个小时		3个小时以上	
	样本数	百分比	样本数	百分比	样本数	百分比	样本数	百分比	样本数	百分比	样本数	百分比
传统农民工	16	7.31	55	25.11	43	19.63	54	24.66	18	8.22	33	15.07
新生代农民工	17	2.05	70	8.45	151	18.24	178	21.50	129	15.58	283	34.18

注：$\chi^2 = 84.028$，$p = 0.000$。

三　新生代农民工媒介使用频率的个体差异

（一）新生代农民工的性别与媒介使用频率

以往的研究发现，"流动女性在使用中低端信息传播技术时与男性有显著差异"[①]。下面笔者具体分析新生代农民工媒介使用的性别差异。

表2-5数据显示，在第一位中，被调查的男性新生代农民工和女性新生代农民工使用最多的是手机，比例分别为64.69%和66.84%。在第二位中，男性新生代农民工和女性新生代农民工使用最多的是电脑，比例分别为40.09%和45.36%。在第三位中，男性新生代农民工和女性新生代农民工使用最多的是电视，比例分别为31.28%和30.75%。统计检验显示，男性新生代农民工和女性新生代农民工在媒介使用中的差异不体现统计上的意义。

---

① 邱林川：《信息时代的世界工厂：新工人阶级的网络社会》，广西师范大学出版社2013年版，第150页。

表 2-5　　性别与新生代农民工媒介使用的描述分析

媒介	性别	第一位 样本数	第一位 百分比	第二位 样本数	第二位 百分比	第三位 样本数	第三位 百分比
报纸	男性	11	2.51	22	5.01	50	11.42
	女性	12	3.08	14	3.61	39	10.08
广播	男性	12	2.73	24	5.47	30	6.85
	女性	8	2.06	20	5.15	38	9.82
电视	男性	63	14.35	119	27.11	137	31.28
	女性	55	14.14	105	27.06	119	30.75
电脑	男性	62	14.12	176	40.09	77	17.58
	女性	49	12.60	176	45.36	52	13.44
手机	男性	284	64.69	81	18.45	48	10.96
	女性	260	66.84	65	16.75	41	10.59
杂志	男性	6	1.37	12	2.73	29	6.62
	女性	4	1.03	7	1.80	41	10.59
其他	男性	1	0.23	5	1.14	67	15.30
	女性	1	0.26	1	0.26	57	14.73
卡方检验		$\chi^2=1.352$	$p=0.969$	$\chi^2=5.629$	$p=0.466$	$\chi^2=8.706$	$p=0.191$

在新生代农民工的性别与手机媒介使用调查中，男性每天使用时间为3个小时以上者占30.52%，比例最高，其次为1—2个小时，比例为22.55%。女性每天手机媒介使用时间中比例最高的也是3个小时以上，占38.30%。这个比例高出男性新生代农民工近8个百分点（见表2-6）。统计检验显示，男性新生代农民工和女性新生代农民工在每天手机媒介的使用时间差异达到统计上的显著性水平，女性新生代农民工的手机媒介使用频率要高于男性新生代农民工。

表2-6 新生代农民工的性别与每天手机媒介使用频率的描述分析

性别	基本不接触		少于30分钟		30—60分钟		1—2个小时		2—3个小时		3个小时以上	
	样本数	百分比	样本数	百分比	样本数	百分比	样本数	百分比	样本数	百分比	样本数	百分比
男性	12	2.73	36	8.20	93	21.18	99	22.55	65	14.81	134	30.52
女性	5	1.29	34	8.74	58	14.91	79	20.31	64	16.45	149	38.30

注：$\chi^2 = 11.123$，$p = 0.049$。

(二) 新生代农民工的受教育程度与媒介使用频率

表2-7数据显示，在第一位中，被调查的受教育程度不同的新生代农民工使用最多的均是手机，比例均超60%；受教育程度为初中及以下和高中者使用最多的其次为电视，受教育程度为大专及以上者使用最多的其次为电脑。在第二位中，受教育程度为初中及以下者选择最多的是电视，受教育程度为高中和大专及以上者选择最多的是电脑。在第三位中，受教育程度不同的新生代农民工选择最多的是电视，但是受教育程度是初中及以下和大专及以上的相差近20个百分点。统计检验显示，受教育程度不同的农民工媒介使用的差异在第一位、第二位和第三位上达到显著性水平。

表2-7 新生代农民工的受教育程度与媒介使用的描述分析

媒介	受教育程度	第一位		第二位		第三位	
		样本数	百分比	样本数	百分比	样本数	百分比
报纸	初中及以下	6	2.87	13	6.22	26	12.50
	高中	7	2.70	15	5.81	39	15.18
	大专及以上	10	2.82	7	1.98	23	6.50
广播	初中及以下	6	2.87	14	6.70	13	6.25
	高中	6	2.32	15	5.81	25	9.73
	大专及以上	8	2.26	15	4.24	30	8.47

续表

媒介	受教育程度	第一位 样本数	第一位 百分比	第二位 样本数	第二位 百分比	第三位 样本数	第三位 百分比
电视	初中及以下	45	21.53	75	35.89	43	20.67
电视	高中	42	16.12	80	31.01	67	26.07
电视	大专及以上	30	8.47	68	19.21	143	40.40
电脑	初中及以下	17	8.13	66	31.58	38	18.27
电脑	高中	31	11.97	96	37.21	48	18.68
电脑	大专及以上	60	16.95	190	53.67	42	11.86
手机	初中及以下	130	62.20	37	17.70	30	14.42
手机	高中	167	64.48	45	17.44	27	10.51
手机	大专及以上	245	69.21	60	16.95	32	9.04
杂志	初中及以下	3	1.44	2	0.96	17	8.17
杂志	高中	6	2.32	3	1.16	16	6.23
杂志	大专及以上	1	0.28	14	3.95	37	10.45
其他	初中及以下	2	0.96	2	0.96	41	19.71
其他	高中	0	0	4	1.55	35	13.62
其他	大专及以上	0	0	0	0	47	13.28
卡方检验		$\chi^2=37.349$ p=0.000		$\chi^2=54.994$ p=0.000		$\chi^2=48.710$ p=0.000	

受教育程度为初中及以下的被调查新生代农民工对手机媒介的使用频率中，比例最高的为3个小时以上，其次为30—60分钟。受教育程度为高中者，比例最高的为3个小时以上，其次为1—2个小时。受教育程度为大专及以上的新生代农民工对手机媒介的使用频率中，比例最高的为3个小时以上，但其比例超出受教育程度为初中及以下群体近10个百分点（见表2-8）。统计检验显示，受教育程度不同的农民工在手机媒介使用频率方面的差异达到显著性水平。"新生代农民工的网络媒介接触使用情况存在显著的群体分化。"[1] 受教

---

[1] 袁靖华：《边缘身份融入：符号与传播》，浙江大学出版社2014年版，第181页。

育程度正是新生代农民工群体内部分化的原因之一。

表2-8 新生代农民工的受教育程度与每天媒介使用频率的描述分析

文化程度	基本不接触		少于30分钟		30—60分钟		1—2个小时		2—3个小时		3个小时以上	
	样本数	百分比	样本数	百分比	样本数	百分比	样本数	百分比	样本数	百分比	样本数	百分比
初中及以下	7	3.35	23	11.00	58	27.75	39	18.66	22	10.56	60	28.71
高中	5	1.93	23	8.88	47	18.15	56	21.62	42	16.22	86	33.20
大专及以上	5	1.41	22	6.21	46	12.99	80	22.60	65	18.36	65	38.42

注：$\chi^2 = 31.750$，$p = 0.000$。

（三）新生代农民工的经济收入与手机媒介使用频率

表2-9显示，在第一位中，经济收入不同的被调查新生代农民工使用最多的是手机，比例均超过60%；低收入者使用最多的其次为电脑，而中收入和高收入者为电视。在第二位中，经济收入不同的新生代农民工选择最多的是电脑，其次为电视。在第三位中，经济收入不同的新生代农民工选择最多的是电视。统计检验显示，经济收入不同的农民工媒介使用差异体现在第一位、第二位和第三位上，均没有达到显著性水平。

表2-9 受教育程度与新生代农民工每天媒介使用频率的描述分析

媒介	收入状况	第一位		第二位		第三位	
		样本数	百分比	样本数	百分比	样本数	百分比
报纸	低收入	11	4.51	10	4.12	24	9.88
	中收入	5	1.71	13	4.45	29	10.00
	高收入	7	2.40	13	4.45	36	12.33
广播	低收入	7	2.87	16	6.58	15	6.17
	中收入	3	1.03	13	4.45	30	10.34
	高收入	10	3.42	15	5.14	23	7.88

续表

媒介	收入状况	第一位 样本数	第一位 百分比	第二位 样本数	第二位 百分比	第三位 样本数	第三位 百分比
电视	低收入	23	9.43	58	23.87	82	33.74
电视	中收入	47	16.10	81	27.74	87	30.00
电视	高收入	48	16.44	85	29.11	87	29.79
电脑	低收入	34	13.93	107	44.03	32	13.17
电脑	中收入	42	14.38	125	42.81	43	14.83
电脑	高收入	35	11.99	120	41.10	54	18.49
手机	低收入	165	67.62	42	17.28	21	8.64
手机	中收入	191	65.41	55	18.84	32	11.03
手机	高收入	188	64.38	49	16.78	36	12.33
杂志	低收入	3	1.23	7	2.88	20	8.23
杂志	中收入	4	1.37	3	1.03	27	9.31
杂志	高收入	3	1.03	9	3.08	23	7.88
其他	低收入	1	0.41	3	1.23	49	20.16
其他	中收入	0	0	2	0.68	42	14.48
其他	高收入	1	0.34	1	0.34	33	11.30
卡方检验		$\chi^2=15.581$	$p=0.211$	$\chi^2=7.792$	$p=0.790$	$\chi^2=16.370$	$p=0.175$

表2-10显示，在被调查的新生代农民工每天媒介使用频率中，无论收入水平高低，使用比例最高的为3个小时以上，其次为30—60分钟。中收入者使用3个小时以上者比例最高，为36.99%，其次为1—2个小时。高收入者使用3个小时者的比例分别低于低收入和中收入群体6个百分点。统计检验显示，经济收入不同的新生代农民工在手机媒介使用频率方面的差异达到显著性水平，这主要表现在高收入新生代农民工使用频率低于中收入和低收入的新生代农民工。

表2-10　新生代农民工的经济收入与每天媒介使用频率的描述分析

收入水平	基本不接触 样本数	基本不接触 百分比	少于30分钟 样本数	少于30分钟 百分比	30—60分钟 样本数	30—60分钟 百分比	1—2个小时 样本数	1—2个小时 百分比	2—3个小时 样本数	2—3个小时 百分比	3个小时以上 样本数	3个小时以上 百分比
低收入	4	1.64	18	7.38	48	19.67	43	17.62	43	17.62	88	36.07
中收入	5	1.71	16	5.48	51	17.47	65	22.26	47	16.10	108	36.99
高收入	8	2.74	36	12.33	52	17.81	70	23.97	39	13.36	77	29.79

注：$\chi^2 = 16.831$，$p = 0.078$。

第二节　手机媒介使用动机

当前中国媒介的现状是"媒介的碎片化"，我们了解到"媒介是特定的时间与空间的接触"，所以，"媒介碎片化"就是指"时间的破碎化"和"空间的破碎化"。[①] 手机媒介是将碎片化的时间充分利用的媒介，新生代农民工利用手机媒介在"碎片化的时间"建构自身工作与娱乐日常图景，媒介使用动机是其媒介素养的体现。"网络的互动功能既增进了使用者的主动性，又涵养了用户生产内容的传播主体性。因此，网络媒介素养的高低直接关系到自我主体性与现代性人格涵养。"[②] 媒介使用具有三大功能，即信息、表达和娱乐。新生代农民工媒介使用时注重其中的一种或多种功能，由此产生的后果出现差别。

一　新生代农民工手机媒介使用动机

在分析新生代农民工媒介使用动机之前，先分析下新生代农

[①] 朱海松：《第一媒体：手机媒体化的商业革命》，广东经济出版社2011年版，第4页。
[②] 袁靖华：《边缘身份融入：符号与传播》，浙江大学出版社2014年版，第181页。

民工闲暇时间使用手机媒介的情况,再分析其媒介使用情况。

(一) 新生代农民工的闲暇时间

表 2-11 为被调查新生代农民工的闲暇时间如何度过的描述性分析。在第一位中,选择"上网"者的比例最高,为 32.49%;紧随其后的是"看电视",占到 20.17%。在第二位中,新生代农民工选择"上网"的比例最高,为 19.69%;选择"睡觉"和"看电视"的比例基本相同。在第三位中,选择"睡觉"的比例最高,紧随其后的是"逛街"。由此可见,上网是被调查新生代农民工闲暇时间最主要做的事,看电视也是其主要选择。"新生代农民工在业余时间主要是听音乐、睡觉、上网、看视频、打牌、逛街,偶尔会读读书。"[1] 在本次调查中,新生代农民工在闲暇时间大众媒介接触较多。

表 2-11　　新生代农民工每天闲暇时间描述性分析

活动	第一位 样本数	第一位 百分比	第二位 样本数	第二位 百分比	第三位 样本数	第三位 百分比
打牌	57	6.88	31	3.74	52	6.30
看电视	167	20.17	145	17.51	95	11.50
听收音机	15	1.81	21	2.54	14	1.69
上网	269	32.49	163	19.69	97	11.74
干家务	86	10.39	73	8.82	90	10.90
睡觉	92	11.11	148	17.87	154	18.64
聊天	42	5.07	84	10.14	84	10.17
逛街	38	4.59	89	10.75	118	14.29
看书报	24	2.90	31	3.74	45	5.45
参加体育活动	22	2.66	23	2.78	47	5.69
参加娱乐活动	9	1.09	17	2.05	22	2.66
其他	7	0.85	3	0.36	8	0.97

---

[1] 吴秀云:《当代中国新生代农民工的闲暇生活调查》,《当代经济》2013 年第 15 期。

(二) 新生代农民工媒介使用的动机

表 2-12 为被调查新生代农民工媒介使用动机的描述性分析。在第一位中，选择"获取新闻"和"休闲娱乐"的比例基本一致，分别为 28.74% 和 28.50%；"学习新知识"的比例紧随其后，为 13.89%。在第二位中，选择"休闲娱乐"的比例最高，选择"学习新知识"次之，选择"获取新闻"紧随其后。在第三位中，选择"消磨时间"的比例最高，选择"与人交流"的次之，选择"休闲娱乐"和"一种习惯"的比例基本一致。

表 2-12　　　新生代农民工媒介使用动机的描述分析

目的	第一位 样本数	百分比	第二位 样本数	百分比	第三位 样本数	百分比
获取新闻	238	28.74	125	15.11	108	13.12
学习新知识	115	13.89	153	18.50	73	8.87
休闲娱乐	236	28.50	216	26.12	119	14.46
消磨时间	67	8.09	115	13.91	180	21.87
获取广告信息	15	1.81	25	3.02	38	4.62
工作需要	60	7.25	67	8.10	62	7.53
一种习惯	62	7.49	70	8.46	116	14.09
与人交流	35	4.23	56	6.77	127	15.43

(三) 新生代农民工手机媒介使用动机

表 2-13 显示，当被问及使用手机的目的时，被调查新生代农民工的选择依次是"打电话"、"上网"、"发短信"和"娱乐"。由此可见，新生代农民工选择"上网"的比例已经处于第二位。这说明新生代农民工不再把手机仅仅作为打电话和发短信的工具，而是作为一种媒介，是其接触媒介的最主要手段。

表2-13　　　　　　　新生代农民工手机使用动机

目的	样本数	回答百分比	样本百分比
打电话	865	33.29	83.01
上网	749	28.83	71.88
发短信	465	17.90	44.63
娱乐	446	17.17	42.80
其他	73	2.81	7.01
总计	2598	100.00	—

表2-14显示，在被问及使用手机上网的目的时，新生代农民工的选择依次是"娱乐消遣"、"与人交流"、"了解新闻"和"搜集信息"。新生代农民工最为看重的是手机媒介的娱乐消遣功能，搜集信息的功能反倒不重要。"新生代农民工大多数掌握了低层次的、简单的上网技能，对于需要更多复杂技能的网络活动和需要作为主动传播者参与的网络活动，目前参与度较低。"①

表2-14　　　　　　　新生代农民工手机媒介使用动机

目的	样本数	百分比
了解新闻	157	20.08
搜集信息	84	10.74
娱乐消遣	357	45.65
与人交流	184	23.53
总计	782	100.00

二　新生代农民工媒介使用动机的代际差异

（一）新生代农民工闲暇时间的代际差异

表2-15数据显示，被调查的传统农民工与新生代农民工在

---

① 袁靖华：《边缘身份融入：符号与传播》，浙江大学出版社2014年版，第181页。

闲暇时间上有差异。在第一位中，传统农民工闲暇时间从事最多的是"看电视"，新生代农民工闲暇时间从事最多的是"上网"。说明传统农民工接触更多的是传统媒介，新生代农民工接触更多的是新兴媒介。在第二位中，传统农民工选择最多的是"看电视"，而新生代农民工选择最多的是"睡觉"。在第三位中，传统农民工和新生代农民工选择最多的都是"睡觉"，呈现出一致性的特征。统计检验显示，第一位和第二位都达到了统计显著性，即传统农民工和新生代农民工在第一位、第二位的闲暇时间上差异达到了显著性水平。

表 2–15　　　　　农民工闲暇时间活动的描述分析

活动		第一位		第二位		第三位	
		样本数	百分比	样本数	百分比	样本数	百分比
打牌	传统	23	10.50	18	8.26	17	7.87
	新生代	57	6.88	31	3.74	52	6.30
看电视	传统	77	35.16	42	19.27	23	10.65
	新生代	167	20.17	145	17.51	95	11.50
听收音机	传统	8	3.65	13	5.96	5	2.31
	新生代	15	1.8,	21	2.51	14	1.69
上网	传统	27	12.33	27	12.39	28	12.69
	新生代	269	32.49	163	16.69	97	11.74
干家务	传统	34	15.53	33	15.14	31	14.35
	新生代	86	10.39	73	8.82	90	10.90
睡觉	传统	21	9.59	31	11.42	40	18.52
	新生代	92	11.11	148	17.87	154	18.64
聊天	传统	11	5.02	22	10.09	26	12.04
	新生代	42	5.07	84	10.14	84	10.17
逛街	传统	1	0.46	12	5.50	25	11.57
	新生代	38	4.59	89	10.75	118	14.29
看书报	传统	10	4.57	10	4.59	9	4.17
	新生代	24	2.90	31	3.74	45	5.45

续表

活动		第一位		第二位		第三位	
		样本数	百分比	样本数	百分比	样本数	百分比
参加体育活动	传统	4	1.83	3	1.38	6	2.78
	新生代	22	2.66	23	2.78	47	5.69
参加娱乐活动	传统	1	0.46	4	1.83	4	1.85
	新生代	9	1.09	17	2.05	22	2.66
其他	传统	2	0.91	3	1.38	8	0.97
	新生代	7	0.85	3	0.36	8	0.97
卡方检验		$\chi^2=62.235$	$p=0.000$	$\chi^2=36.975$	$p=0.000$	$\chi^2=8.423$	$p=0.675$

（二）农民工手机媒介使用动机的代际差异

被调查的传统农民工与新生代农民工在媒介使用动机上存在差异。表2-16显示，在第一位中，传统农民工选择"获取新闻"的比例最高，达到48.40%，说明传统农民工依然把获取新闻作为媒介使用的最主要目的；新生代农民工选择"获取新闻"和"休闲娱乐"的较多，说明新生代农民工在看重媒介新闻功能的同时，较为注重其休闲娱乐功能。在第二位中，传统农民工选择"学习新知识"和"休闲娱乐"的较多，而新生代农民工选择"休闲娱乐"的比例最多。在第三位中，传统农民工接触媒介主要是为了"休闲娱乐"，而新生代农民工则主要为了"消磨时间"。统计检验显示，在第一位和第三位的选择中，传统农民工与新生代农民工的差异都达到了显著性水平。

表2-16　　农民工手机媒介使用动机的代际差异

活动		第一位		第二位		第三位	
		样本数	百分比	样本数	百分比	样本数	百分比
获取新闻	传统	106	48.40	37	16.89	24	10.96
	新生代	238	28.74	125	15.11	108	13.12

续表

活动		第一位		第二位		第三位	
		样本数	百分比	样本数	百分比	样本数	百分比
学习新知识	传统	36	16.44	52	23.74	12	5.48
	新生代	115	13.89	153	18.50	73	8.87
休闲娱乐	传统	29	13.24	51	23.29	45	20.55
	新生代	236	28.50	216	26.12	119	14.46
消磨时间	传统	17	7.76	27	12.33	61	27.85
	新生代	67	8.09	115	13.91	180	21.87
获取广告	传统	1	0.46	8	3.65	8	3.65
	新生代	15	1.81	25	3.02	38	4.62
工作需要	传统	15	6.85	15	6.85	22	10.05
	新生代	60	7.25	67	8.10	62	7.53
一种习惯	传统	9	4.11	10	4.57	24	10.96
	新生代	62	7.94	70	8.46	116	14.09
与人交流	传统	6	2.74	19	8.68	23	10.50
	新生代	35	4.23	56	7.17	127	15.43
卡方检验		$\chi^2=43.121$	$p=0.000$	$\chi^2=8.524$	$p=0.289$	$\chi^2=15.732$	$p=0.028$

(三) 新生代农民工手机媒介使用动机的代际差异

被调查的传统农民工和新生代农民工关于手机媒介的功能定位有差异。如表 2-17，尽管传统农民工和新生代农民工选择最多的均为"娱乐消遣"，但传统农民工选择第二位的是"了解新闻"，新生代农民工选择第二位的是"与人交流"。无论传统农民工还是新生代农民工，选择"搜集信息"的均为最少，这说明农民工不再看重手机媒介的信息功能。统计检验显示，传统农民工和新生代农民工手机媒介使用动机差异达到显著性水平，"新生代农民工对于手机存在着信息和情感的双重依赖"。[①]

---

① 方甜：《孤独感与城市融入：新生代农民工手机使用研究》，硕士学位论文，复旦大学，2014 年，第 35 页。

表 2-17　新生代农民工手机媒介使用动机代际差异的描述性分析

变量	标签	了解新闻	搜集信息	娱乐消遣	与人交流
传统	样本数	124	67	200	109
	百分比	24.80	13.40	40.00	21.80
新生代	样本数	83	45	197	105
	百分比	19.30	10.47	45.81	24.42

注：$\chi^2 = 7.312$，$p = 0.063$。

三　新生代农民工手机媒介使用动机的个体差异

（一）新生代农民工的性别与手机媒介使用动机

被调查的男性和女性新生代农民工的手机媒介使用动机有差异，但有一定的趋同性。见表 2-18，在第一位中，男性农民工选择最多的是"获取新闻"，最少的是"获取广告"；女性农民工选择最多的是"休闲娱乐"，最少的是"获取广告"。在第二位中，男性新生代农民工和女性新生代农民工选择最多的都是"休闲娱乐"，最少的均为"获取广告"。在第三位中，男性新生代农民工和女性新生代农民工选择最多的都是"消磨时间"，最少的均为"获取广告"。统计检验显示，男性新生代农民工和女性新生代农民工闲暇时间手机媒介使用动机第一位的差异达到显著性。

表 2-18　新生代农民工的性别与手机媒介使用动机的描述分析

活动		第一位		第二位		第三位	
		样本数	百分比	样本数	百分比	样本数	百分比
获取新闻	男性	145	33.03	62	14.12	52	11.87
	女性	93	23.91	63	16.24	56	14.55
学习新知识	男性	59	13.44	90	20.50	34	7.76
	女性	56	14.40	63	16.24	39	10.13

续表

活动		第一位		第二位		第三位	
		样本数	百分比	样本数	百分比	样本数	百分比
休闲娱乐	男性	113	25.74	119	27.11	68	15.53
	女性	123	31.62	97	25.00	51	13.25
消磨时间	男性	41	9.34	60	13.67	90	20.55
	女性	26	6.68	55	14.18	90	23.38
获取广告	男性	10	2.28	13	2.96	22	5.02
	女性	5	1.29	12	3.09	16	4.16
工作需要	男性	29	6.61	26	5.92	37	8.45
	女性	31	7.97	41	10.57	25	6.49
一种习惯	男性	25	5.69	40	9.11	65	14.84
	女性	37	9.51	30	7.73	51	13.25
与人交流	男性	17	3.87	29	6.61	70	15.98
	女性	18	4.63	27	6.96	57	14.81
卡方检验		$\chi^2=16.346$	$p=0.022$	$\chi^2=9.018$	$p=0.251$	$\chi^2=5.821$	$p=0.561$

男性新生代农民工与女性新生代农民工在手机媒介使用动机上趋同。表2-19显示，在"了解新闻"方面，男性新生代农民工高于女性新生代农民工。在"搜集信息"方面，男性新生代农民工高于女性新生代农民工。在"娱乐消遣"方面，女性新生代农民工高于男性新生代农民工。在"与人交流"方面，男性新生代农民工与女性新生代农民工差异不大。统计检验也显示，男性和女性新生代农民工在手机媒介使用中的差异没有达到显著性水平。

表2-19　新生代农民工性别与手机媒介使用动机的描述性分析

变量	标签	了解新闻	搜集信息	娱乐消遣	与人交流
男性	样本数	88	51	179	97
	百分比	21.20	12.29	43.13	23.37
女性	样本数	69	33	178	87
	百分比	18.80	8.99	48.50	23.71

注：$\chi^2=3.771$，$p=0.287$。

（二）新生代农民工的受教育程度与手机媒介使用动机

受教育程度不同的被调查的新生代农民工在媒介使用动机方面有差异。表2-20显示，在第一位中，受教育程度为初中及以下者选择最多的是"休闲娱乐"，受教育程度为高中者选择最多的是"获取新闻"，受教育程度为大专及以上的选择最多的是"休闲娱乐"。"获取新闻"和"休闲娱乐"是受教育程度不同的新生代农民工媒介使用的最主要动机。在第二位中，受教育程度不同者选择最多的均为"休闲娱乐"，次之初中及以下的选择为"消磨时间"，高中和大专及以上的选择"学习新知识"。在第三位中，受教育程度不同的新生代农民工选择最多的是"消磨时间"，次之初中及以下的为"与人交流"，高中的为"一种习惯"，大专及以上的为"休闲娱乐"。统计检验显示，受教育程度不同的新生代农民工在媒介使用动机上的第一位、第二位、第三位差异都达到显著性水平。

表2-20　新生代农民工的受教育程度与手机媒介使用动机的描述分析

活动		第一位		第二位		第三位	
		样本数	百分比	样本数	百分比	样本数	百分比
获取新闻	初中及以下	56	26.79	24	11.48	27	13.04
	高中	82	31.66	38	14.73	29	11.28
	大专及以上	98	27.68	62	17.51	51	14.41
学习新知识	初中及以下	29	13.88	25	11.96	12	5.80
	高中	34	13.13	51	19.77	15	5.84
	大专及以上	51	14.41	77	21.75	46	12.99
休闲娱乐	初中及以下	65	31.10	52	24.88	25	12.08
	高中	66	25.48	76	29.46	34	13.23
	大专及以上	102	28.81	87	24.58	59	16.67
消磨时间	初中及以下	30	14.35	40	19.14	47	22.71
	高中	21	8.11	34	13.18	67	26.07
	大专及以上	16	4.52	38	10.73	65	18.36

续表

活动		第一位		第二位		第三位	
		样本数	百分比	样本数	百分比	样本数	百分比
获取广告	初中及以下	3	1.44	9	4.31	11	5.31
	高中	6	2.32	9	3.49	15	5.84
	大专及以上	6	1.69	7	1.98	12	3.39
工作需要	初中及以下	9	4.31	19	9.09	15	7.25
	高中	22	8.49	16	6.20	17	6.61
	大专及以上	29	8.19	32	9.04	30	8.47
一种习惯	初中及以下	10	4.78	22	10.53	27	13.04
	高中	19	7.34	19	7.36	43	16.73
	大专及以上	33	9.32	29	8.19	45	12.71
与人交流	初中及以下	7	3.35	18	8.61	43	20.77
	高中	9	3.47	15	5.81	37	14.40
	大专及以上	19	5.37	22	6.21	46	12.99
卡方检验		$\chi^2 = 27.706$ $p = 0.016$		$\chi^2 = 25.977$ $p = 0.026$		$\chi^2 = 29.301$ $p = 0.010$	

表2-21显示在"了解新闻"方面，受教育程度为初中及以下的新生代农民工最多，受教育程度为大专及以上者最少。在"搜集信息"方面，受教育程度为大专及以上者最多，受教育程度为初中及以下者最少。在"娱乐消遣"方面，受教育程度为高中者比例最多，受教育程度为初中及以下和大专及以上者相对少一些。在"与人交流"方面，受教育程度为初中及以下和大专及以上者相对多一些，受教育程度为高中者比例较低。但是，统计检验显示，受教育程度不同的新生代农民工手机媒介使用动机的差异没有达到显著性水平，这种差异不具有统计上的意义。

表2-21 新生代农民工的受教育程度与手机媒介使用动机的描述性分析

变量	标签	了解新闻	搜集信息	娱乐消遣	与人交流
初中及以下	样本数	44	17	86	48
	百分比	22.56	8.72	44.10	24.62

续表

变量	标签	了解新闻	搜集信息	娱乐消遣	与人交流
高中	样本数	50	23	119	51
	百分比	20.58	9.47	48.97	20.99
大专及以上	样本数	63	43	150	84
	百分比	18.53	12.65	44.12	24.71

注：$\chi^2 = 5.130$，$p = 0.527$。

（三）新生代农民工的经济收入与手机媒介使用动机

经济收入不同的被调查新生代农民工手机媒介使用动机既有一定的差异性，又反映出一定的趋同性。表2-22显示，在第一位中，低收入者的手机媒介使用动机选择比例最多的是"休闲娱乐"，次之是"获取新闻"；中收入和高收入者选择比例最多的均为"获取新闻"，次之为"休闲娱乐"。在第二位中，经济收入不同者选择最多的均为"休闲娱乐"，低收入者次之为"获取新闻"，中收入和高收入者选择次之的为"学习新知识"。在第三位中，经济收入不同者选择比例最多的均为"消磨时间"，低收入者选择次之的为"与人交流"，中收入者则为"一种习惯"，高收入者为"获取新闻"和"休闲娱乐"。统计检验显示，经济收入不同的新生代农民工在第一位的差异达到显著性水平，在第二位和第三位的差异没有达到显著性水平。

表2-22 新生代农民工的经济收入与手机媒介使用动机的描述分析

活动		第一位		第二位		第三位	
		样本数	百分比	样本数	百分比	样本数	百分比
获取新闻	低收入	56	22.95	41	16.80	34	13.99
	中收入	95	32.53	45	15.41	26	8.97
	高收入	87	29.79	39	13.40	48	16.55
学习新知识	低收入	30	12.30	36	14.75	16	6.58
	中收入	37	12.67	61	20.89	32	11.03
	高收入	48	16.44	56	19.24	25	8.62

续表

活动		第一位		第二位		第三位	
		样本数	百分比	样本数	百分比	样本数	百分比
休闲娱乐	低收入	83	34.02	57	23.86	28	11.52
	中收入	87	29.79	70	23.97	44	15.17
	高收入	66	22.60	89	30.58	47	16.21
消磨时间	低收入	24	9.84	43	17.62	49	20.16
	中收入	17	5.82	37	12.67	64	22.07
	高收入	26	8.90	35	12.03	67	23.10
获取广告	低收入	3	1.23	8	3.28	14	5.76
	中收入	7	2.40	8	2.74	12	4.14
	高收入	5	1.71	9	3.09	12	4.14
工作需要	低收入	16	6.56	23	9.43	21	8.64
	中收入	20	6.85	22	7.53	23	7.93
	高收入	27	9.25	22	7.56	18	6.21
一种习惯	低收入	25	10.25	22	9.02	36	14.81
	中收入	20	6.85	27	9.25	46	15.86
	高收入	17	5.82	21	7.22	34	11.72
与人交流	低收入	7	2.87	14	5.74	45	18.52
	中收入	12	4.11	22	7.53	43	14.83
	高收入	16	5.48	20	6.87	39	13.45
卡方检验		$\chi^2=25.392$ $p=0.031$		$\chi^2=13.171$ $p=0.513$		$\chi^2=18.544$ $p=0.183$	

如表 2-23，在"了解新闻"方面，被调查的新生代农民工中，高收入者选择该项最多，比例为 21.32%，低收入和中收入的新生代农民工选择较少，比例分别为 19.13% 和 19.64%；在"搜集信息"方面，被调查的新生代农民工中，低收入者选择该项的最多，比例为 13.04%，中收入者则最少，比例为 7.50%；在"娱乐消遣"方面，被调查的新生代农民工中，中收入者选择该项的比例最多，为 49.64%，低收入和高收入的新生代农民工相对少一些。在"与人交流"方面，被调查的新生代农民工中，

低收入、中收入和高收入者选择该项的比例基本一致。统计检验显示，经济收入不同的新生代农民工手机媒介使用动机的差异没有达到显著性水平，这种差异不具有统计上的意义。

表 2-23　新生代农民工的经济收入与手机媒介使用动机的描述性分析

类别	统计量	了解新闻	搜集信息	娱乐消遣	与人交流
低收入	样本数	44	30	101	55
	百分比	19.13	13.04	43.91	23.91
中收入	样本数	55	21	139	65
	百分比	19.64	7.50	49.64	23.21
高收入	样本数	58	33	117	64
	百分比	21.32	12.13	43.01	23.53

注：$\chi^2 = 6.273$，$p = 0.393$。

第三节　新生代农民工手机媒介使用效果

新生代农民工融入城市，逐渐在久住之地建构新的社交网络，建立新的社会关系。"借助手机这一技术工具、信息交流媒介建立着非制度化的社会关系，这种非制度化框架中的社会关系，不仅对他们适应城市生活有重要的推动作用，而且对他们改变在城市社会中的身份和地位影响深远。"[①] 手机媒介在新生代农民工融城化历程中始终发挥着作用，下面通过调查数据将具体分析。

一　新生代农民工手机媒介使用效果评价

（一）新生代农民工手机媒介使用效果评价

表 2-24 数据显示，在被调查的新生代农民工媒介使用评价

---

① 李红艳：《手机：信息交流中社会关系的建构——新生代农民工手机行为研究》，《中国青年研究》2011 年第 5 期。

方面，在第一位中，选择电视者的比例最多，为30.07%，其次是报纸，为28.62%，再次是手机，为25.60%；在第二位中，新生代农民工评价最高的是电视，其次是电脑，再次是报纸；在第三位中，新生代农民工评价最高的是电视，其次是手机，再次是广播。由数据可知电视在新生代农民工评价中是最值得信任的。由此可见，尽管新生代农民工在媒介接触中较多地使用新媒介，但其信任的依然是传统媒介。"比较新生代农民工对新旧媒体的评价，他们对媒体的评价总体偏向好评，但对网络媒体的好评高于传统媒体。"[①] 可能的原因是该项调查地点为新媒体发达的浙江杭州沿海地区，本次调查为中部地区，在观念上可能更偏向传统媒体。

表2-24 新生代农民工媒介使用效果评价的描述分析

	第一位		第二位		第三位	
	样本数	百分比	样本数	百分比	样本数	百分比
报纸	237	28.62	133	16.80	106	12.86
广播	51	6.16	115	13.91	134	16.26
电视	249	30.07	232	28.05	190	23.06
电脑	65	7.85	212	25.61	109	13.23
手机	212	25.60	118	14.27	172	20.97
杂志	5	0.60	15	1.81	69	8.37
其他	9	1.09	2	0.24	44	5.34

（二）新生代农民工手机媒介使用效果评价

表2-25显示，被调查的新生代农民工，在面对手机媒介有助于"提升工作技能"问题时，79.23%的被访者回答"同意"，20.77%的被访者回答"不同意"；对手机媒介有助于"增长社会知识"选项，94.08%的被访者回答"同意"，5.92%的被访者回

---

① 袁靖华：《边缘身份融入：符号与传播》，浙江大学出版社2014年版，第174页。

答"不同意";对手机媒介有助于"扩大社会交往"选项,88.15%的被访者回答"同意",11.85%的被访者回答"不同意";对手机媒介有助于"丰富业余生活"选项,92.99%的被访者回答"同意",7.01%的被访者回答"不同意";对手机媒介有助于"了解城市生活"选项,90.94%的被访者回答"同意",9.06%的被访者回答"不同意"。由此分析,新生代农民工对于手机媒介增长社会知识和丰富业余生活的评价较为积极,对于了解城市生活、扩大社会交往和提升工作技能评价也较高。

表 2-25　新生代农民工对手机媒介使用效果评价的描述分析

	非常同意 样本数	非常同意 百分比	同意 样本数	同意 百分比	不同意 样本数	不同意 百分比	非常不同意 样本数	非常不同意 百分比
提升工作技能	149	18.00	507	61.23	143	17.27	29	3.50
增长社会知识	219	26.45	560	67.63	38	4.59	11	1.33
扩大社会交往	199	24.06	530	64.09	84	10.16	14	1.69
丰富业余生活	235	28.42	534	64.57	47	5.68	11	1.33
了解城市生活	170	20.53	583	70.41	61	7.37	14	1.69

(三) 新生代农民工手机媒介信任评价

媒介信任考察是新生代农民工对媒介是否真实准确地反映了客观世界这一问题进行评价,即媒介的可信度评价。对于手机媒介是否可信,新生代农民工的评价为"非常可信"的占6.42%,"可信度一般"的为85.62%,回答"不可信"的为7.96%。可见新生代农民工对手机媒介的信任评价趋于中性评价,回答一般的占到绝大多数。"农民工对于手机信息缺乏自身的判断,很多农民工对于接收的信息都不去求证他的真实性任意地转发,严重影响了信息的传播。"[①] 手机传播的信息泥沙俱下,影响了新生代

---

① 李卫卫:《媒介素养:农民工使用手机情况的调查和分析——以山东省滨州市农民工为对象》,硕士学位论文,辽宁大学,2012年,第24页。

农民工对其公信力的评价。因此，新生代农民工的手机媒介素养问题亟待提高。

二 新生代农民工媒介使用效果的代际差异

（一）新生代农民工媒介使用效果评价的代际差异

表2-26数据显示，关于被调查的农民工对媒介使用效果评价，第一位中，传统农民工和新生代农民工选择最多的都是电视，但新生代农民工比传统农民工低近15个百分点。在第二位中，传统农民工和新生代农民工选择比例最多的都是电视，但传统农民工其次选择的是报纸，新生代农民工选择的是电脑。在第三位中，传统农民工选择的是手机，新生代农民工选择的是电视。统计检验显示，传统农民工和新生代农民工在媒介使用效果评价方面差异达到显著性水平，具有统计上的意义，这反映了传统农民工和新生代农民工对媒体效果认知的差异。

表2-26　农民工媒介使用效果代际差异的描述分析

		第一位		第二位		第三位	
		样本数	百分比	样本数	百分比	样本数	百分比
报纸	传统	56	25.57	51	23.29	39	17.81
	新生代	237	28.62	133	16.08	106	12.86
广播	传统	13	5.94	37	16.89	37	16.89
	新生代	51	6.16	115	13.91	134	16.26
电视	传统	100	45.66	59	26.94	31	14.16
	新生代	249	30.07	232	28.05	190	23.06
电脑	传统	11	5.02	31	14.16	26	11.87
	新生代	65	7.85	212	25.63	109	13.23
手机	传统	36	16.44	38	17.35	53	24.40
	新生代	212	25.60	118	14.27	172	20.87

续表

		第一位		第二位		第三位	
		样本数	百分比	样本数	百分比	样本数	百分比
杂志	传统	1	0.46	2	0.91	11	5.02
	新生代	5	0.60	15	1.81	69	8.37
其他	传统	2	0.91	1	0.46	22	10.05
	新生代	9	1.09	2	0.24	44	5.34
卡方检验		$\chi^2=21.383$ $p=0.002$		$\chi^2=18.320$ $p=0.005$		$\chi^2=19.278$ $p=0.004$	

（二）新生代农民工手机媒介使用效果评价的代际差异

表2-27显示，对于手机媒介有助于"提升工作技能"，被调查的传统农民工选择"同意"的比例为78.99%，与新生代农民工基本相同；对于手机媒介有助于"增长社会知识"，传统农民工选择"同意"的比例为93.61%，与新生代农民工没有大的区别；对于手机媒介有助于"扩大社会交往"，传统农民工选择"同意"的比例为89.50%，与新生代农民工基本相同；对于手机媒介有助于"丰富业余生活"，传统农民工选择"同意"的比例为94.98%，与新生代农民工基本相同；对于手机媒介有助于"了解城市生活"，传统农民工选择"同意"的比例为94.06%，稍高于新生代农民工。由此可见，传统农民工与新生代农民工在手机媒介的作用方面有着较为一致的判断，没有明显的差异。

表2-27 农民工手机媒介使用效果代际比较的描述性分析

功能	性质	非常同意		同意		不同意		非常不同意	
		样本数	百分比	样本数	百分比	样本数	百分比	样本数	百分比
提升工作技能	传统	37	16.89	136	62.10	44	20.09	2	0.91
	新生代	149	18.00	507	61.23	143	17.27	29	2.96
增长社会知识	传统	53	24.20	152	69.41	13	5.94	1	0.46
	新生代	219	26.45	560	67.63	38	4.59	11	1.33

续表

功能	性质	非常同意 样本数	非常同意 百分比	同意 样本数	同意 百分比	不同意 样本数	不同意 百分比	非常不同意 样本数	非常不同意 百分比
扩大社会交往	传统	45	20.55	151	68.95	21	9.59	2	0.91
	新生代	199	24.06	530	64.09	84	10.16	14	1.69
丰富业余生活	传统	54	24.66	154	70.32	10	4.57	1	0.46
	新生代	235	28.42	534	64.57	47	5.68	11	1.33
了解城市生活	传统	50	22.83	156	71.23	12	5.48	1	0.46
	新生代	170	20.53	583	70.41	61	7.37	14	1.69

三 新生代农民工媒介使用效果的个体差异

（一）新生代农民工的性别与媒介使用效果

表2-28数据显示，在被调查的新生代农民工媒介使用效果评价方面，第一位中，男性和女性新生代农民工选择最多的都是电视，在其次的选项中，男性选择的是手机，而女性选择的是报纸；在第二位中，男性选择比例最多的是电脑，女性选择比例最多的是电视。在第三位中，男性选择最多的是电视，女性选择最多的是手机。统计检验显示，男性新生代农民工和女性新生代农民工在媒介使用效果评价方面第一位的差异达到显著性水平，第二位、第三位的差异不具有统计上的意义。

表2-28 新生代农民工的性别与媒介使用效果描述分析

媒介	性别	第一位 样本数	第一位 百分比	第二位 样本数	第二位 百分比	第三位 样本数	第三位 百分比
报纸	男性	115	26.20	68	15.49	53	12.20
	女性	122	31.36	65	16.75	53	13.73
广播	男性	23	5.24	59	13.44	71	16.21
	女性	28	7.20	56	14.43	63	16.32

续表

媒介	性别	第一位 样本数	第一位 百分比	第二位 样本数	第二位 百分比	第三位 样本数	第三位 百分比
电视	男性	126	28.70	116	26.42	107	24.43
电视	女性	123	31.62	116	29.90	83	21.50
电脑	男性	36	8.20	122	27.79	44	11.40
电脑	女性	29	7.46	90	23.30	83	21.50
手机	男性	129	29.38	67	15.26	84	19.18
手机	女性	83	21.34	51	13.14	88	22.80
杂志	男性	3	0.68	6	1.37	29	6.62
杂志	女性	2	0.51	9	2.32	40	10.36
其他	男性	7	1.59	1	0.23	29	6.62
其他	女性	2	0.51	1	0.26	15	3.89
卡方检验		$\chi^2=11.468$	$p=0.075$	$\chi^2=4.618$	$p=0.594$	$\chi^2=10.617$	$p=0.101$

表2-29显示，对于手机媒介有助于"提升工作技能"选项，被调查的新生代农民工中，男性选择"非常同意"和"同意"的比例为78.82%，女性选择"非常同意"和"同意"的比例为78.69；在"增长社会知识"选项中，男性选择"非常同意"和"同意"的比例为94.56%，女性选择"非常同意"和"同意"的比例为93.57%；有助于"扩大社会交往"选项中，男性选择"非常同意"和"同意"的比例为89.29%，女性选择"非常同意"和"同意"的比例为88.85%；有助于"丰富业余生活"选项中，男性选择"非常同意"和"同意"的比例为92.71%，女性选择"非常同意"和"同意"的比例为93.31%；有助于"了解城市生活"方面，男性选择"非常同意"和"同意"的比例为90.66%，女性选择"非常同意"和"同意"的比例为91.26%。由此可见，男性新生代农民工与女性新生代农民工在手机媒介的作用方面有着较为一致的判断，没有明显的差异。

表 2-29　新生代农民工的性别与手机媒介使用效果描述分析

功能	性别	非常同意 样本数	百分比	同意 样本数	百分比	不同意 样本数	百分比	非常不同意 样本数	百分比
提升工作技能	男性	79	18.00	267	60.82	73	16.63	20	4.56
	女性	70	17.99	240	61.70	70	17.99	9	2.31
增长社会知识	男性	113	25.74	302	68.79	16	3.64	8	1.82
	女性	106	27.25	258	66.32	22	5.66	3	0.77
扩大社会交往	男性	113	25.74	279	63.55	39	8.88	8	1.82
	女性	86	22.16	251	64.69	45	11.60	6	1.55
丰富业余生活	男性	119	27.11	288	65.60	25	5.69	7	1.59
	女性	116	29.90	246	63.40	22	5.67	4	1.03
了解城市生活	男性	85	19.36	313	71.30	34	7.74	7	1.59
	女性	85	21.85	270	69.41	27	6.94	7	1.80

（二）新生代农民工的受教育程度与媒介使用效果

表 2-30 数据显示，被调查的新生代农民工媒介使用效果评价方面，第一位中，受教育程度为初中及以下者选择的是电视，受教育程度为高中和大专及以上者选择最多的是报纸，但受教育程度为初中及以下者的其次选择的是报纸，受教育程度为高中和大专及以上者其次选择的是电视；在第二位中，受教育程度为初中及以下者选择的是电视，受教育程度为高中和大专及以上者选择最多的是电脑，但受教育程度为初中及以下者其次选择的是电脑，受教育程度为高中和大专及以上者其次选择的是电视；在第三位中，受教育程度为初中及以下和高中者选择的是手机，受教育程度为大专及以上者选择最多的是电视，但受教育程度为初中及以下者其次选择的是电脑，受教育程度为高中者其次选择的是电视，受教育程度为大专及以上者其次选择的是广播。统计检验显示，不同受教育程度的新生代农民工在媒介使用效果评价方面第一位、第二位和第三位的差异达到显著性水平。

表 2-30　新生代农民工的受教育程度与媒介使用效果描述分析

媒介	受教育程度	第一位 样本数	百分比	第二位 样本数	百分比	第三位 样本数	百分比
报纸	初中及以下	49	23.44	37	17.70	33	15.87
	高中	81	31.27	37	14.29	34	13.18
	大专及以上	106	29.94	57	16.15	39	11.08
广播	初中及以下	12	5.74	33	15.79	25	12.02
	高中	16	6.18	38	14.67	44	17.05
	大专及以上	23	6.50	43	12.18	63	17.90
电视	初中及以下	73	34.97	65	31.10	34	16.35
	高中	77	29.73	69	26.64	61	23.64
	大专及以上	97	27.40	96	27.20	94	26.70
电脑	初中及以下	16	7.66	30	14.35	41	19.71
	高中	21	8.11	76	29.34	24	9.30
	大专及以上	27	7.63	106	30.03	42	11.93
手机	初中及以下	54	25.84	42	20.10	42	20.19
	高中	61	23.55	35	13.51	69	26.74
	大专及以上	95	26.84	40	11.33	61	17.33
杂志	初中及以下	1	0.48	1	0.48	17	8.17
	高中	2	0.77	3	1.16	13	5.04
	大专及以上	2	0.56	11	3.12	38	10.80
其他	初中及以下	4	1.91	1	0.48	16	7.69
	高中	1	0.39	1	0.39	13	5.04
	大专及以上	4	1.13	0	0	15	4.26
卡方检验		$\chi^2=8.758$	$p=0.723$	$\chi^2=32.231$	$p=0.001$	$\chi^2=36.855$	$p=0.000$

表 2-31 数据显示，从新生代农民工的受教育程度与手机媒介使用效果方面分析，在手机媒介有助于"提升工作技能"选项中，受教育程度为初中及以下者选择"非常同意"和"同意"的比例为 75.59%，受教育程度为高中者选择"非常同意"和"同意"的比例为 79.15%，受教育程度为大专及以上者选择"非常同意"和"同意"的比例为 81.92%；在手机媒介有助于"增长社会知识"选项

中,受教育程度为初中及以下者选择"非常同意"和"同意"的比例为93.78%,受教育程度为高中者选择"非常同意"和"同意"的比例为93.05%,受教育程度为大专及以上者选择"非常同意"和"同意"的比例为95.48%;在手机媒介有助于"扩大社会交往"选项中,受教育程度为初中及以下者选择"非常同意"和"同意"的比例为83.73%,受教育程度为高中者选择"非常同意"和"同意"的比例为86.48%,受教育程度为大专及以上者选择"非常同意"和"同意"的比例为92.35%;在手机媒介有助于"丰富业余生活"方面,受教育程度为初中及以下者选择"非常同意"和"同意"的比例为91.39%,受教育程度为高中者选择"非常同意"和"同意"的比例为93.82%,受教育程度为大专及以上者选择"非常同意"和"同意"的比例为93.20%;在手机媒介有助于"了解城市生活"方面,受教育程度为初中及以下者选择"非常同意"和"同意"的比例为91.86%,受教育程度为高中者选择"非常同意"和"同意"的比例为90.34%,受教育程度为大专及以上者选择"非常同意"和"同意"的比例为90.68%。

表2-31 新生代农民工的受教育程度与手机媒介使用效果描述分析

功能	受教育程度	非常同意 样本数	非常同意 百分比	同意 样本数	同意 百分比	不同意 样本数	不同意 百分比	非常不同意 样本数	非常不同意 百分比
提升工作技能	初中及以下	30	14.35	128	61.24	43	20.57	8	3.83
	高中	45	17.37	160	61.78	46	17.76	8	3.09
	大专及以上	74	20.90	216	61.02	52	14.69	12	3.39
增长社会知识	初中及以下	44	21.05	152	72.73	10	4.78	3	1.44
	高中	68	26.25	173	66.80	15	5.79	3	1.16
	大专及以上	106	29.94	232	65.54	11	3.11	5	1.41
扩大社会交往	初中及以下	43	20.57	132	63.16	28	13.40	6	2.87
	高中	63	24.32	161	62.16	30	11.58	5	1.93
	大专及以上	92	26.06	234	66.29	24	6.80	3	0.85

续表

功能	受教育程度	非常同意 样本数	非常同意 百分比	同意 样本数	同意 百分比	不同意 样本数	不同意 百分比	非常不同意 样本数	非常不同意 百分比
丰富业余生活	初中及以下	39	18.66	152	72.73	16	7.66	2	0.96
	高中	80	30.89	163	62.93	11	4.25	5	1.93
	大专及以上	116	32.86	213	60.34	20	5.67	4	1.13
了解城市生活	初中及以下	30	14.35	162	77.51	15	7.18	2	0.96
	高中	53	20.46	181	69.88	20	7.72	5	1.93
	大专及以上	85	24.01	236	66.67	26	7.34	7	1.98

（三）新生代农民工的经济收入与媒介使用效果

表2-32数据显示，从新生代农民工的经济收入与媒介使用效果分析，在被调查的新生代农民工中，媒介使用效果评价的第一位中，低收入者选择最多的是报纸，中收入和高收入者选择最多的是电视，低收入者其次选择的是手机，中收入和高收入者其次选择的是报纸；在第二位中，低收入、中收入和高收入者选择最多的是电视，其次选择的是电脑。在第三位中，低收入、中收入和高收入的选择比例最多的是电视，其次选择的是手机。统计检验显示，不同经济收入的新生代农民工在媒介使用效果评价方面第一位、第二位和第三位的差异都没有达到显著性水平。

表2-32 新生代农民工的经济收入与媒介使用效果描述分析

媒介	受教育程度	第一位 样本数	第一位 百分比	第二位 样本数	第二位 百分比	第三位 样本数	第三位 百分比
报纸	低收入	78	31.97	38	15.64	33	13.64
	中收入	80	27.40	51	17.47	30	10.13
	高收入	79	27.05	44	15.07	43	14.78
广播	低收入	11	4.51	36	14.81	38	15.70
	中收入	25	8.56	38	13.01	50	17.18
	高收入	15	5.14	41	14.04	46	15.81

续表

媒介	受教育程度	第一位 样本数	第一位 百分比	第二位 样本数	第二位 百分比	第三位 样本数	第三位 百分比
电视	低收入	63	25.82	69	28.40	58	23.97
电视	中收入	89	30.48	79	27.05	70	24.05
电视	高收入	97	33.22	84	28.77	62	21.31
电脑	低收入	20	8.20	47	23.46	23	9.50
电脑	中收入	20	6.82	75	25.68	40	13.75
电脑	高收入	25	8.56	80	27.40	46	15.81
手机	低收入	68	27.87	38	15.64	50	20.66
手机	中收入	73	25.00	41	14.04	58	19.93
手机	高收入	71	24.32	39	13.36	64	21.99
杂志	低收入	1	0.41	5	2.06	25	10.33
杂志	中收入	3	1.03	6	2.05	24	8.25
杂志	高收入	1	0.34	4	1.37	20	6.87
其他	低收入	3	1.03	0	0	15	6.20
其他	中收入	2	0.68	2	0.68	19	6.53
其他	高收入	4	1.37	0	0	10	3.44
卡方检验		$\chi^2=11.477$ $p=0.489$		$\chi^2=6.505$ $p=0.889$		$\chi^2=12.589$ $p=0.400$	

数据显示，从新生代农民工的经济收入与手机媒介使用效果分析，在被调查的新生代农民工中，在手机媒介有助于"提升工作技能"方面，低收入者选择"非常同意"和"同意"的比例为80.32%，中收入者选择"非常同意"和"同意"的比例为79.34%，高收入者选择"非常同意"和"同意"的比例为82.19%；在手机媒介有助于"增长社会知识"方面，低收入者选择"非常同意"和"同意"的比例为92.62%，中收入者选择"非常同意"和"同意"的比例为95.89%，高收入者选择"非常同意"和"同意"的比例为93.49%；在手机媒介有助于"扩大社会交往"方面，低收入者选择"非常同意"和"同意"的比例为82.55%，中收入者选择"非常同意"和"同意"的比例为87.29%，高收入

者选择"非常同意"和"同意"的比例为91.20%;在手机媒介有助于"丰富业余生活"方面,低收入者选择"非常同意"和"同意"的比例为90.16%,中收入者选择"非常同意"和"同意"的比例为94.15%,高收入者选择"非常同意"和"同意"的比例为94.17%;在手机媒介有助于"了解城市生活"方面,低收入者选择"非常同意"和"同意"的比例为88.11%,中收入者选择"非常同意"和"同意"的比例为93.15%,高收入者选择"非常同意"和"同意"的比例为91.09%。

表 2-33　新生代农民工的经济收入与手机媒介使用效果描述分析

功能	经济收入	非常同意 样本数	百分比	同意 样本数	百分比	不同意 样本数	百分比	非常不同意 样本数	百分比
提升工作技能	低收入	41	16.80	155	63.52	39	15.98	9	3.69
	中收入	52	17.81	168	57.53	60	20.55	12	4.11
	高收入	56	19.18	184	63.01	44	15.07	8	2.74
增长社会知识	低收入	59	24.18	167	68.44	14	5.74	4	1.64
	中收入	75	25.68	205	70.21	8	2.74	4	1.37
	高收入	85	29.11	188	64.38	16	5.86	3	1.03
扩大社会交往	低收入	45	18.44	164	67.11	31	12.70	4	1.64
	中收入	73	25.09	181	62.20	29	9.97	8	2.75
	高收入	81	27.74	185	63.36	24	8.22	2	0.68
丰富业余生活	低收入	58	23.77	162	66.39	22	9.02	5	9.82
	中收入	86	29.55	188	64.60	12	4.12	5	1.72
	高收入	91	31.16	184	63.01	13	4.45	4	1.37
了解城市生活	低收入	44	18.03	171	70.08	26	10.66	3	1.23
	中收入	64	21.92	208	71.23	16	5.48	4	1.37
	高收入	62	21.23	204	69.86	19	6.51	7	2.40

数据显示,各个收入水平的被调查者对手机媒介的功能都有着较为一致的认知,对手机媒介的功能给予高度评价。邱林川曾提出"信息中下层"的概念,"泛指在信息社会分层结构里介于

'信息拥有者'和'信息缺乏者'之间的各种人群"。① 我国的社会信息化过程已经由精英垄断的局面进入更广社会内信息中下层，那些居于中下层的群体出于最基本的、与生存密切相关的信息需求而普遍使用中低端的信息传播技术产品。② 新生代农民工无疑是信息中下层群体。正是凭借着手机媒介，他们由手机重新建构了"流动空间"。③ 手机媒介已深深嵌入新生代农民工的日常，在构建其新的社会关系网络方面发挥着重要作用。

---

① 邱林川：《信息时代的世界工厂：新工人阶级的网络社会》，广西师范大学出版社 2013 年版，第 123 页。
② 邱林川：《信息"社会"：理论、现实、模式与反思》，《传播与社会学刊》2008 年第 5 期。
③ 姜兰花：《流动空间里的空间人——新生代农民工手机媒体使用初探》，《长沙大学学报》2013 年第 6 期。

第三章 媒介化时代新生代农民工的社会认同

在人们的社会生活中,"认同是人们意义与经验的来源"。[①] 新生代农民工的社会认同,既有关于"我是谁"的身份认同,又包括关于其处于城市空间内的意义与体验。"随着个人生活的可能性的变化、扩大或缩小,人们可以选择、造就和再造就自身的认同性。"[②] 新生代农民工随着进城务工,逐渐摆脱乡土社会认同,形成新的社会认同。本部分主要通过问卷调查搜集数据来描述新生代农民工的社会认同状况。主要包括:文化认同、群体认同、地域认同、地位认同、职业认同、政策认同。

第一节 文化认同

一 新生代农民工的文化认同

文化认同指本地文化认同,即城市文化认同。城市文化迥异

[①] [西班牙]曼纽尔·卡斯特:《认同的力量》,夏铸九等译,社会科学文献出版社2003年版,第3页。

[②] [美]道格拉斯·凯尔纳:《媒体文化:介于现代与后现代之间的文化研究、认同性与政治》,丁宁译,商务印书馆2013年版,第394页。

于乡土文化，农民工市民化要先剥离原有的乡土文化，培育城市文化，形成城市文化认同，以此来指导自身的行为和认知。"农民工长期以来在生活方式、价值观念上的差异使其产生了不同于市民的阶级惯习，难以实现对城市的认同。"① 因此，固有的乡土文化认同是农民工形成城市文化认同的阻碍。

本书设计6项可能间接测量本地文化认同的指标：（1）本地语言掌握程度，指主动学习本地语言的状况，操作化为"您能讲郑州话吗"，分为"不能讲"、"能讲一些"和"能讲"3种程度；（2）家里常用语言，操作化为"您平时在家中讲哪些语言多一些"，分为"郑州话""老家方言""普通话"3个选项；（3）熟悉本地风俗程度，操作化为"您是否熟悉本地特有的风俗习惯"，分为"很熟悉"、"大部分熟悉"、"熟悉一些"和"几乎不熟悉"4种程度；（4）接受本地价值程度，即"在日常生活中，您会按本地风俗习惯办事的程度"，分为"完全遵守"、"仅仅与本地人交往时才遵守"、"不知道"和"从不遵守"4种程度；（5）采纳本地节日程度，操作化为"您和家人会过本地人的节日吗"，分为"全部过"、"偶然过"和"几乎不过"3种程度；（6）邀请本地人做客，操作化为"您是否邀请过本地人到您家做客呢"，分为"经常"、"偶尔"和"从来没有"3种程度。

表3-1是文化认同测量的描述分析。从本地语言掌握方面来分析，被调查的新生代农民工中"不会讲本地话"的比例为40.82%，"会讲部分本地话"者128人，比例为15.46%；"能讲本地话"者为362人，比例为43.72%。运用本地话是一个自然熟悉的过程，本地语言的测量体现出被调查的新生代农民工对本

---

① 占绍文、杜晓芬：《农民工城市文化认同和文化消费行为研究》，《农村经济》2013年第11期。

地文化的认同情况。

表3-1　　新生代农民工的文化认同的描述分析

变量值 本地语言掌握	样本数	百分比	变量值 本地人的节日	样本数	百分比
不能	338	40.82	几乎不过	220	25.39
能讲一点	128	15.46	偶尔过	441	53.33
能讲	362	43.72	经常过	176	21.28
家中使用语言	样本数	百分比	本地人来家中做客	样本数	百分比
老家方言	552	66.67	从来没有	205	24.76
普通话	173	20.89	偶尔	510	61.59
本地话	103	12.44	经常	113	13.65
本地风俗习惯	样本数	百分比	遵循本地习惯	样本数	百分比
几乎不熟悉	113	13.66	从不遵守	67	8.10
熟悉一些	433	52.36	不知道	140	16.13
大部分熟悉	233	28.17	与本地人交往遵守	507	61.31
很熟悉	48	5.80	完全遵守	113	13.66

从家中使用语言的方面分析，被调查的新生代农民工中比例为66.67%的人选择"使用老家方言"，20.89%的人选择"使用普通话"，选择"使用本地话"者仅占12.44%。马克思认为，意识本身只能通过传播交流而存在，在它能够传播交流之前，社会是必需的。人们通过与他人的相互交往而取得感受、经验，这种交往的首要手段就是语言。[①] 新生代农民工在日常生活与工作中，主流人群依然坚持使用老家方言，极少数能够使用当地语言进行交流，说明新生代农民工没有在根本文化认同上完全融入当地城市。

从熟悉本地风俗方面来分析，被调查的新生代农民工中比例

---

① ［美］J. 赫柏特·阿特休尔：《权力的媒介》，黄煜、裘志康译，华夏出版社1989年版，第116页。

为52.36%的人对本地风俗"熟悉一些","大部分熟悉和很熟悉"的占33.97%,"几乎不熟悉"的仅占13.66%。

从采纳本地节日方面来分析,大部分新生代农民工(53.33%)认为自己"偶尔过本地人的节日",有21.28%的人"经常过本地人的节日",仅有25.39%的人"几乎不过本地人的节日"。

从遵循本地习惯方面来分析,被调查的新生代农民工中61.31%者会在与本地人交往时"遵守本地习惯",比例为13.66%者"完全遵守","从不遵守"者仅占8.10%。

从邀请本地人到家做客的频率方面来分析,被调查的新生代农民工中205人表示"从来不邀请"本地人来家做客,比例为24.76%,"偶尔为之"者有510人,比例为61.59%,"经常邀请"者仅有113人,比例为13.65%。

"城市文化的耳濡目染又不断消解着他们对家乡存有的情感认同和社会记忆。"[1] 新生代农民工的城市文化认同,意味着要放弃业已形成的文化认同,这对其来说有一定难度。人都有对出生地或生活地内在依恋情感,这种情感会伴随着共同血缘、语言概念的濡化过程得到加强。"青少年拥有相对较高的新文化认同及适应能力。"[2] 新生代农民工的文化认同处于中等水平,其原因在于一方面他们一定程度上还保留原生文化,另一方面又在一定程度上接受迁入地文化,新生代农民工的城市文化认同是一个漫长的过程。

---

[1] 许传新:《新生代农民工的身份认同及影响因素分析》,《学术探索》2007年第3期。

[2] 雷开春:《城市新移民的社会认同研究——感性依恋与理性策略》,上海社会科学院出版社2011年版,第92页。

二 新生代农民工文化认同的代际比较

从农民工对本地语言掌握的代际来分析,被调查的传统农民工有36.53%"不能讲本地话",新生代农民工有40.82%"不能讲本地话";"能讲一点"选项中,前者比例为13.70%,后者比例为15.46%;"能讲本地话"选项中,前者比例为49.77%,后者比例为43.72%(见表3-2)。

表3-2　　　　　农民工对本地语言掌握情况描述分析

类别	统计量	不能	能讲一点	能讲
传统	样本数	80	30	109
	百分比	36.53	13.70	49.77
新生代	样本数	338	128	362
	百分比	40.82	15.46	43.72

注:$\chi^2 = 2.5646$,$p = 0.277$。

从农民工在家中使用语言的代际来分析,被调查的传统农民工"使用老家方言"者比例为59.82%,被调查的新生代农民工中比例为66.67%;在"使用普通话"选项中,前者比例为15.07%,后者比例为20.89%;在"使用本地话"选项中,前者比例为25.11%,后者比例为12.44%(见表3-3)。数据分析显示,新生代农民工在家中"使用老家方言"多于传统农民工,其原因在于传统农民工在城市居住时间较长,较好地掌握了当地的语言。

表3-3　　　　　农民工在家中使用的语言的描述分析

类别	统计量	老家方言	普通话	本地话
传统	样本数	131	33	55
	百分比	59.82	15.07	25.11

续表

类别	统计量	老家方言	普通话	本地话
新生代	样本数	552	173	103
	百分比	66.67	20.89	12.44

注：Pearson chi^2 (2) =22.6691, p=0.000。

从农民工熟悉本地风俗习惯的代际来分析，被调查的传统农民工中选项为"几乎不熟悉"者比例为15.53%，被调查的新生代农民工选择该项的为13.66%；在"熟悉一些"的选项中，前者比例为47.95%，后者比例为52.36%；在"大部分熟悉"和"很熟悉的"选项中，前者比例36.53%，后者比例为33.97%（见表3-4）。

表3-4　　　　农民工熟悉本地风俗习惯的描述分析

类别	统计量	几乎不熟悉	熟悉一些	大部分熟悉	很熟悉
传统	样本数	34	105	66	14
	百分比	15.53	47.95	30.14	6.39
新生代	样本数	113	433	233	48
	百分比	13.66	52.36	28.17	5.80

注：$\chi^2 = 1.4169$, p=0.702。

从农民工过本地人的节日的代际来分析，被调查的传统农民工中选择"几乎不过"者比例为28.11%，被调查的新生代农民工选择此项的比例为25.39%；在"偶尔过"的选项中，前者的比例为52.53%，后者比例为53.33%；"全部过"的选项中，前者比例为19.35%，后者比例为21.28%（见表3-5）。数据显示，新生代农民工过本地人节日的比例高于传统农民工。

表3-5　　　　农民工过本地人节日的描述分析

类别	统计量	几乎不过	偶尔过	全部过
传统	样本数	61	114	42
	百分比	28.11	52.53	19.35

续表

类别	统计量	几乎不过	偶尔过	全部过
新生代	样本数	210	441	176
	百分比	25.39	53.33	21.28

注：$\chi^2 = 0.8149$，$p = 0.665$。

从农民工遵照本地人的习惯办事的代际比较来分析，被调查的传统农民工选择"从不遵守"者的比例为11.87%，被调查的新生代农民工选择该项的仅为8.10%；在"交往时遵守"的选项中，前者所占比例为54.79%，后者比例为61.31%；在"完全遵守"选项中，前者所占比例为19.18%，后者所占比例为13.66%（见表3-6）。数据显示，相较于传统农民工，新生代农民工更具有权宜性策略，体现为与本地人交往时遵守当地习惯办事。

表3-6　　　农民工遵照本地人的习惯办事的描述分析

变量	统计量	从不遵守	不知道	与本地人交往时遵守	完全遵守
传统	样本数	26	31	120	42
	百分比	11.87	14.16	54.79	19.18
新生代	样本数	67	140	507	113
	百分比	8.10	16.93	61.31	13.66

注：$\chi^2 = 8.3611$，$p = 0.039$。

从农民工邀请本地人来家做客的代际比较来分析，被调查的传统农民工中选择"从来没有"者的比例为25.11%，被调查的新生代农民工选择该项的比例为24.76%；在"偶尔邀请本地人做客"的选项中，前者所占比例为63.01%，后者所占比例为61.59%；在"经常邀请"选项中，前者所占的比例为11.87%，后者比例为13.65%（见表3-7）。

表 3-7　　　　农民工邀请本地人来家做客的描述分析

类别	统计量	从来没有	偶尔	经常
传统	样本数	55	138	26
	百分比	25.11	63.01	11.87
新生代	样本数	205	510	113
	百分比	24.76	61.59	13.65

注：$\chi^2=0.4763$，$p=0.788$。

三　新生代农民工文化认同的受教育程度差异

从不同受教育程度的新生代农民工对本地语言的掌握方面来分析，被调查的新生代农民工中，受教育程度为初中及以下者选择"不能讲"的占 40.67%，受教育程度为高中者选择该项者占 41.31%，受教育程度为大专及以上者选择该项者比例为 40.40%；在"能讲一点"方面，受教育程度为初中及以下者占 17.70%，受教育程度为高中者比例为 14.29%，受教育程度为大专及以上者比例为 14.69%；在"能讲"选项中，受教育程度为初中及以下者比例为 41.63%，受教育程度为高中者比例为 44.40%，受教育程度为大专及以上者所占比例为 44.92%（见表 3-8）。数据显示，不同受教育程度的新生代农民工对本地语言的掌握没有大的区别。

表 3-8　　　　受教育程度与本地语言掌握程度的描述分析

类别	统计量	不能	能讲一点	能讲
初中及以下	样本数	85	37	87
	百分比	40.67	17.70	41.63
高中	样本数	107	37	115
	百分比	41.31	14.29	44.40
大专及以上	样本数	143	52	159
	百分比	40.40	14.69	44.92

注：$\chi^2=1.4222$，$p=0.840$。

表3-9显示，从不同受教育程度的新生代农民工在家中使用的语言来分析，被调查的新生代农民工中，在选择"使用老家方言"选项中，受教育程度为初中及以下者的比例为76.56%，受教育程度为高中者比例为67.95%，大专及以上者占59.89%；在选择"使用普通话"选项中，受教育程度为初中及以下者比例为11.48%，受教育程度为高中者占20.08%，受教育程度为大专及以上者占27.12%；在选择"使用本地话"选项中，受教育程度为初中及以下者占11.96%，受教育程度为高中者占11.97%，受教育程度为大专及以上者占12.99%。数据分析显示，不同受教育程度的新生代农民工在家中使用的语言区别明显，这主要体现为大专及以上的新生代农民工讲普通话的比例较高。

表3-9 受教育程度与家中使用语言的描述分析

类别	统计量	老家方言	普通话	本地话
初中及以下	样本数	160	24	25
	百分比	76.56	11.48	11.96
高中	样本数	176	52	31
	百分比	67.95	20.08	11.97
大专及以上	样本数	212	96	46
	百分比	59.89	27.12	12.99

注：$\chi^2 = 21.2253$，$p = 0.000$。

从受教育程度与熟悉本地风俗习惯方面来分析，被调查的新生代农民工中，在"几乎不熟悉"选项中，受教育程度为初中及以下者选择该项的比例为17.70%，受教育程度为高中者占14.29%，受教育程度为大专及以上者占10.48%；在"熟悉一些"的选项中，受教育程度为初中及以下者比例为55.02%，受教育程度为高中者占56.37%，受教育程度为大专及以上者占48.16%；在"大部分熟悉和很熟悉"选项中，受教育程度为初中及以下者占27.27%，受教育程度为高中者占29.34%，受教育程度为大专及以上者占41.36%。数据显示，不同受教育程度的新生代农民工对本地风俗习惯熟悉程度有差异，受教育程度提高其对本地风俗习惯的熟悉性。

表3-10　受教育程度与熟悉本地风俗习惯的描述分析

类别	统计量	几乎不熟悉	熟悉一些	大部分熟悉	很熟悉
初中及以下	样本数	37	115	52	5
	百分比	17.70	55.02	24.88	2.39
高中	样本数	37	146	63	13
	百分比	14.29	56.37	24.32	5.02
大专及以上	样本数	37	170	116	30
	百分比	10.48	48.16	32.86	8.50

注：$\chi^2 = 21.2290$，$p = 0.002$。

从受教育程度与过本地人节日方面来分析，被调查的新生代农民工中，在"几乎不过"选项，受教育程度为初中及以下者比例为32.06%，受教育程度为高中者占23.55%，受教育程度为大专及以上者占21.81%；在"偶尔过"的选项中，受教育程度为初中及以下者占50.24%，受教育程度为高中者占58.30%，受教育程度为大专及以上者52.12%；在"全部过"的选项中，受教育程度为初中及以下者占17.70%，受教育程度为高中者占18.15%，受教育程度为大专及以上者占26.06%（见表3-11）。数据显示，不同受教育程度的新生代农民工过本地人节日有差异，受教育程度越高，过本地人节日的比例越高。

表3-11　受教育程度与过本地人节日的描述性分析

类别	统计量	几乎不过	偶尔过	全部过
初中及以下	样本数	67	105	37
	百分比	32.06	50.24	17.70
高中	样本数	61	151	47
	百分比	23.55	58.30	18.15

续表

类别	统计量	几乎不过	偶尔过	全部过
大专及以上	样本数	77	184	92
	百分比	21.81	52.12	26.06

注：$\chi^2 = 13.6637$，$p = 0.008$。

从受教育程度与遵循本地人习惯办事方面来分析，被调查的新生代农民工中，在"从不遵守"选项，受教育程度为初中及以下者比例为9.09%，受教育程度为高中者占9.27%，受教育程度为大专及以上者占6.52%；在"遵守"选项中，受教育程度为初中及以下者占59.81%，受教育程度为高中者占63.71%，受教育程度为大专及以上者占60.62%；在"完全遵守"选项中，受教育程度为初中及以下者占10.05%，受教育程度为高中者占11.58%，受教育程度为大专及以上者占17.28%（见表3-12）。数据显示，不同受教育程度的新生代农民工遵照本地人的习惯办事有差异，受教育程度越高，遵照本地人习惯办事比例越高。

表3-12　受教育程度与遵照本地人习惯办事的描述分析

类别	统计量	从不遵守	不知道	与本地人交往时遵守	完全遵守
初中及以下	样本数	19	44	125	21
	百分比	9.09	21.05	59.81	10.05
高中	样本数	24	40	165	30
	百分比	9.27	15.44	63.71	11.58
大专及以上	样本数	23	55	214	61
	百分比	6.52	15.58	60.62	17.28

注：$\chi^2 = 11.1625$，$p = 0.083$。

从受教育程度与邀请本地人来家做客方面来分析，被调查的新生代农民工中，在"从来没有"选项方面，受教育程度为初中及以下者比例为33.01%，受教育程度为高中者占22.39%，受教育程度为大专及以上者占21.47%；在"偶尔"选项中，受教育程度为初中及以下者占59.33%，受教育程度为高中者占62.55%，受教育程度为大专及以上者占62.43%；在"经常"选项中，受教育程度为初中及以下者占7.66%，受教育程度为高中者占15.06%，受教育程度为大专及以上者占16.10%（见表3-13）。数据显示，不同受教育程度的新生代农民工邀请本地人来家做客有差异，受教育程度越高，邀请本地人来家做客的比例越高。

表3-13　受教育程度与本地人来家做客的描述分析

类别	统计量	从来没有	偶尔	经常
初中及以下	样本数	69	124	16
	百分比	33.01	59.33	7.66
高中	样本数	58	162	39
	百分比	22.39	62.55	15.06
大专及以上	样本数	76	221	57
	百分比	21.47	62.43	16.10

注：$\chi^2 = 15.6056$，$p = 0.004$。

受教育程度是影响新生代农民工文化认同的一个重要因素。受教育程度越高的新生代农民工，越容易接受新生事物，从而思维习惯和行为方式更接近市民。而对于受教育程度低的新生代农民工，"虽然受到了城市生活方式、价值观念的吸引，但是传统的生活习惯根深蒂固，使得他们对城市的认同感不足，与市民的文化需求、价值观念仍然存在较大差异"。[①]

第二节　群体认同

一　新生代农民工的群体认同

群体认同即群体身份认同，是对于"我归属哪个群体"的回

[①] 占绍文、杜晓芬：《农民工城市文化认同和文化消费行为研究》，《农村经济》2013年第11期。

答。群体认同作为社会认同的具体形式，是个体在对自我进行群体分离基础上社会认同的内在表现。[1] 以往的研究认为，农民工处于融不进的城市、回不去的乡村的尴尬状态，属于双重边缘人。对于城市农民工来说，"本地人"和"外地人"的群体差异最为显著。所谓的"本地人"，主要是指社区的第一代移民及其后代。作为社区的第一代定居者，在长期的生活工作中已经形成了一定的文化认同和群体认同；而如今的"外地人"更多的是指20世纪80年代以来的乡城迁移人口。相对"本地人"来说，他们无疑是外来者，不同的生活习惯、日常行为、语言和来源地往往使他们在共同居住中产生矛盾和分歧。[2]

本书采用的是城市农民工的主观群体概念及其区分。笔者把"你认为自己属于哪个群体？"这个选项，具体操作化为"你认为自己属于：郑州人、新郑州人、半个郑州人、非郑州人"4种程度。

以往的研究者发现，"在这一群体当中，没有一种身份认同占据绝大多数，处于主导地位。所以，我们可以认为，新生代农民工群体的身份认同处于混乱的状态"。[3] 表3-14为城市新生代农民工的群体认同分布特征。在被调查的新生代农民工中，认同自己是"郑州人"的比例为5.92%，认同自己是"新郑州人"的比例为5.80%，两者合计起来为11.72%；认为自己是"半个郑州人"的比例为30.92%；认为自己是"非郑州人"的比例为57.37%。由此可见，新生代农民工对于其所在城市郑州市的群体认同较低，有超过半数的新生代农民工没有产生群体认同。"角

---

[1] 李颖灏、王建明：《新生代农民工群体认同的影响因素》，《城市问题》2014年第9期。
[2] 赵晔琴：《农民工：日常生活中的身份建构与空间型构》，《社会》2007年第6期。
[3] 许传新：《新生代农民工的身份认同及影响因素分析》，《学术探索》2007年第3期。

色转换与身份转换的背离是新生代农民工陷入身份认同困境的根源。"① 数据显示，从农民到市民的转化过程尚未完成，这影响着新生代农民工的群体认同。

表 3-14　　　　新生代农民工群体认同的描述分析　　　　单位：%

变量值	样本数	百分比
郑州人	49	5.92
新郑州人	48	5.80
半个郑州人	256	30.92
非郑州人	475	57.37
总计	828	100.0

二　新生代农民工群体认同的代际比较

表 3-15 显示，从农民工群体认同的代际比较方面来分析，传统农民工中有 11.87% 的人认为自己是"郑州人"，有 7.76% 的认为自己是"新郑州人"，二者合计占 19.63%，这一比例高于新生代农民工；传统农民工认为自己是"半个郑州人"的比例为 26.48%，认为自己是"非郑州人"的比例是 53.88%，比例均低于新生代农民工。新生代农民工较传统农民工对城市有着较低的群体认同，这可能因为其在城市生活时间尚短。

表 3-15　　　　农民工群体认同的代际比较的描述分析

类别	统计量	郑州人	新郑州人	半个郑州人	非郑州人
传统	样本数	26	17	58	118
	百分比	11.87	7.76	26.48	53.88

---

① 刘晓丽、郑晶：《新生代农民工身份认同及其影响因素研究》，《华南农业大学学报》（社会科学版）2013 年第 1 期。

续表

类别	统计量	郑州人	新郑州人	半个郑州人	非郑州人
新生代	样本数	49	48	256	475
	百分比	5.92	5.80	30.92	57.37

注：$\chi^2 = 11.1563$，$p = 0.011$。

三　新生代农民工群体认同的受教育程度差异

从受教育程度与群体认同方面来分析，被调查的新生代农民工中，在认为自己是"郑州人"或"新郑州人"选项方面，受教育程度为初中及以下者比例为8.13%，受教育程度为高中者的比例为13.13%，受教育程度为大专及以上者的比例是12.71%；在认为自己是"半个郑州人"选项方面，受教育程度为初中及以下者的比例为26.32%，受教育程度为高中者的比例为35.14%，受教育程度为大专及以上者的比例是30.23%；在认为自己是"非郑州人"的选项中，受教育程度为初中及以下者的比例为65.55%，受教育程度为高中者的比例为51.74%，受教育程度为大专及以上者的比例是57.06%（见表3-16）。

表3-16　受教育程度与群体认同的描述分析

类别	统计量	郑州人	新郑州人	半个郑州人	非郑州人
初中及以下	样本数	10	7	55	137
	百分比	4.78	3.35	26.32	65.55
高中	样本数	16	18	91	134
	百分比	6.18	6.95	35.14	51.74
大专及以上	样本数	22	23	107	202
	百分比	6.21	6.50	30.23	57.06

注：$\chi^2 = 10.4074$，$p = 0.109$。

第三节 地域认同

一 新生代农民工地域认同描述分析

地域认同,即地域身份认同,指群体与固定地区之间关系的自我认同,是个体对自己将归属于哪一地域的看法。地域认同在某种程度上,是对地域成为制度化过程的一种解释,是一个各种领域边界、象征和制度形成的过程。"农民工的社会认同在多数情形下是复杂、多维的,某种意义上又是矛盾与背离的。"[①] 对我国农民工在城市—乡村归属问题上表现出的矛盾性和模糊性的诸多探讨,均以"城市是优越的,农民对城市有较高的认同"为研究前提,这直接体现了城市居民相对于农民工的优越性。

农民工作为城市的外来移民不是盲目认同城市,而是指向特定地域的地域认同。地域认同是一项难以直接测量的变量,本书拟定了3项间接测量指标:(1)子女发展期望,操作化为"子女在郑州发展",分为"非常想"、"比较想"、"无所谓"、"不太想"和"最好不留在郑州"5种程度;(2)未来定居打算,具体操作化为"未来定居打算",分为"很快到其他地方"、"3—5年以后再到其他地方"和"长期在郑州工作、生活"3种打算;(3)添置房产意愿,具体操作化为"购房意愿",分为"已购房产"、"三年内考虑"、"没有考虑过"和"不打算在本地买房"4种意愿。

[①] 郭星华、李飞:《漂泊与寻根:农民工社会认同的二重性》,《人口研究》2009年第6期。

表 3-17　　　　　新生代农民工地域认同的描述分析

类别	统计量	百分比	变量	样本数	百分比
回到老家有无家的感觉			未来定居打算		
有	636	76.81	很快到其他地方	93	11.26
没有	62	7.49	3—5年后到其他地方	319	38.62
说不清楚	130	15.70	长期在郑州工作、生活	414	50.12
身处郑州	统计量	百分比	购房意愿	样本数	百分比
有	370	44.96	已购房产	120	14.51
没有	453	55.04	三年内考虑	240	29.02
子女在郑州发展	统计量	百分比	没有考虑过	310	37.48
非常想	132	15.98	不打算在本地买房	157	18.98
比较想	240	29.06			
无所谓	313	37.89	—	—	
不太想	92	11.14			
最好不留在郑州	49	5.93			

由表 3-17 的数据显示，从回到老家时有无"家"的感觉方面分析，被调查的新生代农民工中比例为 76.81% 者表示回到老家有"家"的感觉，仅有 7.49% 者选择"没有"，比例为 15.70% 者的地域认同产生了混淆，选择"说不清楚"。

从在郑州时有无"家"的感觉方面分析，被调查的新生代农民工中比例为 44.96% 的人选择有"家"的感觉，比例为 55.04% 者回答"没有"（见表 3-17）。新生代农民工的地域认同依然以老家为主，但也有相当一部分人认同郑州为家。"社会认同的内在二维性使乡土认同和城市认同这两种看似矛盾的社会认同有可能在同一个个体身上同时存在，并相互建构，形成社会认同的二重性。"[①] 这种二重性就体现为新生代农民工既把老家当作家，又把郑州当作家。

[①] 郭星华、邢朝国：《社会认同的内在二维图式——以北京市农民工的社会认同研究为例》，《江苏社会科学》2009 年第 4 期。

从是否希望子女在郑州发展方面来分析，被调查的新生代农民工中比例为45.04%的选择"希望"，比例为17.07%者选择"不希望"，比例为37.89%者选择"无所谓"（见表3-20）。数据显示，新生代农民工希望子女在郑州发展的比例较高，在其自身融入城市较难的情况下，把希望寄托于下一代。

从未来打算方面来分析，被调查的新生代农民工中比例为38.62%者选择"3—5年后到其他地方"，比例为50.12%者选择"长期在郑州发展"，比例为11.26%者选择"很快到其他地方"（见表3-21）。数据显示，新生代农民工希望在郑州长期发展的比例较高。

从购房意愿方面来分析，被调查的新生代农民工中比例为29.02%的人选择"三年内考虑买房"，比例为37.48%者选择"没有考虑过"，比例为18.98%者选择"不打算在本地买房"（见表3-22）。数据显示，新生代农民工希望在郑州买房意愿不高。"尽管农民工受到制度排斥有所不同，城市新移民地域认同可能更多受阻于现实生活压力。"[1]

二 新生代农民工地域认同的代际比较

从回到老家时有无家的感觉的代际比较看，被调查的传统农民工中，比例为76.26%者选择"有"，比例为6.85%的传统农民工选择"没有"，比例为16.89%的传统农民工选择"说不清楚"（见表3-18）。数据显示，传统农民工与新生代农民工在该选项上无显著差异。

---

[1] 雷开春：《城市新移民的社会认同研究——感性依恋与理性策略》，上海社会科学院出版社2011年版，第96页。

表 3 – 18　　农民工回到老家有无家的感觉的描述分析

类别	统计量	有	没有	说不清楚
传统	样本数	167	15	37
	百分比	76.26	6.85	16.89
新生代	样本数	636	62	130
	百分比	76.81	7.49	15.70

注：$\chi^2 = 0.2579$，$p = 0.879$。

从在郑州时有无家的感觉的代际比较来分析，被调查的传统农民工比例为 55.76% 者选择 "有"，比例为 44.24% 者选择 "没有"（见表 3 – 19）。数据显示，传统农民工对郑州有家的感觉比例高于新生代农民工。这体现了传统农民工居住时间已久，对郑州产生了地域依恋，而新生代农民工尚未摆脱 "漂" 的感觉。

表 3 – 19　　农民工在郑州有无家的感觉的描述分析

类别	统计量	有	没有
传统	样本数	121	96
	百分比	55.76	44.24
新生代	样本数	370	453
	百分比	44.96	55.04

注：$\chi^2 = 8.0412$，$p = 0.005$。

从希望子女在郑州发展的代际比较看，被调查的传统农民工比例为 59.81% 者选择 "想"，仅有 6.40% 的传统农民工选择 "不想"，有 33.79% 的传统农民工选择 "无所谓"（见表 3 – 20）。数据显示，传统农民工希望子女在郑州发展的比例高于新生代农民工。

表 3 – 20　　农民工希望子女在郑州发展的描述分析

类别	统计量	非常想	比较想	无所谓	不太想	最好不留
传统	样本数	64	67	74	10	4
	百分比	29.22	30.59	33.79	4.57	1.83

续表

类别	统计量	非常想	比较想	无所谓	不太想	最好不留
新生代	样本数	132	240	313	92	49
	百分比	15.98	29.06	37.89	11.14	5.93

注：$\chi^2 = 30.5256$，$p = 0.000$。

从未来在郑州工作生活打算的代际比较看，被调查的传统农民工中比例为58.90%者选择"长期在郑州"，比例为10.96%者选择"很快到其他地方"，比例为30.14%者选择"3—5年到其他地方"（见表3-21）。数据显示，传统农民工希望长期留在郑州发展的比例高于新生代农民工。

表3-21　　　　农民工对未来在郑州打算的描述分析

类别	统计量	很快到其他地方	3—5年到其他地方	长期在郑州
传统	样本数	24	66	129
	百分比	10.96	30.14	58.90
新生代	样本数	93	319	414
	百分比	11.26	38.62	50.12

注：$\chi^2 = 5.9648$，$p = 0.051$。

从未来在郑州购房意愿看，被调查的传统农民工中比例为22.37%者选择"已购房产"，比例为21.92%者选择"三年内考虑"，比例为32.42%者选择"没有考虑过"，比例为23.29%者选择"不打算在本地买房"（见表3-22）。农民工的购房意愿较复杂，传统农民工已购房产的比例高于新生代农民工，所以新生代农民工三年内考虑购房的比例高于传统农民工。

表3-22　　　　农民工购房意愿的描述分析

类别	统计量	已购房产	三年内考虑	没有考虑过	不打算在本地买房
传统	样本数	49	48	71	51
	百分比	22.37	21.92	32.42	23.29

续表

类别	统计量	已购房产	三年内考虑	没有考虑过	不打算在本地买房
新生代	样本数	120	240	310	157
	百分比	14.51	29.02	37.48	18.98

注：$\chi^2 = 12.6323$，$p = 0.006$。

以往的研究发现，"新生代农村流动人口对家乡仍具有一定的乡土认同，但是，与第一代农村流动人口相比，他们对家乡的认同更多地系于与亲人的情感，而对家乡其他方面的依恋在减少"。[①] 但本研究发现传统农民工对郑州有更高的地域认同，其对郑州有家的感觉、希望子女在郑州发展、希望自己留郑州长期发展的比例均显著高于新生代农民工。这说明长期在郑州的务工和生活，使传统农民工对郑州产生了依恋感觉。

三 新生代农民工地域认同的受教育程度差异

表 3-23 显示，从受教育程度与对老家感觉方面来分析，被调查的新生代农民工中，受教育程度为初中及以下者比例为 80.38% 选择"有"，受教育程度为高中者比例为 70.27% 者选择"有"，受教育程度为大专及以上者选择该项的比例为 79.94%。数据显示，受教育程度为初中及以下和大专及以上的新生代农民工回老家时有家的感觉的比例较高，受教育程度为高中者的比例相对低一些。

表 3-23　　　　　受教育程度与对老家感觉的描述分析

类别	统计量	有	没有	说不清楚
初中及以下	样本数	168	11	30
	百分比	80.38	5.26	14.35

---

① 王春光：《新生代农村流动人口的社会认同与城乡融合的关系》，《社会学研究》2001 年第 3 期。

续表

类别	统计量	有	没有	说不清楚
高中	样本数	182	25	52
	百分比	70.27	9.65	20.08
大专及以上	样本数	283	24	47
	百分比	79.94	6.78	13.28

注：$\chi^2 = 10.2429$，$p = 0.037$。

表3-24　　受教育程度与对郑州感觉的描述分析

类别	统计量	有	没有
初中及以下	样本数	79	129
	百分比	37.98	62.02
高中	样本数	120	138
	百分比	46.51	53.49
大专及以上	样本数	171	180
	百分比	48.72	51.28

注：$\chi^2 = 6.3048$，$p = 0.043$。

从受教育程度与对郑州感觉方面来分析，被调查的新生代农民工中选择"有"，受教育程度为初中及以下者比例为37.98%，受教育程度为高中者比例为46.51%，受教育程度大专及以上者比例为48.72%（见表3-24）。数据显示，新生代农民工所受教育程度越高，在郑州有家的感觉的比例越高。

表3-25　　受教育程度与希望子女在郑州发展的描述分析

类别	统计量	非常想	比较想	无所谓	不太想	最好不留
初中及以下	样本数	43	62	77	14	12
	百分比	20.67	29.81	37.02	6.73	5.77
高中	样本数	45	83	91	26	13
	百分比	17.44	32.17	35.27	10.08	5.04
大专及以上	样本数	44	94	141	51	24
	百分比	12.43	26.55	39.83	14.41	6.78

注：$\chi^2 = 16.5527$，$p = 0.035$。

表 3-25 显示,从受教育程度与希望子女在郑州发展的方面来看,被调查的新生代农民工中,受教育程度为初中及以下者比例为 50.48%,受教育程度为高中者比例为 49.61% 的选择"想",受教育程度为大专及以上者比例为 38.98% 的选择"想"。数据显示,新生代农民工所受教育程度越高,希望子女在郑州发展的比例越低。

表 3-26　　　　受教育程度与未来打算的描述分析

类别	统计量	很快到其他地方	3—5 年到其他地方	长期在本地生活
初中及以下	样本数	25	87	96
	百分比	12.02	41.83	46.15
高中	样本数	20	89	149
	百分比	7.75	34.50	57.75
大专及以上	样本数	48	139	167
	百分比	13.56	39.27	47.18

注:$\chi^2 = 10.5297$,$p = 0.032$。

从受教育程度与未来打算方面分析,被调查的新生代农民工中,受教育程度为初中及以下者选择"长期在本地生活"的比例为 46.15%,受教育程度为高中者选择"长期在本地生活"的比例为 57.75%,受教育程度为大专及以上者选择"长期在本地生活"的比例为 47.18%(见表 3-26)。数据显示,受教育程度为高中的新生代农民工选择长期在本地生活的比例高于初中及以下和大专及以上的。

表 3-27　　　　受教育程度与未来购房意愿的描述分析

类别	统计量	已购房产	三年内考虑	没有考虑过	不打算在本地买房
初中及以下	样本数	20	50	87	51
	百分比	9.62	24.04	41.83	24.52
高中	样本数	34	75	99	51
	百分比	13.13	28.96	38.22	19.69

续表

类别	统计量	已购房产	三年内考虑	没有考虑过	不打算在本地买房
大专及以上	样本数	66	114	120	54
	百分比	18.64	32.20	33.90	15.25

注：$\chi^2 = 19.1998$，$p = 0.004$。

从受教育程度与未来购房意愿方面来分析，被调查的新生代农民工中，受教育程度为初中及以下者比例为 33.66% 的选择"已购房产或三年内考虑"，受教育程度为高中者比例为 42.09% 的选择"已购房产或三年内考虑"，受教育程度为大专及以上者比例为 50.84% 的选择"已购房产或三年内考虑"（见表 3-27）。数据显示，新生代农民工所受教育程度越高，打算在郑州购房的意愿越高。

以往的研究发现，"新生代农民工在城市打拼，努力成为城市一员，由于比较收入、社会地位、排斥性制度等因素的影响，新生代农民工对自身的地域归属出现分化倾向"。[1] 受教育程度对新生代农民工地域认同影响的分析表明，受教育程度越高的新生代农民工地域认同越强，但是"希望子女在郑州发展"的意愿呈现减弱现象，原因可能是受教育程度越高者，希望子女到大城市发展的愿望越强烈，这在一定程度上体现了代际向上流动的效应。

第四节 地位认同

一 新生代农民工的地位认同

关于地位认同的测量已有相当规范的测量方式。我国城市居

---

[1] 滕丽娟、徐佩文：《新生代农民工城市社会认同及影响因素探析》，《大连教育学院学报》2015 年第 2 期。

民主观阶层地位认同存在很大偏移。从偏移的方向来看,"向上偏移"的比重高于"一致认同"和"向下偏移"。① 可见地位偏移是社会生活中的一种常见现象,在任何群体中都有所体现,不同的是向上偏移还是向下偏移。

本书借鉴已有研究,具体操作化为:(1)"您的生活水平在当地属于哪个层次",分为上层、中上层、中层、中下层、下层;(2)"您的社会经济地位在当地属于哪个层次",分为上层、中上层、中层、中下层、下层。

表3-28　　　　新生代农民工地位认同的描述分析　　　单位:%

变量值	生活水平		社会经济地位	
	样本数	百分比	样本数	百分比
上层	5	0.60	2	0.24
中上层	27	3.26	25	3.02
中层	227	27.42	222	26.81
中下层	338	40.82	352	42.51
下层	231	27.90	227	27.42

从新生代农民工的生活水平在当地的情况看,被调查的新生代农民工中比例为40.82%的人选择"中下层",比例为27.90%者选择"下层",选择"中层及以上"的仅占31.28%(见表3-28)。数据显示,新生代农民工的主观生活水平严重向下偏移。

从新生代农民工的社会经济地位在当地的情况看,被调查的新生代农民工中比例为42.51%的人选择"中下层",比例为27.42%者选择"下层",选择"中层及以上"者仅占30.07%。数据显示,新生代农民工的社会经济地位严重向下偏移。

以往对城市新移民的地位认同研究发现,"地位认同模糊和

---

① 韩钰、仇立平:《中国城市居民阶层地位认同偏移研究》,《社会发展研究》2015年第1期。

假性地位意识的城市新移民大多来自中上层,其中向上地位认同的人是向下认同的人的两倍多"。① 本书却发现新生代农民工地位认同严重向下偏移。社会认同来源于社会比较,而参照群体不同使比较的结果出现差别。城市新移民进入城市后比较的对象是未进行城市移民的人,而新生代农民工比较的对象往往是城市居民,包括实现移民的城市居民。所以有研究者认为,新生代农民工的地位认同也是双重的,"一方面,与农民相比社会地位相对提高;另一方面,和城市里的参照群体比较,依然身处社会底层"。② 新生代农民工不仅在地域认同上表现为双重性,在地位认同上同样体现为双重性。

二 新生代农民工地位认同的代际比较

从在当地所处生活水平的代际比较看,被调查的传统农民工处于"中层及以上"的比例为22.38%,这一比例低于新生代农民工。传统农民工处于中下层的比例为44.75%,处于下层的比例为32.88%,均高于新生代农民工(见表3-29)。

表3-29　　　　农民工地位认同代际比较的描述分析　　　单位:%

—	类别	统计量	上层	中上层	中层	中下层	下层
生活水平	传统	样本数	0	4	45	98	72
		百分比	0.00	1.83	20.55	44.75	32.88
	新生代	样本数	5	27	227	338	231
		百分比	0.60	3.26	27.42	40.82	27.90

---

① 雷开春:《城市新移民的社会认同研究——感性依恋与理性策略》,上海社会科学院出版社2011年版,第109页。
② 滕丽娟、徐佩文:《新生代农民工城市社会认同及影响因素探析》,《大连教育学院学报》2015年第2期。

续表

—	类别	统计量	上层	中上层	中层	中下层	下层
社会经济地位	传统	样本数	0	4	43	103	69
		百分比	0.00	1.83	19.63	47.03	31.51
	新生代	样本数	2	25	222	352	227
		百分比	0.24	3.02	26.81	42.51	27.42

从在当地所处社会经济地位代际比较看，被调查的传统农民工处于中层及以上的比例为21.46%，这一比例低于新生代农民工。传统农民工处于中下层的比例为47.03%，处于下层的比例为31.51%，均高于新生代农民工（见表3-29）。

三 新生代农民工地位认同的受教育程度差异

从受教育程度与新生代农民工生活水平在当地所处层次看，被调查的新生代农民工中，受教育程度为初中及以下者选择处于"中层及以上"的比例为25.84%，受教育程度为高中者选择处于"中层及以上"的比例为29.73%，受教育程度为大专及以上者选择处于"中层及以上"的比例为35.59%（见表3-30）。数据显示，新生代农民工所受教育程度越高，其生活水平认同越高。

表3-30　　　受教育程度与新生代农民工的地位认同　　　单位：%

—	类别	统计量	上层	中上层	中层	中下层	下层
生活水平	初中及以下	样本数	1	5	48	84	71
		百分比	0.48	2.39	22.97	40.19	33.97
	高中	样本数	1	13	63	112	70
		百分比	0.39	5.02	24.32	43.24	27.03
	大专及以上	样本数	3	9	114	138	90
		百分比	0.85	2.54	32.20	38.98	25.42

续表

—	类别	统计量	上层	中上层	中层	中下层	下层
社会经济地位	初中及以下	样本数	0	5	43	87	74
		百分比	0.00	2.39	20.57	41.63	35.41
	高中	样本数	0	8	66	119	66
		百分比	0.00	3.09	25.48	45.95	25.48
	大专及以上	样本数	2	12	112	141	87
		百分比	0.56	3.39	31.64	39.83	24.58

从受教育程度与新生代农民工社会经济地位在当地所处层次看，被调查的新生代农民工中，受教育程度为初中及以下者选择处于"中层及以上"的比例为22.96%，受教育程度为高中者选择处于"中层及以上"的比例为28.57%，受教育程度为大专及以上者选择处于"中层及以上"的比例为35.59%（见表3-30）。数据显示，新生代农民工所受教育程度越高，其社会经济地位认同越高。

由此可见，受教育程度是影响新生代农民工地位认同的一个重要因素。较高的受教育程度，能提高新生代农民工的地位认同，在一定程度上能减少其下层认同的比例，增加其中层认同的比例。

第五节 职业认同

一 新生代农民工的职业认同

职业认同与人们的就业和工作息息相关，是人们产生社会认同的重要因素。"职业认同是个人对职业生涯的认知和体验，这种认知和体验能够指导个人作出与职业发展相关的行为选择。"[1]

---

[1] 罗明忠、卢颖霞：《农民工职业认同：构念与实证——基于广东南海部分农民工的调查与分析》，《华东经济管理》2013年第8期。

本书将职业认同操作化为新生代农民工对当前所从事职业的满意度，满意度越高，表明其职业认同程度越高。

本书从"收入水平""福利待遇""工作环境""工作时间""晋升机会""职业声望""领导关系""同事关系""工作距离"等9项指标来测量其职业认同，并且将每项指标均分为"非常满意"、"满意"、"不满意"和"非常不满意"4种程度。

表3-31 新生代农民工职业认同的描述分析 单位：%

变量	收入水平		福利待遇		工作环境	
	样本数	百分比	样本数	百分比	样本数	百分比
非常满意	36	4.35	38	4.59	53	6.40
满意	317	38.29	320	38.65	479	57.85
不满意	430	51.93	415	50.12	261	31.52
非常不满意	45	5.43	55	6.64	35	4.23

变量	工作时间		晋升机会		职业声望	
	样本数	百分比	样本数	百分比	样本数	百分比
非常满意	50	6.04	48	5.80	38	4.59
满意	462	55.80	370	44.69	432	52.17
不满意	271	32.73	355	42.87	303	36.59
非常不满意	45	5.43	55	6.64	55	6.64

变量	领导关系		同事关系		工作距离	
	样本数	百分比	样本数	百分比	样本数	百分比
非常满意	89	10.75	152	18.36	84	10.14
满意	544	65.70	578	69.81	480	57.97
不满意	173	20.89	87	10.51	223	26.93
非常不满意	22	2.66	11	1.32	41	4.96

表3-31显示，从收入水平的满意度方面来分析，被调查的新生代农民工中，比例为42.64%者感到"满意"，比例为57.36%者感到"不满意"。从福利待遇的满意度方面来分析，被调查的新生代农民工中，比例为43.24%者感到"满意"，比例为56.76%

者感到"不满意"。从工作环境的满意度看,被调查的新生代农民工中,比例为64.25%者感到"满意",比例为35.75%者感到"不满意"。从工作时间的满意度看,被调查的新生代农民工中,比例为61.84%者感到"满意",比例为38.16%者感到"不满意"。从晋升机会的满意度看,被调查的新生代农民工中,比例为50.49%者感到"满意",比例为49.51%者感到"不满意"。从职业声望的满意度看,被调查的新生代农民工中,比例为56.76%者感到"满意",比例为43.23%者感到"不满意"。从领导关系的满意度看,被调查的新生代农民工中,比例为76.45%者感到"满意",比例为23.55%者感到"不满意"。从同事关系的满意度看,被调查的新生代农民工中,比例为88.17%者感到"满意",比例为11.83%者感到"不满意"。从工作距离的满意度看,被调查的新生代农民工中,比例为68.11%者感到"满意",比例为31.89%者感到"不满意"。

"农民工的职业认同水平不仅取决于其经济收入水平还取决于他们心中形成的对职业的主观感受即职业情感。"[①] 由此可知,新生代农民工的职业认同各维度中,满意度较高的(满意度高于50%)有工作环境、工作时间、晋升机会、职业声望、领导关系、同事关系、工作距离,不满意度较高的(不满意度超过60%)并没有出现。数据显示,新生代农民工对收入水平、福利待遇的满意度相对低一些。

二 新生代农民工职业认同的代际比较

从收入水平满意度的代际比较方面分析,被调查的传统农民

---

① 罗明忠、卢颖霞:《农民工的职业认同对其城市融入影响的实证分析》,《中国农村观察》2013年第5期。

工中，比例为47.03%者对自身收入水平表示"满意"，这一比例高于新生代农民工。从福利待遇满意度的代际比较看，被调查的传统农民工中，比例为38.81%者对福利待遇表示"满意"，这一比例低于新生代农民工。从工作环境满意度的代际比较看，被调查的传统农民工中，比例为61.19%者表示"满意"，这一比例低于新生代农民工。从工作时间满意度的代际比较看，被调查的传统农民工中，比例为59.82%者表示"满意"，这一比例低于新生代农民工。从晋升机会满意度的代际比较看，被调查的传统农民工中，比例为44.30%者表示"满意"，这一比例低于新生代农民工。从职业声望满意度的代际比较看，被调查的传统农民工中，比例为55.05%者表示"满意"，这一比例低于新生代农民工。从领导关系满意度的代际比较看，被调查的传统农民工中，比例为74.88%者表示"满意"，这一比例低于新生代农民工。从同事关系满意度的代际比较看，被调查的传统农民工中，比例为83.56%者表示"满意"，这一比例低于新生代农民工。从工作距离满意度的代际比较看，被调查的传统农民工中，比例为75.80%者表示"满意"，这一比例高于新生代农民工（见表3-32）。

表3-32　　　农民工职业认同代际比较的描述分析　　　　单位：%

—	类别	统计量	非常满意	满意	不满意	非常不满
收入水平	传统	样本数	12	91	100	16
		百分比	5.48	41.55	45.66	7.31
	新生代	样本数	36	317	430	45
		百分比	4.35	38.29	51.93	5.43
福利待遇	传统	样本数	14	71	112	22
		百分比	6.39	32.42	51.14	10.05
	新生代	样本数	38	320	415	55
		百分比	4.59	38.65	50.12	6.64

续表

—	类别	统计量	非常满意	满意	不满意	非常不满
工作环境	传统	样本数	13	121	66	19
		百分比	5.94	55.25	30.14	8.68
	新生代	样本数	53	479	261	35
		百分比	6.40	57.85	31.52	4.23
工作时间	传统	样本数	9	122	73	15
		百分比	4.11	55.71	33.33	6.85
	新生代	样本数	50	462	271	45
		百分比	6.04	55.80	32.73	5.43
晋升机会	传统	样本数	10	87	103	19
		百分比	4.57	39.73	47.03	8.68
	新生代	样本数	48	370	355	55
		百分比	5.80	44.69	42.87	6.64
职业声望	传统	样本数	8	112	84	14
		百分比	3.67	51.38	38.53	6.42
	新生代	样本数	38	432	303	55
		百分比	4.59	52.17	36.59	6.64
领导关系	传统	样本数	23	141	47	8
		百分比	10.50	64.38	21.46	3.65
	新生代	样本数	89	544	173	22
		百分比	10.75	65.70	20.89	2.66
同事关系	传统	样本数	30	153	30	6
		百分比	13.70	69.86	13.70	2.74
	新生代	样本数	152	578	87	11
		百分比	18.36	69.81	10.51	1.33
工作距离	传统	样本数	21	145	48	5
		百分比	9.59	66.21	21.92	2.28
	新生代	样本数	84	480	223	41
		百分比	10.14	57.97	26.93	4.95

传统农民工在收入水平和工作距离方面满意度高于新生代农民工，而新生代农民工在福利待遇、工作环境、工作时间、晋升机会、职业

三 新生代农民工职业认同的受教育程度差异

表3-33显示,从受教育程度与收入水平满意度看,被调查的新生代农民工中,选择"满意"的受教育程度为初中及以下者比例为44.01%,受教育程度为高中者所占比例为41.32%,受教育程度为大专及以上者所占比例为41.81%。数据显示,受教育程度为初中及以下的新生代农民工收入水平的满意度最高。

表3-33 受教育程度与新生代农民工职业认同的描述分析(一) 单位:%

—	类别	统计量	非常满意	满意	不满意	非常不满
收入水平	初中及以下	样本数	10	82	104	13
		百分比	4.78	39.23	49.76	6.22
	高中	样本数	11	96	145	7
		百分比	4.25	37.07	55.98	2.70
	大专及以上	样本数	15	133	181	25
		百分比	4.24	37.57	51.13	7.06
福利待遇	初中及以下	样本数	13	84	98	14
		百分比	6.22	40.19	46.89	6.70
	高中	样本数	15	91	139	14
		百分比	5.79	35.14	53.67	5.41
	大专及以上	样本数	10	141	176	27
		百分比	2.82	39.83	49.72	7.63
工作环境	初中及以下	样本数	18	112	67	12
		百分比	8.61	53.59	32.06	5.74
	高中	样本数	20	139	94	6
		百分比	7.72	53.67	36.29	2.32

续表

—	类别	统计量	非常满意	满意	不满意	非常不满
工作环境	大专及以上	样本数	15	224	98	17
		百分比	4.24	63.28	27.68	4.80
工作时间	初中及以下	样本数	12	113	71	13
		百分比	5.74	54.07	33.97	6.22
	高中	样本数	17	147	86	9
		百分比	6.56	56.76	33.20	3.47
	大专及以上	样本数	20	199	112	23
		百分比	5.65	56.21	31.64	6.50
晋升机会	初中及以下	样本数	10	99	80	20
		百分比	4.78	47.37	38.28	9.57
	高中	样本数	19	109	118	13
		百分比	7.34	42.08	45.56	5.02
	大专及以上	样本数	19	159	154	22
		百分比	5.37	44.92	43.50	6.21

从受教育程度与福利待遇满意度看，被调查的新生代农民工中，选择"满意"的，受教育程度为初中及以下者比例为46.41%，受教育程度为高中者的比例为40.93%，受教育程度为大专及以上者的比例为42.65%。数据显示，受教育程度为初中及以下的新生代农民工福利待遇满意度最高，其次是受教育程度为大专及以上的。

从受教育程度与工作环境满意度看，被调查的新生代农民工中，选择"满意"的，受教育程度为初中及以下者比例为62.20%，受教育程度为高中者的比例为61.39%，受教育程度为大专及以上者的比例为67.52%。数据显示，受教育程度为大专及以上的新生代农民工对工作环境的满意度最高。

从受教育程度与工作时间满意度看，被调查的新生代农民工中，选择"满意"的，受教育程度为初中及以下者比例为59.81%，受教育程度为高中者的比例为63.32%，受教育程度为大专及以上者的比例为61.86%。数据显示，受教育程度为初中及以下的新生代农民工工作时间的满意度最低。

从受教育程度与晋升机会满意度看，被调查的新生代农民工中，选择"满意"的，受教育程度为初中及以下者比例为52.15%，受教育程度为高中者的比例为49.42%，受教育程度为大专及以上者的比例为50.29%。数据显示，受教育程度为初中及以下的新生代农民工对工作晋升机会的满意度最高。

表3-34 受教育程度与新生代农民工职业认同的描述分析（二）

职业声望	初中及以下	样本数	5	117	67	20
		百分比	2.39	55.98	32.06	9.57
	高中	样本数	18	128	101	12
		百分比	6.95	49.42	39.00	4.63
	大专及以上	样本数	15	183	134	22
		百分比	4.24	51.69	37.85	6.21
领导关系	初中及以下	样本数	30	132	41	6
		百分比	14.35	63.16	19.62	2.87
	高中	样本数	27	162	64	6
		百分比	10.42	62.55	24.71	2.32
	大专及以上	样本数	32	245	67	10
		百分比	9.04	69.21	18.93	2.82
同事关系	初中及以下	样本数	42	143	21	3
		百分比	20.10	68.42	10.05	1.44
	高中	样本数	37	186	34	2
		百分比	14.29	71.81	13.13	0.77
	大专及以上	样本数	72	244	32	6
		百分比	20.34	68.93	9.04	1.69
工作距离	初中及以下	样本数	21	123	56	9
		百分比	10.05	58.85	26.79	4.31
	高中	样本数	26	148	80	5
		百分比	10.04	57.14	30.89	1.93

续表

		样本数	37	205	85	27
工作距离	大专及以上	百分比	10.45	57.91	24.01	7.63

表3-34显示，从受教育程度与职业声望满意度看，被调查的新生代农民工中，受教育程度为初中及以下者满意的比例为58.37%，受教育程度为高中的新生代农民工职业声望满意的比例为56.37%，受教育程度为大专及以上的新生代农民工职业声望满意的比例为55.93%。受教育程度为初中及以下的新生代农民工职业声望满意度最高。

从受教育程度与领导关系满意度看，被调查的新生代农民工中，受教育程度为初中及以下者满意的比例为77.51%，受教育程度为高中者满意的比例为72.97%，受教育程度为大专及以上者满意的比例为78.25%。数据显示，受教育程度为大专及以上的新生代农民工的领导关系满意度最高。

从受教育程度与同事关系满意度看，被调查的新生代农民工中，受教育程度为初中及以下者满意的比例为88.52%，受教育程度为高中者满意的比例为86.10%，受教育程度为大专及以上者满意的比例为89.27%。数据显示，受教育程度为大专及以上的新生代农民工同事关系的满意度最高。

从受教育程度与工作距离满意度看，被调查的新生代农民工中，受教育程度为初中及以下者满意的比例为68.90%，受教育程度为高中者满意的比例为67.18%，受教育程度为大专及以上者满意的比例为68.36%。数据显示，新生代农民工对工作距离的满意度没有变化，受教育程度为高中的新生代农民工的工作满意度低一些。

第六节 政策认同

一 新生代农民工的政策认同

政策认同是衡量社会成员对政府治理状况的接受情况的一个标准。"公共政策能否真正解决问题，不仅取决于其本身制定得如何，还取决于有关群体是否认可、接受该政策。"[①] 本书从就业机会、工资水平、生活质量、交通条件、社会治安、子女教育、医疗服务、政府管理和生活环境等9个方面来测量政策认同。每项指标均分为"非常满意"、"满意"、"不满意"和"非常不满意"4种程度。

表3-35　　　　新生代农民工政策认同的描述分析　　　　单位：%

—	就业机会		工资水平		生活质量	
变量值	样本数	百分比	样本数	百分比	样本数	百分比
非常满意	41	4.95	32	3.86	35	4.23
满意	416	50.24	256	30.92	364	43.96
不满意	338	40.82	478	57.73	371	44.81
非常不满意	33	3.99	62	7.49	58	7.00

	交通条件		社会治安		子女教育	
变量值	样本数	百分比	样本数	百分比	样本数	百分比
非常满意	45	5.43	47	5.68	50	6.04
满意	284	34.30	378	45.65	394	47.58
不满意	390	47.10	335	40.46	337	40.70
非常不满意	109	13.17	68	8.21	47	5.68

---

① 彭忠益、粟多树：《政策认同：基于我国社会利益多元化视角的分析》，《学术论坛》2015年第1期。

续表

变量值	医疗服务 样本数	医疗服务 百分比	政府管理 样本数	政府管理 百分比	生活环境 样本数	生活环境 百分比
非常满意	58	7.01	63	7.61	42	5.07
满意	377	45.53	393	47.46	247	29.83
不满意	327	39.49	299	36.11	365	44.08
非常不满意	66	7.97	73	8.82	174	21.02

表3-35显示，从就业机会满意情况看，被调查的新生代农民工表示"满意"的比例为55.19%，表示"不满意"的比例为44.81%。从工资水平满意情况看，被调查的新生代农民工表示"满意"的比例为34.78%，"不满意"的比例为65.22%。从生活质量满意情况看，被调查的新生代农民工表示"满意"的比例为48.19%，表示"不满意"的比例为51.81%。从交通条件满意情况看，被调查的新生代农民工表示"满意"的比例为39.73%，表示"不满意"的比例为60.27%。从社会治安满意情况看，被调查的新生代农民工表示"满意"的比例为51.33%，表示"不满意"的比例为48.67%。从子女教育满意情况看，被调查的新生代农民工表示"满意"的比例为53.62%，表示"不满意"的比例为46.38%。从医疗服务满意情况看，被调查的新生代农民工表示"满意"的比例为52.54%，表示"不满意"的比例为47.46%。从政府管理满意情况看，被调查的新生代农民工表示"满意"的比例为55.07%，表示"不满意"的比例为44.93%。从生活环境满意情况看，被调查的新生代农民工表示"满意"的比例为34.90%，表示"不满意"的比例为65.10%。

由上可见，新生代农民工对政策不满意较高的（超过60%）主要集中在工资水平、交通条件和生活环境，满意度较高的（满意度高于50%）主要为就业机会、社会治安、子女教育、医疗服务和政府管理。

二 新生代农民工政策认同的代际比较

表3-36显示,从就业机会满意度的代际比较来分析,被调查的传统农民工对就业机会表示满意的比例为56.62%,这一比例高于新生代农民工。从工资水平满意度的代际比较来分析,被调查的传统农民工对工资水平表示满意的比例为36.07%,这一比例高于新生代农民工。从生活质量满意度的代际比较来分析,被调查的传统农民工对生活质量表示满意的比例为47.04%,这一比例稍低于新生代农民工。从交通条件满意度的代际比较来分析,被调查的传统农民工对交通条件表示满意的比例为49.32%,这一比例高于新生代农民工。从社会治安满意度的代际比较看,被调查的传统农民工对社会治安表示满意的比例为60.28%,这一比例高于新生代农民工。从子女教育满意度的代际比较看,被调查的传统农民工对子女教育表示满意的比例为63.93%,这一比例高于新生代农民工。从医疗服务满意度的代际比较看,被调查的传统农民工对医疗服务表示满意的比例为54.34%,这一比例高于新生代农民工。从政府管理满意度的代际比较看,被调查的传统农民工表示满意的比例为57.99%,这一比例高于新生代农民工。从生活环境满意度的代际比较看,被调查的传统农民工表示满意的比例为41.55%,这一比例高于新生代农民工。

表3-36　　　农民工政策认同代际比较的描述分析　　　单位:%

—	类别	统计量	非常满意	满意	不满意	非常不满
就业机会	传统	样本数	10	114	91	4
		百分比	4.57	52.05	41.55	1.83
	新生代	样本数	41	416	338	33
		百分比	4.95	50.24	40.82	3.99

续表

—	类别	统计量	非常满意	满意	不满意	非常不满
工资水平	传统	样本数	6	73	128	12
		百分比	2.74	33.33	58.45	5.48
	新生代	样本数	32	256	478	62
		百分比	3.86	30.92	57.73	7.49
生活质量	传统	样本数	10	93	104	12
		百分比	4.57	42.47	47.49	5.48
	新生代	样本数	35	364	371	58
		百分比	4.23	43.96	44.81	7.00
交通条件	传统	样本数	12	96	96	15
		百分比	5.48	43.84	43.84	6.85
	新生代	样本数	45	284	390	109
		百分比	5.43	34.30	47.10	13.16
社会治安	传统	样本数	10	122	74	13
		百分比	4.57	55.71	33.79	5.94
	新生代	样本数	47	378	335	68
		百分比	5.68	45.65	40.46	8.21
子女教育	传统	样本数	18	122	70	9
		百分比	8.22	55.71	31.96	4.11
	新生代	样本数	50	394	337	47
		百分比	6.04	47.58	40.70	5.68
医疗服务	传统	样本数	11	108	85	15
		百分比	5.02	49.32	38.81	6.85
	新生代	样本数	58	377	327	66
		百分比	7.00	45.53	39.49	7.97
政府管理	传统	样本数	10	117	76	16
		百分比	4.57	53.42	34.70	7.31
	新生代	样本数	63	393	299	73
		百分比	7.61	47.46	36.11	8.82
生活环境	传统	样本数	9	82	84	44
		百分比	4.11	37.44	38.36	20.09

续表

—	类别	统计量	非常满意	满意	不满意	非常不满
生活环境	新生代	样本数	42	247	365	174
		百分比	5.07	29.83	44.08	21.01

由此可见，在就业机会、工资水平、交通条件、社会治安、子女教育、医疗服务、政府管理、生活环境、政策认同等方面，传统农民工表示满意的比例高于新生代农民工，新生代农民工只在生活质量方面的满意度比例高于传统农民工。

三 新生代农民工政策认同的受教育程度差异

表 3-37 显示，从受教育程度与就业机会满意度看，被调查的新生代农民工中，受教育程度为初中及以下者满意的比例为 55.03%，受教育程度为高中者满意的比例为 57.91%，受教育程度为大专及以上者满意的比例为 53.11%。数据显示，受教育程度为高中的新生代农民工就业机会满意度最高。

表 3-37 受教育程度与新生代农民工政策认同的描述分析（一）

—	类别	统计量	非常满意	满意	不满意	非常不满
就业机会	初中及以下	样本数	3	112	86	8
		百分比	1.44	53.59	41.15	3.83
	高中	样本数	17	133	104	5
		百分比	6.56	51.35	40.15	1.93
	大专及以上	样本数	21	167	146	20
		百分比	5.93	47.18	41.24	5.65
工资水平	初中及以下	样本数	8	65	119	17
		百分比	3.83	31.10	56.94	8.13
	高中	样本数	13	78	153	15
		百分比	5.02	30.12	59.07	5.79

续表

—	类别	统计量	非常满意	满意	不满意	非常不满
工资水平	大专及以上	样本数	10	111	203	30
		百分比	2.82	31.36	57.34	8.47
生活质量	初中及以下	样本数	8	90	92	19
		百分比	3.83	43.06	44.02	9.09
	高中	样本数	12	124	114	9
		百分比	4.63	47.88	44.02	3.47
	大专及以上	样本数	15	146	163	30
		百分比	4.24	41.24	46.05	8.47
交通条件	初中及以下	样本数	14	73	100	22
		百分比	6.70	34.93	47.85	10.53
	高中	样本数	12	93	127	27
		百分比	4.63	35.91	49.03	10.42
	大专及以上	样本数	19	118	161	56
		百分比	5.37	33.33	45.48	15.82
社会治安	初中及以下	样本数	11	105	77	16
		百分比	5.26	50.24	36.84	7.66
	高中	样本数	13	115	114	17
		百分比	5.02	44.40	44.02	6.56
	大专及以上	样本数	23	154	142	35
		百分比	6.50	43.50	40.11	9.89

从受教育程度与工资水平满意度看，被调查的新生代农民工中，受教育程度为初中及以下者满意的比例为34.93%，受教育程度为高中者满意的比例为35.14%，受教育程度为大专及以上者满意的比例为34.18%。数据显示，受教育程度不同的新生代农民工对工资水平的满意度差别不大。

从受教育程度与生活质量满意度看，被调查的新生代农民工中，受教育程度为初中及以下者满意的比例为46.89%，受教育程度为高中者满意的比例为52.51%，受教育程度为大专及以上者满意的比例为45.48%。数据显示，受教育程度为高中的新生代农民工的生活质量满意度最高。

从受教育程度与交通条件满意度看,被调查的新生代农民工中,受教育程度为初中及以下者满意的比例为41.63%,受教育程度为高中者满意的比例为40.54%,受教育程度为大专及以上者满意的比例为38.70%。数据显示,受教育程度为大专及以上的新生代农民工的交通条件满意度最低。

从受教育程度与社会治安满意度看,被调查的新生代农民工中,受教育程度为初中及以下者满意的比例为55.50%,受教育程度为高中者满意的比例为49.42%,受教育程度为大专及以上者满意的比例为50.00%。数据显示,受教育程度为初中及以下的新生代农民工的社会治安满意度最高。

表3-38 受教育程度与新生代农民工政策认同的描述分析(二)

—	类别	统计量	非常满意	满意	不满意	非常不满
子女教育	初中及以下	样本数	12	110	76	11
		百分比	5.74	52.63	36.36	5.26
	高中	样本数	19	122	107	11
		百分比	7.34	47.10	41.31	4.25
	大专及以上	样本数	18	161	150	25
		百分比	5.08	45.48	42.37	7.06
医疗服务	初中及以下	样本数	14	99	83	13
		百分比	6.70	47.37	39.71	6.22
	高中	样本数	24	116	98	21
		百分比	9.27	44.79	37.84	8.11
	大专及以上	样本数	20	159	143	32
		百分比	5.65	44.92	40.40	9.04
政府管理	初中及以下	样本数	14	100	74	21
		百分比	6.70	47.85	35.41	10.05
	高中	样本数	22	119	99	19
		百分比	8.49	45.95	38.22	7.34

续表

—	类别	统计量	非常满意	满意	不满意	非常不满
政府管理	大专及以上	样本数	26	171	125	32
		百分比	7.34	48.31	35.31	9.04
生活环境	初中及以下	样本数	5	63	100	41
		百分比	2.39	30.14	47.85	19.62
	高中	样本数	16	81	110	52
		百分比	6.18	31.27	42.47	20.08
	大专及以上	样本数	21	103	152	78
		百分比	5.93	29.10	42.94	22.03

表3-38显示，从受教育程度与子女教育满意度看，被调查的新生代农民工中，受教育程度为初中及以下者表示满意的比例为58.37%，受教育程度为高中的新生代农民工对子女教育表示满意的比例为54.44%，受教育程度为大专及以上的新生代农民工对子女教育表示满意的比例为50.56%。数据显示，受教育程度为初中及以下的新生代农民工子女教育满意度最高。

从受教育程度与医疗服务满意度看，被调查的新生代农民工中，受教育程度为初中及以下者表示满意的比例为54.07%，受教育程度为高中者的满意比例为54.06%，受教育程度为大专及以上者的满意比例为50.57%。数据显示，受教育程度为大专及以上的新生代农民工医疗服务满意度最低。

从受教育程度与政府管理满意度看，被调查的新生代农民工中，受教育程度为初中及以下者表示满意的比例为54.55%，受教育程度为高中者的满意比例为54.44%，受教育程度为大专及以上者的满意比例为55.65%。数据显示，不同受教育程度的新生代农民工政府管理满意度差别不大。

从受教育程度与生活环境满意度看，被调查的新生代农民工中，受教育程度为初中及以下者表示满意的比例为32.53%，受教育程度为高中者的满意比例为 37.45%，受教育程度为大专及以上者的满意比例为 35.03%。数据显示，受教育程度为高中的新生代农民工生活环境满意度最高。

第七节　新生代农民工社会认同的因子分析

社会认同具有自我同一性的特征。人们"从一个地区迁移到另一个地区，伴随着物理空间的迁移，他们面临着居住空间、职业机会、生活方式，以及社会地位等能被直接觉察的具体社会现实的变化，但这并不代表他们也会自然地、迅速地形成新的社会认同"。[①] 不仅如此，人们各维度的社会认同也不是同步的，而是由浅入深地不断形成。

由于社会认同的每项指标都包含若干问题，不便于统一分析，笔者借助因子分析技术简化指标。[②]

表 3-39　　　　　　　　社会认同的因子分析

文化认同因子	因子值	独特值	职业认同因子	因子值	独特值
对本地语言掌握	0.6715	0.5491	收入水平	0.6866	0.5286
对本地风俗熟悉	0.7622	0.4190	福利待遇	0.7339	0.4614
过本地人的节日	0.7437	0.4470	工作环境	0.7032	0.5055
尊重本地习惯办事	0.6737	0.5462	工作时间	0.7040	0.5044
请本地人家中做客	0.6383	0.5925	晋升机会	0.7557	0.4289
KMO	0.796		职业声望	0.7657	0.4137

---

① 张文宏、雷开春：《城市新移民社会认同的结构模型》，《社会学研究》2009 年第 4 期。

② 因子分析是一种降维方法，本书采用主成分因子分析方法，基本原理是根据多变量之间的内部依赖关系，分析观测数据中的基本结构，并用潜在变量来表示基本的数据机构。需要指出的是，在因子分析中，会去掉因子负载值比较低的变量，故此时的测量指标少于前面分析中的指标。

续表

文化认同因子	因子值	独特值	职业认同因子	因子值	独特值
累计解释方差	48.92%		领导关系	0.6677	0.5542
LR 检验	774.49	p = 0.000	同事关系	0.5437	0.7044
地域认同因子	因子值	独特值	工作距离	0.5512	0.6961
对郑州有家的感觉	0.6053	0.6336	KMO	0.852	
准备子女在郑州发展	0.7191	0.4829	累计解释方差	59.51%	
未来工作生活打算	0.7709	0.4057	LR 检验	2843.43	p = 0.000
在郑州购房意愿	0.7550	0.4300	政策认同因子	因子值	独特值
KMO	0.725		就业机会	0.5653	0.6805
累计解释方差	51.20%		工资水平	0.6832	0.5333
LR 检验	495.76	p = 0.000	生活质量	0.7245	0.4751
地位认同因子	因子值	独特值	交通条件	0.6844	0.5316
收入水平	0.9352	0.1253	社会治安	0.7154	0.4882
社会经济地位	0.9352	0.1253	子女教育	0.6961	0.5154
KMO	0.500		医疗服务	0.6743	0.5453
累计解释方差	87.47%		政府管理	0.7221	0.4786
LR 检验	681.42	p = 0.000	生活环境	0.6466	0.5819
	—		KMO	0.867	
			累计解释方差	59.31%	
			LR 检验	2630.60	p = 0.000

表3-39显示,文化认同因子包含"对本地语言掌握"、"对本地风俗熟悉"、"过本地人的节日"、"尊重本地习惯办事"和"请本地人家中做客"5个问题。经过因子分析,得到一个公共因子,即文化认同。其中,文化认同公共因子的KMO值为0.796,累计解释方差为48.92%。

地域认同因子包含"对郑州有家的感觉"、"准备子女在郑州发展"、"未来工作生活打算"和"在郑州购房意愿"4个问题。经过因子分析,得到一个公共因子,即地域认同。其中,地域公共因子的KMO值为0.725,累计解释方差为51.20%。

地位认同因子包含"收入水平"和"社会经济地位"两个问题。经过因子分析，得到一个公共因子，即地位认同。其中，地位认同公共因子的 KMO 值为 0.500，累计解释方差为 87.47%。

职业认同因子包含"收入水平"、"福利待遇"、"工作环境"、"工作时间"、"晋升机会"、"职业声望"、"领导关系"、"同事关系"和"工作距离"9 个问题。经过因子分析，得到一个公共因子，即职业认同。其中，职业认同公共因子的 KMO 值为 0.852，累计解释方差为 59.51%。

政策认同因子包含"就业机会"、"工资水平"、"生活质量"、"交通条件"、"社会治安"、"子女教育"、"医疗服务"、"政府管理"和"生活环境"9 个问题。经过因子分析，得到一个公共因子，即政策认同。其中，政策认同公共因子的 KMO 值为 0.867，累计解释方差为 59.31%。

社会认同是文化认同、地域认同、地位认同、职业认同和政策认同的一种综合反映。本书通过加总各维度的认同，然后取平均值得到社会认同值。为了便于分析，本书把各公共因子转换为最小值为 1、最大值为 100 的标准分数（具体见表 3-40）。

表 3-40　　　　　　社会认同转换后的平均值

变量	样本数	平均值	标准差	最小值	最大值
文化认同	825	50.79	21.28	1	100
群体认同	828	52.53	16.70	1	100
地域认同	820	56.76	23.69	1	100
地位认同	828	27.48	19.46	1	100
职业认同	828	54.94	15.14	1	100
政策认同	828	48.49	16.25	1	100
社会认同	817	50.86	15.53	1	100

从表 3-40 数据可以看出，社会认同各维度得分从高到低依

次为地域认同、职业认同、群体认同、社会认同、文化认同、政策认同和地位认同。"大众传媒所反映的大都市与其他城市或农村现实之间存在着巨大的反差，它将大都市生活与移民的过去、现实与未来情形生动地展现出来了，不可避免地给其他地区的人们带来惊愕与冲击，促使其思想、价值观念的改变，并说服其接受变迁融入城市生活。"① 由此新生代农民工对于所处的城市有着较高的地域认同，现实情况却不容乐观，在户籍、教育、医疗、养老等制度壁垒下，其无法享有当地市民所拥有的基本公共服务待遇，导致较低的地位认同，使其陷入了在城市虽有工可打，却很难融入的尴尬窘境。

数据显示，新生代农民工的社会认同得分为 50.86 分，这说明其社会认同处于中等水平。社会认同水平高低需要通过纵向和横向比较来分析。纵向比较研究由于缺少历史数据，无法得知社会认同程度的变迁状况。横向比较研究中，学者雷开春测量上海市城市新移民社会认同的得分为 36.81 分，"城市新移民的总体社会认同程度偏低"。② 社会认同差异的原因在于上海作为沿海发达城市又属于大都市，进入门槛相对较高。而本书的调查地点郑州市属于中部地区省会城市，进入门槛相对较低，因而新生代农民工的社会认同较高。

---

① 雷开春：《城市新移民的社会认同：感性依恋与理性策略》，上海社会科学院出版社 2011 年版，第 97 页。

② 雷开春：《城市新移民的社会认同：感性依恋与理性策略》，上海社会科学院出版社 2011 年版，第 116 页。

第四章　新生代农民工手机媒介使用与社会认同的相关性

大众传媒是影响人们社会认同的重要因素。"大众传媒在很大程度上影响着外来务工人员对自身群体的感知与评价，具有重要的社会文化后果。"[①] 手机媒介作为新生代农民工经常使用的工具对其社会认同有着重要的影响。本章主要探讨新生代农民工手机媒介使用与社会认同的关系。具体内容包括：手机媒介使用频率与社会认同；手机媒介使用动机与社会认同；手机媒介使用效果与社会认同。

第一节　手机媒介使用频率与社会认同

以往的研究发现，"通过主动采用新媒体工具与外界互动、与血缘关系成员保持联系、与业缘关系网络产生关联等方式，农民工个体发挥了自身的能动性，突破了地域和时间的限制，主动实现了自身现代性的构建"。[②] 针对新生代农民工的手机媒介使用

[①] 杨嫚：《媒介与外来务工人员社会认同》，《西南石油大学学报》（社会科学版）2011年第2期。

[②] 田阡：《新媒体的使用与农民工的现代化构建——以湖南攸县籍出租车司机在深圳为例》，《现代传播》2012年第12期。

频率情况,在这里分为两种情况:一是单纯作为通信工具的手机;二是作为新闻媒介的手机。下面分别分析两种情况对于社会认同的影响。

一 手机使用频率与社会认同

由表4-1可以看出,手机使用频率对社会认同各维度有不同的影响。从文化认同的维度分析,每天使用手机时间为2—3小时的被调查者文化认同最高,每天使用1小时以下的被调查者文化认同最低。从群体认同的维度分析,每天使用1—2小时的被调查者群体认同最高,每天使用2—3小时的被调查者群体认同最低。从地域认同的维度分析,每天使用2—3小时的被调查者地域认同最高,每天使用3小时以上的被调查者地域认同最低。从地位认同的维度分析,每天使用1—2小时的被调查者地位认同最高,每天使用1小时以下的被调查者地位认同最低。从职业认同的维度分析,每天使用1小时以下的被调查者职业认同最高,每天使用2—3小时的被调查者职业认同最低。从政策认同的维度分析,每天使用1小时以下和1—2小时的被调查者政策认同较高,每天使用3小时以上的被调查者政策认同最低。总体来看,每天使用1—2小时的被调查者社会认同最高,每天使用3小时以上的被调查者社会认同最低。

表4-1　　　　　手机使用频率与社会认同方差分析

变量值	统计量	文化认同	群体认同	地域认同	地位认同	职业认同	政策认同	社会认同
1小时以下	平均值	47.46	52.50	57.54	25.79	56.45	50.06	50.74
	标准差	21.75	15.91	21.81	19.42	15.99	17.38	15.54
1—2小时	平均值	51.86	54.06	56.13	30.07	55.69	50.61	52.80
	标准差	21.57	16.88	24.86	20.44	15.38	16.61	16.54

续表

变量值	统计量	文化认同	群体认同	地域认同	地位认同	职业认同	政策认同	社会认同
2—3 小时	平均值	53.77	50.88	58.05	26.05	52.65	47.23	50.13
	标准差	21.17	15.28	23.33	18.60	13.70	15.33	15.87
3个小时以上	平均值	51.60	52.35	55.89	27.93	54.24	46.43	50.06
	标准差	20.56	17.81	24.70	19.14	14.79	15.19	14.66
F值检验		F=3.06 p=0.027	F=0.93 p=0.427	F=0.38 p=0.770	F=1.94 p=0.122	F=2.13 p=0.094	F=3.56 p=0.014	F=1.26 p=0.285

由 F 值检验可知，文化认同、职业认同和政策认同在不同手机使用频率的分布上差异达到显著性水平。换言之，被调查者手机使用频率不同，其文化认同、职业认同和政策认同也有所差异。

如表 4-2 所示，在方差分析的基础上，研究通过构建多元线性回归模型进一步分析手机使用频率对社会认同的影响。在模型中，以性别变量、受教育程度变量和来郑时间变量为控制变量，以手机使用频率为自变量，以社会认同各维度为因变量。

表 4-2　　　　手机使用频率与社会认同的多元 OLS 分析

变量值	(1) 文化认同	(2) 群体认同	(3) 地域认同	(4) 地位认同	(5) 职业认同	(6) 政策认同	(7) 社会认同
男性[a]	-1.853 (1.477)	-2.312** (1.142)	2.047 (1.625)	3.353** (1.357)	0.742 (1.071)	1.110 (1.141)	0.561 (1.086)
高中[b]	4.243** (1.958)	4.444*** (1.516)	4.807** (2.159)	3.414* (1.802)	0.385 (1.422)	1.212 (1.515)	4.037*** (1.441)
大专及以上	7.561*** (1.869)	3.576** (1.445)	2.892 (2.058)	5.092*** (1.717)	0.091 (1.356)	-0.800 (1.444)	3.897*** (1.376)
三年以上[c]	4.404*** (1.467)	7.435*** (1.134)	12.270*** (1.613)	4.113*** (1.347)	0.430 (1.063)	-2.907** (1.133)	5.156*** (1.078)
1—2小时[d]	3.549* (2.108)	1.299 (1.628)	-1.483 (2.313)	3.350* (1.935)	-0.691 (1.527)	0.668 (1.628)	1.698 (1.548)
2—3小时	4.846** (2.326)	-2.041 (1.796)	-0.169 (2.553)	-0.979 (2.134)	-3.801** (1.684)	-2.808 (1.795)	-1.394 (1.709)

续表

变量值	（1）文化认同	（2）群体认同	（3）地域认同	（4）地位认同	（5）职业认同	（6）政策认同	（7）社会认同
3小时以上	2.742	-0.871	-2.778	0.776	-2.266*	-3.473**	-1.592
	(1.878)	(1.452)	(2.065)	(1.725)	(1.362)	(1.451)	(1.380)
常数项	42.67***	47.48***	48.63***	19.83***	55.72***	50.80***	45.63***
	(1.930)	(1.495)	(2.133)	(1.776)	(1.402)	(1.494)	(1.424)
样本数	819	822	814	822	822	822	811
R^2	0.041	0.065	0.076	0.037	0.008	0.024	0.044
F值检验	4.91***	8.11***	9.50***	4.52***	0.99	2.89***	5.32***

注：非标准化回归系数，括号内为标准误。a 参照组为女性，b 参照组为初中及以下，c 参照组为三年及以下，d 参照组为1小时以下。***$p<0.01$，**$p<0.05$，*$p<0.1$。

模型（1）为文化认同回归模型。受教育程度变量的回归系数显示，受教育程度为高中的被调查者比受教育程度为初中及以下的被调查者文化认同高 4.243 分，受教育程度为大专及以上的被调查者比受教育程度为初中及以下的被调查者高 7.561 分。来郑州三年以上被调查者比来郑州三年及以下的被调查者高 4.404 分，来郑州时间越长，文化认同越高。每天使用手机 1—2 小时的被调查者比每天使用手机 1 小时以下的被调查者文化认同高 3.549 分，每天使用手机 2—3 小时的被调查者比每天使用手机 1 小时以下的被调查者文化认同高 4.846 分。但是，每天使用手机过长（3 小时以上）的被调查者，与手机使用 1 小时以下相比无显著差异。

模型（2）为群体认同回归模型。性别变量对群体认同有影响，男性被调查者比女性被调查者的群体认同低 2.312 分。新生代女性农民工更认同自身为郑州人。受教育程度变量显示，受教育程度为高中的被调查者比受教育程度为初中及以下的被调查者群体认同高 4.444 分，受教育程度为大专及以上的被调查者比受教育程度为初中及以下的被调查者高 3.576 分。来郑州三年以上的被调查者比来郑州三年及以下的被调查者高 7.435 分,在郑州时间越长,群体认同越高。手机使用频率变量的回归系数显示,手机使用频率对群体认同有负向影响,特别是每天使用手机 2—3 小时的被调查者。但回归系数没达到显著性水平,这种影响不具有统计学的意义。

模型（3）为地域认同回归模型。受教育程度变量的回归系数显示,受教育程度为高中的被调查者比受教育程度为初中及以下的被调查者地域认同高 4.807 分,受教育程度为大专及以上的被调查者比受教育程度为初中及以下的被调查者无显著差异。来郑州三年以上被调查者比来郑州三年及以下的被调查者高 12.270 分,在郑州时间越长,地域认同越高。手机使用频率变量的回归系数显示,手机使用频率对地域认同有负向影响,每天使用手机 3 小时以上的被调查者的地域认同低于 3 小时以下的使用者。但回归系数没达到显著性水平,这种影响不具有统计学的意义。

模型（4）为地位认同回归模型。性别变量对地位认同有影响,男性被调查者比女性被调查者的地位认同高 3.353 分。新生代男性农民工有着更高的地位认同。受教育程度变量的回归系数显示,受教育程度为高中的被调查者比受教育程度为初中及以下的被调查者地位认同高 3.414 分,受教育程度为大专及以上的被调查者比受教育程度为初中及以下的被调查者高 5.092 分。来郑州三年以上被调查者比来郑州三年及以下的被调查者高 4.113 分,在郑州时间越长,地位认同越高。手机使用频率变量的回归系数显示,每天使用手机 1—2 小时的被调查者比每天使用手机 1 小时以下的被调查者地位认同高 3.350 分。每天使用手机 2—3 小时和 3 小时以上的被调查者,与每天使用手机 1 小时以下的被调查者地位认同无显著差异。

模型（5）为职业认同回归模型。性别变量、受教育程度变量和来郑州时间变量都对职业认同无显著影响。手机使用频率变量的回归系数显示，手机使用频率对职业认同有负向影响。每天使用手机2—3小时和3小时以上的被调查者，分别比每天使用手机1小时以下的被调查者职业认同低3.801分和2.266分。

模型（6）为政策认同回归模型。性别变量和受教育程度变量都对政策认同无显著影响。来郑州时间变量显示，来郑州三年以上的被调查者比来郑州三年及以下的被调查者职业认同低2.907分。来郑州时间越长，对郑州市的政策认同越低。手机使用频率变量的回归系数显示，每天使用手机3小时以上的被调查者比每天使用手机1小时以下的被调查者政策认同低3.473分。新生代农民工日常使用手机，并不能显著改善其政策认同，反而会降低政策认同。

模型（7）为社会认同回归模型。受教育程度变量的回归系数显示，受教育程度为高中的被调查者比受教育程度为初中及以下的被调查者社会认同高4.037分，受教育程度为大专及以上的被调查者比受教育程度为初中及以下的被调查者高3.897分。来郑州三年以上被调查者比来郑州三年及以下的被调查者高5.156分，来郑州时间越长，新生代农民工的社会认同越高。"新生代农民工在城市居住时间长短也影响着他们对城市文化、城市生活等的认识程度，从而影响这一群体对城市的社会认同度。"[①] 手机使用频率变量的回归系数显示，手机使用频率对社会认同的影响未达到显著性水平，这种影响不具有统计学的意义。

由上可见，手机使用频率会影响新生代农民工的文化认同、

---

① 滕丽娟、徐佩文：《新生代农民工城市社会认同及影响因素探析》，《大连教育学院学报》2015年第2期。

地位认同、职业认同和政策认同。新生代农民工手机媒介使用越多，其文化认同和地位认同也随之提高，但职业认同和政策认同却降低。

二　手机媒介使用频率与社会认同

由表4-3可以看出，新生代农民工手机媒介使用频率对社会认同各维度有不同的影响。就文化认同的维度而言，每天使用3小时手机的被调查者文化认同最高，每天使用1小时以下的被调查者文化认同最低。被调查者对手机媒介使用越多，其对城市文化的认同越高。从群体认同的维度分析，每天使用1—2小时和2—3小时的被调查者群体认同较高，每天使用1小时以下的被调查者群体认同最低。这说明手机媒介使用能增进群体认同，但是手机媒介不是使用越多越好。从地域认同的维度分析，每天使用1—2小时和2—3小时的被调查者地域认同较高，每天使用1小时以上的被调查者地域认同最低。地域认同与群体认同有类似特征。从地位认同的维度分析，每天使用3小时以上的被调查者地位认同最高，每天使用1小时以下的被调查者地位认同最低。地位认同呈现出的特征是，新生代农民工手机媒介使用越多，对地位认同越高。从职业认同的维度分析，每天使用2—3小时的被调查者职业认同最高，每天使用1—2小时的被调查者职业认同最低。从政策认同的维度分析，每天使用2—3小时的被调查者政策认同最高，每天使用1—2小时的被调查者政策认同最低。总体来看，每天使用2—3小时的被调查者社会认同最高，每天使用1小时以下的被调查者社会认同最低。手机媒介的使用能够提高被调查者的社会认同。

表4-3　　　　手机媒介使用频率与社会认同方差分析

变量值	统计量	文化认同	群体认同	地域认同	地位认同	职业认同	政策认同	社会认同
1小时以下	平均值	44.56	50.33	53.71	21.34	53.95	48.88	47.03
	标准差	24.63	16.52	21.41	18.19	15.70	15.60	14.93
1—2小时	平均值	52.16	53.28	57.27	27.22	53.76	47.84	50.95
	标准差	21.88	16.89	25.01	18.92	13.28	14.42	14.92
2—3小时	平均值	50.46	53.49	57.81	29.66	57.22	49.52	52.42
	标准差	19.94	17.27	22.75	20.34	14.55	17.58	16.01
3个小时以上	平均值	53.87	51.11	56.93	30.69	55.37	48.16	51.90
	标准差	19.09	15.49	24.56	19.36	16.34	17.55	15.48
F值检验		$F=4.79$ $p=0.003$	$F=1.47$ $p=0.222$	$F=0.82$ $p=0.483$	$F=6.24$ $p=0.000$	$F=2.62$ $p=0.049$	$F=0.50$ $p=0.681$	$F=3.37$ $p=0.018$

由F值检验可知，文化认同、地位认同、职业认同和社会认同在新生代农民工手机媒介使用频率的分布上差异达到显著性水平。换言之，被调查者手机媒介使用频率不同，其文化认同、地位认同、职业认同和社会认同也有所差异。

如表4-4所示，在方差分析的基础上，通过构建多元线性回归模型进一步分析手机媒介使用频率对社会认同的影响。在模型中，以性别变量、受教育程度变量和来郑州时间变量为控制变量，以手机媒介使用频率为自变量，以社会认同各维度为因变量。

表4-4　　　手机媒介使用频率与社会认同的多元OLS分析

变量值	(1) 文化认同	(2) 群体认同	(3) 地域认同	(4) 地位认同	(5) 职业认同	(6) 政策认同	(7) 社会认同
男性[a]	-2.030 (1.536)	-2.872** (1.182)	2.252 (1.690)	2.233 (1.397)	0.336 (1.069)	0.509 (1.172)	-0.107 (1.115)
高中[b]	4.205** (2.057)	3.979** (1.586)	4.519** (2.268)	1.918 (1.875)	-0.682 (1.435)	0.501 (1.573)	3.093** (1.493)
大专及以上	7.470*** (1.957)	2.554* (1.506)	1.783 (2.155)	3.249* (1.781)	-1.419 (1.363)	-1.165 (1.494)	2.550* (1.420)

续表

变量值	(1) 文化认同	(2) 群体认同	(3) 地域认同	(4) 地位认同	(5) 职业认同	(6) 政策认同	(7) 社会认同
三年以上 c	4.816 *** (1.520)	6.976 *** (1.169)	11.65 *** (1.671)	4.134 *** (1.382)	-0.023 (1.058)	-3.524 *** (1.160)	4.722 *** (1.102)
1—2 小时 d	5.895 ** (2.356)	2.608 (1.816)	2.289 (2.599)	4.976 ** (2.147)	0.120 (1.643)	-0.742 (1.801)	3.282 * (1.712)
2—3 小时	3.850 (2.495)	2.667 (1.923)	2.336 (2.752)	7.228 *** (2.273)	3.615 ** (1.739)	0.932 (1.907)	4.511 ** (1.812)
3 小时以上	7.275 *** (2.692)	0.493 (2.075)	1.625 (2.970)	8.171 *** (2.454)	1.770 (1.878)	-0.421 (2.058)	4.058 ** (1.955)
常数项	40.37 *** (2.314)	46.34 *** (1.784)	46.36 *** (2.567)	17.18 *** (2.109)	54.36 *** (1.614)	50.39 *** (1.769)	43.44 *** (1.690)
样本数	774	777	769	777	777	777	766
R^2	0.048	0.061	0.070	0.044	0.011	0.016	0.041
F 值检验	5.47 ***	7.09 ***	8.23 ***	5.08 ***	1.28	1.74 *	4.66 ***

注：非标准化回归系数，括号内为标准误。a 参照组为女性，b 参照组为初中及以下，c 参照组为三年及以下，d 参照组为 1 小时以下。 *** $p<0.01$，** $p<0.05$，* $p<0.1$。

模型（1）为文化认同回归模型。控制变量的回归系数显示，受教育程度变量和来郑州时间变量都对文化认同有显著影响。手机媒介使用频率变量的回归系数显示，每天使用手机媒介 1—2 小时以上的被调查者比每天使用手机媒介 1 小时的被调查者文化认同高 5.895 分，每天使用手机媒介 3 小时以上的被调查者比每天使用手机媒介 1 小时以下的被调查者文化认同高 7.275 分。但是，每天使用手机媒介 2—3 小时的被调查者，与手机媒介使用 1 小时以下的无显著差异，这一点不同于手机使用的影响。

模型（2）为群体认同回归模型。控制变量的回归系数显示，性别变量、受教育程度变量和来郑州时间变量都对群体认同有显著影响。手机媒介使用频率变量的回归系数显示，手机媒介使用频率对群体认同有正向影响，特别是每天使用手机媒介 1—2 小时和 2—3 小时的被调查者,这一点不同于手机使用频率的影响。但回归系数没达到显著性水平,这种影响不具有统计学的意义。

模型(3)为地域认同回归模型。控制变量的回归系数显示,受教育程度变量中的高中和来郑州时间变量都对地域认同有显著影响。手机媒介使用频率对地域认同有正向影响,特别是每天使用手机媒介 1—2 小时和 2—3 小时的被调查者,这一点不同于手机使用频率的影响。但回归系数没达到显著性水平,这种影响不具有统计学的意义。

模型(4)为地位认同回归模型。控制变量的回归系数显示,受教育程度变量中的大专及以上和来郑州时间变量都对地位认同有显著影响。手机媒介使用频率变量的回归系数显示,每天使用手机媒介 1—2 小时的被调查者比每天使用手机媒介 1 小时以下的被调查者地位认同高 4.976 分,每天使用手机媒介 2—3 小时和 3 小时以上的被调查者,比每天使用手机媒介 1 小时以下的被调查者地位认同分别高 7.228 分和 8.171 分。手机媒介使用能够显著提高新生代农民工的地位认同。

模型(5)为职业认同回归模型。控制变量的回归系数显示,性别变量、受教育程度变量和来郑州时间变量都对职业认同无显著影响。手机媒介使用频率变量回归系数显示,每天使用手机媒介 2—3 小时的被调查者,比每天使用手机 1 小时以下的被调查者职业认同高 3.615 分。

模型(6)为政策认同回归模型。控制变量的回归系数显示,来郑州时间变量对职业认同有显著负向影响。手机媒介使用频率变量回归系数显示,手机媒介使用频率对职业认同无显著影响。

模型(7)为社会认同回归模型。控制变量的回归系数显示,受教育程度变量和来郑州时间变量都对社会认同有显著影响。手机媒介使用频率变量回归系数显示，每天使用手机媒介1—2小时的被调查者比每天使用手机媒介1小时以下的被调查者社会认同高3.282分，每天使用手机媒介2—3小时和3小时以上的被调查者，比每天使用手机媒介1小时以下的被调查者社会认同分别高4.511分和4.058分。由此可见，新生代农民工的手机媒介使用能够显著改善他们的社会认同。

新生代农民工的手机媒介使用频率对其文化认同、地位认同、职业认同和社会认同都有影响。新生代农民工手机使用越多，其文化认同、地位认同、职业认同和社会认同就越高。新生代农民工单纯使用手机对他们的社会认同无显著影响。"手机不仅仅是一种通讯技术，也不仅仅是一种通讯工具，对于新生代农民工而言，更是一种社会资源，利用这种社会资源实现着制度框架设定之外的社会身份，适应着城市的主流生活。"[①] 只有他们把手机作为一种媒介来使用，把它当作搭建社会关系或获取社会资源的工具时，这种手机媒介的使用对新生代农民工提高社会认同才有意义。

第二节　手机媒介使用动机与社会认同

一　手机使用动机与社会认同

表4-5显示，从新生代农民工的手机使用动机为"打电话"维度出发，笔者发现，选择"打电话"的被调查者和没有选择"打电话"的被调查者，在文化认同、群体认同、地位认同、职业认同和社会认同方面没有显著差异，其在地域认同（p=0.032）

[①] 李红艳：《手机：信息交流中社会关系的建构——新生代农民工手机行为研究》，《中国青年研究》2010年第5期。

和政策认同（p=0.002）方面差异显著。

表4-5　　　　手机使用动机与社会认同的方差分析

变量	变量值	文化认同	群体认同	地域认同	地位认同	职业认同	政策认同	社会认同
打电话	是	50.81	52.83	57.62	27.20	54.68	47.67	50.71
	否	50.70	51.31	53.14	28.63	56.03	51.99	51.46
上网	是	50.69	53.03	57.37	28.22	55.57	48.21	51.36
	否	51.13	50.86	54.73	25.02	52.81	49.47	49.20
发短信	是	51.10	52.95	58.79	27.89	54.79	48.09	51.41
	否	50.55	52.21	55.17	27.16	55.06	48.81	50.42
娱乐	是	51.46	52.59	56.76	28.33	54.33	46.86	50.86
	否	50.21	52.48	57.32	27.73	55.48	49.94	51.23

从新生代农民工的手机使用动机为"上网"方面研究，选择"上网"的被调查者和没有选择"上网"的被调查者，在文化认同、群体认同、地域认同和政策认同方面没有显著差异，其在地位认同和职业认同方面差异显著（p=0.046、p=0.026），在社会认同方面有微弱的显著性（p=0.092）。

从新生代农民工的手机使用动机为"发短信"方面测量，选择"发短信"的被调查者和没有选择"发短信"的被调查者，在文化认同、群体认同、地位认同、职业认同、政策认同和社会认同方面没有显著差异，其在地域认同方面差异显著（p=0.030）。

从新生代农民工的手机使用动机为"娱乐"方面研究，笔者发现，选择"娱乐"的被调查者和没有选择"娱乐"的被调查者，在文化认同、群体认同、地域认同、地位认同、职业认同和社会认同方面没有显著差异，其在政策认同方面差异显著（p=0.006）。

由此可见，新生代农民工手机使用动机对其社会认同影响较为复杂。表4-6在方差分析的基础上，研究通过构建多元线性回归模型进一步分析手机使用动机对社会认同的影响。在模型中，以性别变量、受教育程度变量和来郑州时间变量为控制变量，以手机使用动机为自变量，以社会认同各维度为因变量。

表 4-6　　手机使用目的与社会认同的多元 OLS 分析

变量值	(1) 文化认同	(2) 群体认同	(3) 地域认同	(4) 地位认同	(5) 职业认同	(6) 政策认同	(7) 社会认同
男性[a]	-1.753 (1.488)	-2.377** (1.148)	2.131 (1.626)	3.250** (1.364)	0.724 (1.074)	1.124 (1.143)	0.558 (1.092)
高中[b]	4.739** (1.962)	4.433*** (1.517)	4.751** (2.149)	3.341* (1.802)	-0.0194 (1.419)	0.647 (1.511)	3.829*** (1.441)
大专及以上	8.340*** (1.861)	3.405** (1.436)	2.834 (2.035)	4.929*** (1.705)	-0.478 (1.343)	-1.115 (1.430)	3.736*** (1.367)
三年以上[c]	4.430*** (1.475)	7.276*** (1.138)	11.81*** (1.611)	4.079*** (1.352)	0.334 (1.065)	-2.873** (1.133)	4.987*** (1.082)
打电话[d]	0.072 (1.982)	1.313 (1.531)	3.508 (2.163)	-1.747 (1.818)	-1.192 (1.432)	-4.119*** (1.525)	-1.002 (1.452)
上网	-1.550 (1.844)	1.877 (1.424)	2.109 (2.013)	2.565 (1.692)	3.577*** (1.332)	-0.414 (1.418)	2.085 (1.351)
发短信	0.0673 (1.695)	-0.391 (1.308)	2.602 (1.854)	-0.274 (1.554)	-0.0217 (1.224)	1.707 (1.303)	0.961 (1.245)
娱乐	0.652 (1.633)	-0.503 (1.261)	-3.780** (1.787)	0.475 (1.498)	-1.780 (1.179)	-2.974** (1.256)	-1.988* (1.200)
常数项	45.37*** (2.589)	45.22*** (1.999)	43.75*** (2.828)	20.15*** (2.375)	53.67*** (1.870)	53.89*** (1.991)	45.16*** (1.898)
样本数	819	822	814	822	822	822	811
R^2	0.035	0.064	0.085	0.036	0.012	0.029	0.044
F 值检验	3.71***	6.93***	9.30***	3.84***	1.25	3.09***	4.60***

注：非标准化回归系数，括号内为标准误。a 参照组为女性，b 参照组为初中及以下，c 参照组为三年及以下，d 参照组为否。***$p<0.01$，**$p<0.05$，*$p<0.1$。

模型（1）为文化认同回归模型。控制变量显示，受教育程度变量和来郑州时间变量都对文化认同有显著影响。手机使用动机变量的回归系数显示,手机使用动机对文化认同的影响都没有达到显著性。

模型(2)为群体认同回归模型。控制变量的回归系数显示,性别变量、受教育程度变量和来郑州时间变量都对群体认同有显著影响。手机使用动机变量的回归系数显示,手机使用动机对文化认同的影响都没有达到显著性。

模型(3)为地域认同回归模型。控制变量的回归系数显示,受教育程度变量中的高中和来郑州时间变量都对地域认同有显著影响。手机使用动机的回归系数显示,手机使用目的为"娱乐"的被调查者,比手机使用目的为非娱乐的被调查者地域认同低3.780分。新生代农民工注重手机的娱乐功能,反倒会降低其对所在城市的地域认同。

模型(4)为地位认同回归模型。控制变量的回归系数显示,性别变量、受教育程度变量和来郑州时间变量都对地位认同有显著影响。手机使用动机变量的回归系数显示,手机使用动机对群体认同的影响没达到显著性水平,这种影响不具有统计学的意义。

模型(5)为职业认同回归模型。控制变量的回归系数显示,性别变量、受教育程度变量和来郑州时间变量都对职业认同无显著影响。手机使用动机变量回归系数显示,手机使用动机为"上网"的被调查者,比手机使用动机为非上网的被调查者职业认同高3.577分。

模型(6)为政策认同回归模型。控制变量的回归系数显示,来郑州时间变量对职业认同有显著负向影响。手机使用动机变量回归系数显示,手机使用动机为"打电话"和"娱乐"的被调查者,比手机使用动机为非打电话和非娱乐的被调查者政策认同分别低4.119分和2.974分。

模型（7）为社会认同回归模型。控制变量的回归系数显示，受教育程度变量和来郑州时间变量都对社会认同有显著影响。手机使用动机变量回归系数显示，手机使用动机为"娱乐"的被调查者，比手机使用动机为非娱乐的被调查者社会认同低1.988分。

新生代农民工手机使用动机对其社会认同有影响。新生代农民工通过手机娱乐会降低其地域认同、政策认同和社会认同，如果使用手机以上网为目的则能改善其职业认同。"随着社会发展与电信技术的不断融合，人们对网络应用的普及差距将逐渐缩小，但手机网络应用与信息更新不断地推陈出新。"① 因此，对于新生代农民工而言，应使用手机媒介及时拥抱网络。

二　手机媒介使用动机与社会认同

由表4-7可以看出，手机媒介使用目的对于社会认同各维度有不同的影响。对于文化认同而言，使用目的为搜集信息的被调查者文化认同最高，使用目的为与人交流的被调查者文化认同最低。被调查者使用手机搜集信息，而不是单纯与人交流，对于城市文化的认同高。对于群体认同而言，使用目的为搜集信息的被调查者群体认同较高，使用目的为与人交流的被调查者群体认同最低。对于地域认同而言，使用目的为搜集信息和了解新闻的被调查者地域认同较高，使用目的为与人交流的被调查者地域认同最低。对于地位认同而言，使用目的为与人交流的被调查者地位认同最高，使用目的为了解新闻的被调查者地位认同最低。对于职业认同而言，使用目的为搜集信息的被调查者职业认同最高，

---

① 宋红岩：《"数字鸿沟"抑或"信息赋权"？——基于长三角农民工手机使用的调研研究》，《现代传播》2016年第6期。

使用目的为与人交流的被调查者职业认同最低。对于政策认同而言，使用目的为搜集信息的被调查者政策认同最高，使用目的为与人交流的被调查者政策认同最低。总体来看，使用目的为搜集信息的被调查者社会认同最高，使用目的为与人交流的被调查者社会认同最低。手机媒介的使用目的不同，对社会认同的影响也不一样。手机作为获取信息的工具能够增加社会认同，但是仅仅把手机作为一个交流的工具，无助于社会认同。

表4-7　　　　　　手机媒介使用目的与社会认同方差分析

变量值	统计量	文化认同	群体认同	地域认同	地位认同	职业认同	政策认同	社会认同
了解新闻	平均值	51.74	51.45	58.34	26.37	56.23	49.41	51.71
	标准差	22.61	15.76	25.03	19.59	13.23	14.23	14.96
搜集信息	平均值	55.38	55.69	59.70	27.96	58.50	51.72	54.97
	标准差	17.20	15.86	19.87	18.04	13.18	17.10	13.46
娱乐消遣	平均值	50.60	52.86	57.43	27.17	54.53	48.25	50.66
	标准差	21.52	16.93	23.58	19.69	15.58	17.50	16.20
与人交流	平均值	48.85	51.25	53.01	29.71	53.70	47.05	49.26
	标准差	21.88	17.30	24.49	19.63	14.87	14.70	14.91
F值检验		F=1.89 p=0.129	F=1.63 p=0.181	F=2.24 p=0.082	F=0.99 p=0.396	F=2.54 p=0.055	F=1.78 p=0.149	F=2.78 p=0.040

由F值检验可知，地域认同、职业认同和社会认同在不同手机使用频率的分布上差异达到显著性水平。换言之，被调查者手机使用频率不同，新生代农民工的地域认同、职业认同和社会认同也有所差异。

如表4-8所示，在方差分析的基础上，通过构建多元线性回归模型进一步分析手机媒介使用目的对社会认同的影响。在模型中，以性别变量、受教育程度变量和来郑州时间变量为控制变量，以手机媒介使用目的为自变量，以社会认同各维度为因变量。在手机媒介使用目的变量中，由于了解新闻与搜集新闻两种目的较为一致，都是利用了大众媒体的信息传播功能，故合为一类进行分析。

表 4-8　手机媒介使用目的与社会认同的多元 OLS 分析

变量值	(1) 文化认同	(2) 群体认同	(3) 地域认同	(4) 地位认同	(5) 职业认同	(6) 政策认同	(7) 社会认同
男性[a]	-1.487 (1.530)	-2.720** (1.176)	2.552 (1.672)	2.750** (1.399)	0.686 (1.072)	0.609 (1.173)	0.341 (1.110)
高中[b]	4.904** (2.029)	4.352*** (1.563)	4.663** (2.225)	3.148* (1.859)	0.0216 (1.425)	0.701 (1.559)	3.852*** (1.474)
大专及以上	8.666*** (1.905)	3.086** (1.466)	2.087 (2.087)	4.686*** (1.743)	-0.825 (1.336)	-1.024 (1.462)	3.488** (1.385)
三年以上[c]	4.717*** (1.521)	6.916*** (1.169)	11.76*** (1.661)	4.214*** (1.390)	0.140 (1.065)	-3.363*** (1.166)	4.799*** (1.103)
娱乐消遣[d]	-2.326 (1.769)	0.145 (1.359)	-1.745 (1.929)	-0.009 (1.616)	-2.545** (1.239)	-2.034 (1.356)	-2.256* (1.282)
与人交流	-3.970* (2.072)	-1.368 (1.594)	-6.054*** (2.272)	2.442 (1.895)	-3.330** (1.453)	-3.157** (1.590)	-3.645** (1.508)
常数项	46.20*** (2.073)	48.06*** (1.595)	50.05*** (2.268)	20.82*** (1.896)	57.02*** (1.454)	51.76*** (1.591)	47.78*** (1.505)
样本数	775	778	770	778	778	778	767
R^2	0.043	0.061	0.079	0.031	0.011	0.020	0.045
F 值检验	5.58***	7.78***	10.85***	4.06***	1.19	2.39**	5.49***

注：非标准化回归系数，括号内为标准误。a 参照组为女性，b 参照组为初中及以下，c 参照组为三年及以下，d 参照组为搜集信息。***$p<0.01$，**$p<0.05$，*$p<0.1$。

模型（1）为文化认同回归模型。控制变量显示，受教育程度变量和来郑州时间变量都对文化认同有显著影响。手机媒介使用目的变量的回归系数显示，使用手机媒介目的为与人交流的被调查者比使用手机媒介目的为搜集信息的被调查者文化认同低 3.970 分。但是，使用手机媒介目的为娱乐消遣的被调查者，与使用手机媒介目的为搜集信息的被调查者无显著差异。

模型（2）为群体认同回归模型。控制变量的回归系数显示，性别变量、受教育程度变量和来郑州时间变量都对群体认同有显著影响。手机媒介使用目的变量的回归系数显示，手机媒介使用目的对群体认同的影响没达到显著性水平，这种影响不具有统计学的意义。

模型（3）为地域认同回归模型。控制变量的回归系数显示，受教育程度变量中的高中和来郑州时间变量都对地域认同有显著影响。手机媒介使用目的变量的回归系数显示，使用手机媒介目的为与人交流的被调查者比搜集信息的被调查者地域认同低6.054分。"更倾向于认为自己是城里人的新生代农民工无论是对本地新闻的关注程度、对老家新闻的关注程度、还是对国内外新闻的关注程度都要超过其他人。"[①] 手机媒介使用目的为搜集信息，能够显著提高新生代农民工的地域认同。使用手机媒介目的为娱乐消遣的被调查者，与使用手机媒介目的为搜集信息的被调查者无显著差异。

模型（4）为地位认同回归模型。控制变量的回归系数显示，性别变量、受教育程度变量和来郑州时间变量都对地位认同有显著影响。手机媒介使用目的变量的回归系数显示，手机媒介使用目的对群体认同的影响没达到显著性水平，这种影响不具有统计学的意义。

模型（5）为职业认同回归模型。控制变量的回归系数显示，性别变量、受教育程度变量和来郑州时间变量都对职业认同无显著影响。手机媒介使用目的变量的回归系数显示，手机媒介使用目的为娱乐消遣和与人交流的被调查者，比手机媒介使用目的为搜集信息的被调查者职业认同分别低2.545分和3.330分。

模型（6）为政策认同回归模型。控制变量的回归系数显

---

① 袁靖华：《边缘身份融入：符号与传播》，浙江大学出版社2014年版，第231页。

示，来郑州时间变量对职业认同有显著负向影响。手机媒介使用目的变量的回归系数显示，手机媒介使用目的为与人交流的被调查者比手机媒介使用目的为搜集信息的被调查者职业认同低3.157分。手机媒介使用目的为搜集信息能够提高新生代农民工的政策认同。

模型（7）为社会认同回归模型。控制变量的回归系数显示，受教育程度变量和来郑州时间变量都对社会认同有显著影响。手机媒介使用目的变量的回归系数显示，手机媒介使用目的为娱乐消遣和与人交流的被调查者，比手机媒介使用目的为搜集信息的被调查者社会认同分别低2.256分和3.645分。由此可见，新生代农民工的手机媒介使用目的为搜集信息能够显著改善他们的社会认同。

总体而言，"掌握新兴的媒体技术并熟练使用这些新兴媒介，可以帮助新生代农民工建立起具有一定现代特征的身份认同"。[1] 新生代农民工手机媒介使用目的对其社会认同有显著影响，通过手机媒介获取信息以便于其在城市立足，才能提升其社会认同。反之，当新生代农民工仅仅把手机媒介作为一种消遣工具或交流工具，使用手机媒介并不能改善其社会认同。

第三节　手机媒介使用效果与社会认同

本书把手机媒介使用效果分为两种：一是手机使用效果评价；二是手机媒介信任评价。下面分别分析两种情况与社会认同的关系。

---

[1] 袁靖华：《边缘身份融入：符号与传播》，浙江大学出版社2014年版，第236页。

一 手机使用效果评价与社会认同

由表 4-9 数据可以看出，手机使用效果评价对于社会认同各维度有不同的影响。对于文化认同而言，使用效果评价为"没一点用"的被调查者文化认同最高，使用效果评价为"作用不大"的被调查者文化认同最低。对于群体认同而言，使用效果评价为"非常有用"的被调查者群体认同较高，使用效果评价为"作用不大"的被调查者群体认同最低。对于地域认同而言，使用效果评价为"非常有用"的被调查者地域认同最高，使用效果评价为"没一点用"和"作用不大"的被调查者地域认同最低。对于地位认同而言，使用效果评价为"非常有用"的被调查者地位认同最高，使用效果评价为"没一点用"的被调查者地位认同最低。对于职业认同而言，使用效果评价为"非常有用"的被调查者职业认同最高，使用效果评价为"没一点用"的被调查者职业认同最低。对于政策认同而言，使用效果评价为"作用不大"的被调查者的政策认同最高，使用效果评价为"没一点用"的被调查者的政策认同最低。总体来看，使用效果评价为"非常有用"的被调查者社会认同最高，使用效果评价为"作用不大"的被调查者社会认同最低。对手机使用效果的评价不同，对社会认同的影响会发生改变。手机效果能显著增加社会认同，对使用效果评价越高，社会认同度越高。值得注意的是，在文化认同维度对手机评价低的反而认同较高。原因可能是抽样误差，评价"没一点用"的样本数过少（10 个）。

表 4-9　　　　手机媒介使用效果与社会认同方差分析

变量值	统计量	文化认同	群体认同	地域认同	地位认同	职业认同	政策认同	社会认同
没一点用	平均值	55.18	48.52	46.75	24.49	42.45	42.87	43.17
	标准差	21.86	10.22	25.33	23.67	21.14	19.07	18.14
作用不大	平均值	44.59	46.73	46.76	27.24	55.43	50.36	47.05
	标准差	19.71	9.26	22.13	20.49	14.28	16.91	13.97
有用	平均值	49.33	51.37	54.06	26.59	54.29	48.46	49.54
	标准差	21.09	16.35	22.36	20.47	13.92	15.88	15.06
非常有用	平均值	52.71	54.33	60.61	28.40	55.81	48.48	52.70
	标准差	21.45	17.52	24.38	18.26	16.02	16.48	15.85
F 值检验		F=3.02 p=0.029	F=4.08 p=0.007	F=8.41 p=0.000	F=0.64 p=0.591	F=2.98 p=0.031	F=0.58 p=0.626	F=4.46 p=0.004

由 F 值检验可知，文化认同、群体认同、地域认同、职业认同和社会认同在手机使用效果评价不同的分布上差异达到显著性水平。换言之，被调查者手机使用效果评价不同，新生代农民工的文化认同、群体认同、地域认同、职业认同和社会认同也有所差异。

如表 4-10 所示，在方差分析的基础上，研究通过构建多元线性回归模型进一步分析手机媒介使用效果对社会认同的影响。在模型中，以性别变量、受教育程度变量和来郑州时间变量为控制变量，以手机使用效果为自变量，以社会认同各维度为因变量。在手机使用效果变量中，由于被调查者回答"没一点用"的非常少（10 个），直接进入模型将影响模型效果，故与"作用不大"合为一类进行分析。

表 4-10　　　手机媒介使用效果与社会认同的多元 OLS 分析

变量值	(1) 文化认同	(2) 群体认同	(3) 地域认同	(4) 地位认同	(5) 职业认同	(6) 政策认同	(7) 社会认同
男性[a]	-1.964	-2.672**	1.409	3.246**	0.437	0.823	0.184
	(1.475)	(1.137)	(1.608)	(1.359)	(1.073)	(1.147)	(1.083)

续表

变量值	（1）文化认同	（2）群体认同	（3）地域认同	（4）地位认同	（5）职业认同	（6）政策认同	（7）社会认同
高中[b]	4.788**	4.436***	4.801**	3.472*	0.0869	0.930	4.005***
	(1.946)	(1.502)	(2.128)	(1.795)	(1.417)	(1.516)	(1.430)
大专及以上	8.274***	3.340**	2.468	5.212***	−0.460	−1.302	3.663***
	(1.834)	(1.414)	(2.004)	(1.690)	(1.334)	(1.427)	(1.348)
三年以上[c]	3.974***	7.007***	11.46***	3.962***	0.197	−3.057***	4.685***
	(1.474)	(1.135)	(1.605)	(1.357)	(1.071)	(1.146)	(1.081)
有用[d]	2.502	4.094*	7.132**	−0.564	1.325	−0.068	3.112
	(3.097)	(2.390)	(3.368)	(2.858)	(2.256)	(2.413)	(2.264)
非常有用	5.553*	6.606***	12.11***	0.594	2.835	0.200	5.738**
	(3.095)	(2.389)	(3.366)	(2.856)	(2.254)	(2.411)	(2.263)
常数项	41.08***	42.56***	39.12***	20.68***	52.81***	49.76***	41.55***
	(3.254)	(2.511)	(3.540)	(3.002)	(2.369)	(2.535)	(2.379)
样本数	819	822	814	822	822	822	811
R^2	0.045	0.073	0.094	0.033	0.011	0.015	0.049
F值检验	5.84***	10.60***	13.89***	4.61***	1.34	1.77*	6.91***

注：非标准化回归系数，括号内为标准误。a 参照组为女性，b 参照组为初中及以下，c 参照组为三年及以下，d 参照组为没用。***$p<0.01$，**$p<0.05$，*$p<0.1$。

模型（1）为文化认同回归模型。控制变量显示，受教育程度变量和来郑时间变量都对文化认同有显著影响。手机使用效果评价变量的回归系数显示，手机使用效果评价为"非常有用"的被调查者比手机使用效果评价为"没用"的被调查者文化认同高5.553分。但是，使用手机效果评价为"有用"的被调查者，与使用手机效果评价为"没用"的被调查者无显著差异。

模型（2）为群体认同回归模型。控制变量的回归系数显示，性别变量、受教育程度变量和来郑州时间变量都对群体认同有显著影响。手机使用效果评价变量的回归系数显示，手机使用效果为"有用"和"非常有用"的被调查者比手机使用效果为"没用"的被调查者群体认同分别高4.093分和6.606分。新生代农民工手机使用评价能够影响其群体认同。对手机使用效果评价好的新生代农民工,对城市市民的群体认同较高。

模型(3)为地域认同回归模型。控制变量的回归系数显示,受教育程度变量中的高中和来郑州时间变量都对地域认同有显著影响。手机使用效果评价变量的回归系数显示,手机使用效果评价为"有用"和"非常有用"的被调查者比手机使用效果评价为"没用"的被调查者地域认同分别高 7.132 分和 12.11 分。新生代农民工手机使用评价能够影响其地域认同。调查数据显示,对手机使用效果评价好的新生代农民工对其所在城市的地域认同较高。

模型(4)为地位认同回归模型。控制变量的回归系数显示,性别变量、受教育程度变量和来郑州时间变量都对地位认同有显著影响。但是,手机使用效果评价变量的回归系数显示,手机使用效果评价对群体认同的影响没达到显著性水平,这种影响不具有统计学的意义。

模型(5)为职业认同回归模型。控制变量的回归系数显示,性别变量、受教育程度变量和来郑州时间变量都对职业认同无显著影响。手机使用效果评价变量回归系数显示,手机使用效果评价对职业认同的影响没达到显著性水平,这种影响不具有统计学的意义。对于职业认同,手机使用效果评价对其无解释力。

模型(6)为政策认同回归模型。控制变量的回归系数显示,来郑州时间变量对职业认同有显著负向影响。手机使用效果评价对政策认同的影响没达到显著性水平,这种影响不具有统计学的意义。

模型(7)为社会认同回归模型。控制变量的回归系数显示,受教育程度变量和来郑州时间变量都对社会认同有显著影响。手机使用效果评价变量回归系数显示,手机使用效果评价为"非常有用"的被调查者，比手机使用效果评价为"没用"的被调查者社会认同高 5.738 分。但是，手机使用效果评价为"有用"的被调查者，与使用手机效果评价为"没用"的被调查者无显著差异。由此可见，新生代农民工对手机使用效果评价较高者能够显著改善其社会认同。

新生代农民工对手机使用效果的评价，显著影响其文化认同、群体认同、地域认同和社会认同，而对其地位认同、职业认同和政策认同无显著影响。文化、群体和地域属于社会范畴性的内容，而地位和职业与人在社会结构中所处的位置有关，政策认同则是一个城市对农民工的态度，这种认同不易改变。

二 手机媒介信任评价与社会认同

由表 4-11 数据可以看出，手机媒介信任评价对社会认同各维度有不同的影响。从文化认同的维度分析，信任评价为"非常可信"的被调查者文化认同最高，信任评价为"不可信"的被调查者文化认同最低。从群体认同的维度分析，信任评价为"非常可信"的被调查者群体认同最高，信任评价为"不可信"的被调查者群体认同最低。从地域认同的维度分析，信任评价为"非常可信"的被调查者地域认同最高，信任评价为"不可信"的被调查者地域认同最低。从地位认同的维度分析，信任评价为"非常可信"的被调查者地位认同最高，信任评价为"不可信"的被调查者地位认同最低。从职业认同的维度分析，信任评价为"非常可信"的被调查者职业认同最高，信任评价为"一般"的被调查者职业认同最低。从政策认同的角度分析，信任评价为"非常可信"的被调查者的政策认同最高，信任评价为"不可信"的被调查者的政策认同最低。研究数据和调查资料显示，对手机媒介使用信任评价为"非常可信"的被调查者社会认同最高，信任评价为"不可信"的被调查者社会认同最低。手机媒介效果能显著提高社会认同，对使用信任评价越高的被调查者其社会认同度越高。

表 4-11　　手机媒介信任评价与社会认同方差分析

变量值	统计量	文化认同	群体认同	地域认同	地位认同	职业认同	政策认同	社会认同
不可信	平均值	43.03	50.18	53.27	26.34	55.44	45.66	47.65
	标准差	23.62	16.33	22.71	22.32	14.64	14.20	15.08
一般	平均值	50.88	52.38	56.77	27.71	54.74	48.43	50.76
	标准差	20.76	16.47	23.82	19.18	14.65	15.98	15.15
非常可信	平均值	59.81	56.84	61.20	28.48	58.62	53.83	57.37
	标准差	24.93	19.88	24.78	19.89	14.80	19.21	17.68
F 值检验		$F=8.48$ $p=0.000$	$F=2.30$ $p=0.091$	$F=1.54$ $p=0.216$	$F=0.19$ $p=0.829$	$F=1.65$ $p=0.193$	$F=3.72$ $p=0.025$	$F=5.83$ $p=0.003$

由 F 值检验可知，文化认同、群体认同、政策认同和社会认同在手机媒介信任评价分布上差异达到显著性水平。换言之，被调查者手机信任评价不同，他们的文化认同、群体认同、政策认同和社会认同也有所差异。

如表 4-12 所示，在方差分析的基础上，研究通过构建多元线性回归模型进一步分析手机媒介信任评价对社会认同的影响。在模型中，以性别变量、受教育程度变量和来郑州时间变量为控制变量，以手机媒介信任评价为自变量，以社会认同各维度为因变量。

表 4-12　　手机媒介信任评价与社会认同的 OLS 分析

变量值	(1) 文化认同	(2) 群体认同	(3) 地域认同	(4) 地位认同	(5) 职业认同	(6) 政策认同	(7) 社会认同
男性[a]	-1.596 (1.517)	-2.853 ** (1.174)	2.322 (1.678)	2.704 * (1.400)	0.323 (1.067)	0.315 (1.162)	0.048 (1.105)

续表

变量值	(1) 文化认同	(2) 群体认同	(3) 地域认同	(4) 地位认同	(5) 职业认同	(6) 政策认同	(7) 社会认同
高中[b]	4.674** (2.022)	4.084*** (1.568)	4.657** (2.244)	2.891 (1.869)	-0.295 (1.424)	0.383 (1.551)	3.484** (1.475)
大专及以上	8.598*** (1.900)	2.867* (1.471)	2.002 (2.106)	4.465** (1.754)	-0.950 (1.336)	-1.172 (1.455)	3.251** (1.387)
三年以上[c]	4.919*** (1.512)	6.937*** (1.170)	11.61*** (1.671)	4.115*** (1.395)	-0.052 (1.063)	-3.594*** (1.158)	4.675*** (1.101)
一般[d]	7.573*** (2.840)	2.226 (2.169)	3.574 (3.086)	1.148 (2.586)	-0.851 (1.970)	2.697 (2.146)	2.938 (2.060)
非常可信	16.50*** (4.021)	6.657** (3.095)	7.323* (4.401)	1.670 (3.690)	2.990 (2.812)	8.060*** (3.062)	9.359*** (2.914)
常数项	36.60*** (3.124)	45.69*** (2.398)	44.48*** (3.414)	20.49*** (2.858)	55.97*** (2.178)	47.65*** (2.372)	43.11*** (2.268)
样本数	772	775	767	775	775	775	764
R^2	0.059	0.061	0.072	0.026	0.005	0.023	0.046
F 值检验	8.03***	8.38***	9.84***	3.44***	0.66	3.04***	6.07***

注：非标准化回归系数，括号内为标准误。a 参照组为女性，b 参照组为初中及以下，c 参照组为三年及以下，d 参照组为不可信。***$p<0.01$，**$p<0.05$，*$p<0.1$。

模型（1）为文化认同回归模型。控制变量显示，受教育程度变量和来郑州时间变量都对文化认同有显著影响。手机媒介信任评价变量的回归系数显示，手机媒介信任评价为"一般"和"非常可信"的被调查者比手机媒介信任评价为"不可信"的被调查者文化认同分别高 7.573 分和 16.50 分。新生代农民工对手机媒介较为信任，文化认同也较高。

模型（2）为群体认同回归模型。控制变量的回归系数显示，性别变量、受教育程度变量和来郑州时间变量都对群体认同有显著影响。手机媒介信任评价变量的回归系数显示，手机媒介信任评价为"非常可信"的被调查者比手机媒介信任评价为"不可信"的被调查者群体认同高 6.657 分。但是，使用手机媒介信任评价为"一般"的被调查者，与使用手机媒介信任评价为"不可信"的被调查者无显著差异。新生代农民工手机媒介信任评价能够影响他们的群体认同。对手机媒介信任评价较高的新生代农民工，对城市市民的群体认同较高。

模型（3）为地域认同回归模型。控制变量的回归系数显示，受教育程度变量中的高中和来郑州时间变量都对地域认同有显著影响。手机媒介信任评价的回归系数显示，手机媒介信任评价为"非常可信"的被调查者比手机媒介信任评价为"不可信"的被调查者地域认同高7.323分。但是，使用手机媒介信任评价为"一般"的被调查者，与使用手机媒介信任评价为"不可信"的被调查者无显著差异。新生代农民工手机媒介信任评价能够影响其地域认同。

模型（4）为地位认同回归模型。控制变量的回归系数显示，性别变量、受教育程度变量中大专及以上和来郑州时间变量都对地位认同有显著影响。但是，手机媒介信任评价变量的回归系数显示，手机媒介信任评价对群体认同的影响没达到显著性水平，这种影响不具有统计学的意义。

模型（5）为职业认同回归模型。控制变量的回归系数显示，性别变量、受教育程度变量和来郑州时间变量都对职业认同无显著影响。手机媒介信任评价变量回归系数显示，手机媒介信任评价对职业认同的影响没达到显著性水平，这种影响不具有统计学的意义。

模型（6）为政策认同回归模型。控制变量的回归系数显示，来郑州时间变量对职业认同有显著负向影响。手机媒介使用效果变量回归系数显示，手机媒介信任评价为"非常可信"的被调查者比手机媒介信任评价为"不可信"的被调查者的政策认同的高

8.060 分。手机媒介只有在取得新生代农民工信任的条件下，才对其政策认同产生显著影响。

模型（7）为社会认同回归模型。控制变量的回归系数显示，受教育程度变量和来郑时间变量都对社会认同有显著影响。手机媒介信任评价变量回归系数显示，手机媒介信任评价为"非常可信"的被调查者，比手机媒介信任评价为"不可信"的被调查者社会认同高 9.359 分。但是，手机媒介信任评价为"一般"的被调查者，与手机媒介信任评价为"不可信"的被调查者无显著差异。由此可见，新生代农民工的手机媒介信任评价较高者能够显著改善其社会认同。

新生代农民工手机媒介信任评价状况，对其文化认同、群体认同、地域认同、政策认同和社会认同有显著影响，在地位认同和职业认同维度上则无显著影响。与手机媒介使用效果评价相比，手机媒介信任评价对新生代农民工的政策认同有显著影响。"媒介信任的结果，是人们获得一种心理上的安全感，而这只是媒介认同建立的初始阶段。"[①] 由此看来，新生代农民工对手机媒介的信任状况决定其政策认同的程度。

第四节　新生代农民工媒介化社会的认同

手机使用已成为现代社会一种普遍现象。据工信部的数据显示，截至 2015 年 12 月底，我国手机用户数达 13.06 亿户，手机用户普及率达 95.5 部/百人。[②] 新生代农民工是手机媒介使用的

[①] 李爱晖：《媒介认同概念的界定、来源与辨析》，《当代传播》2015 年第 1 期。
[②] 《我国手机用户数冲破 13 亿　每百人有 95.5 部手机》，http://tech.qq.com/a/20160126/006425.htm。

新生力量和忠实用户。"手机对于他们而言，不仅仅是一个技术资源、工具资源，更是一种社会资源，在开拓作为手机的社会资源的同时，他们也建构了自己当代中国社会中新的身份，并影响了社会的新秩序。"[1] 手机媒介在改变人们社会生活的同时，也在建构着新的社会认同。"手机媒体在大多数城市人的日常生活中不可或缺的角色，对于希望融入城市的新生代农民工来说，亦是如此。"[2] 对于进入城市生活和工作的新生代农民工，其利用手机媒介构建起新的社会认同。

首先，新生代农民工的社会分类影响其社会认同。社会分类是社会科学研究的基本定理。"个体之间是很不一样的，但是个体可以分成组，比如分成年龄组、性别组、家庭背景情况组等等。分组显示了组与组之间的差异，这意味着每个组里面有相对组外来说更高的共同性。"[3] 可以根据不同维度将新生代农民工进行分类，以便于进行比较。本书中根据性别、受教育程度以及来郑州时间把新生代农民工分为不同的组别，考察其对社会认同的影响。研究显示，性别变量、受教育程度变量和来郑州时间变量都或多或少地对新生代农民工的社会认同有影响。性别变量显示，新生代女性农民工更认同自己为郑州人，新生代男性农民工有着更高的地位认同。受教育程度变量显示，所受教育程度越高，新生代农民工的文化认同、群体认同、地域认同、地位认同越高，社会认同也越高。受教育程度能够提高除职业认同和政策认同以外的社会认同。来郑州时间越长，新生代农民工的文化认

---

[1] 李红艳：《手机：信息交流中社会关系的建构——新生代农民工手机行为研究》，《中国青年研究》2010年第5期。

[2] 龙东：《手机媒体与新生代农民工城市化——基于珠海市新生代农民工手机媒体使用行为的调查》，《特区经济》2015年第11期。

[3] 谢宇：《社会学方法与定量研究》，社会科学文献出版社2006年版，第16页。

同、群体认同、地域认同、地位认同越高，社会认同也越高。值得注意的是，来郑州时间长短对新生代农民工的职业认同没有影响，但对政策认同有负向影响。在打工之地居住已久，但由于保障性政策的缺失使新生代农民工无法享有基本的公共服务，致使其社会认同降低。

其次，新生代农民工的手机媒介使用频率影响其社会认同。手机媒介已成为新生代农民工生活中不可或缺的一部分，每天刷手机成为必需的事务。"随着我国近五年手机移动互联网网民规模的快速增长，手机本身对青少年的吸引力正逐渐下降，而对手机移动互联网的依赖则成为突出的心理问题。"① 手机媒介已深嵌于新生代农民工的日常生活，不仅为其提供信息咨询，而且为其建构城市交往网络，成为新生代农民工融入城市的载体。新生代农民工在使用手机媒介时要控制时间，本书发现，过长使用手机会降低新生代农民工的社会认同。这种效应同样作用于新生代农民工的文化认同和地位认同，如果其使用手机在较为合理的时间，就会提高认同；反之，手机使用的差异对认同的影响则会消失。不仅如此，新生代农民工使用手机还会对其群体认同、地域认同、职业认同和政策认同有负向影响，尤其是过度使用手机。"随着通讯技术的裂变式发展带来的极大便利，手机对于新生代农民工而言，已经远远超过了作为一种简单的通讯工具的意义。"② 对新生代农民工手机媒介使用时间的分析发现，除了对政策认同的影响没有达到显著性外，对其他各维度的认同均有正向影响。新生代农民工在把手机媒介作为一种媒介来拓展自身社会网络和

---

① 姜永志、白晓丽：《手机移动互联网依赖研究滞后于其发展速度》，《中国社会科学报》2014年6月9日。

② 姜兰花：《流动空间里的空间人——新生代农民工手机媒体使用初探》，《长沙大学学报》2013年第6期。

社会关系的理想状态下，手机媒介的使用对其社会认同呈现正面影响。

再次，新生代农民工的手机媒介使用动机影响其社会认同。"新生代农民工的信息环境主要由网络和手机构成，这与他们在高度流动中对关系维护、情感归属、排解孤独、以及维权等迫切需求密切相关。"① 手机媒介实现了网络和手机的结合，构成新生代农民工的媒介环境。新生代农民工手机媒介使用动机，可分为工具性动机和情感性动机，在二维框架使用手机满足其功能。"他们自主地实现着城市工作与生活之间的自如对接，利用手机将这种对接完美地镶嵌在城市与乡村之间、工作与生活之间、人际关系建构之间、社会心理延展之中。"② 新生代农民工手机使用动机的分析显示，其使用手机以娱乐为目的会降低其地域认同、政策认同和社会认同，以上网为目的则能改善其职业认同。新生代农民工手机媒介使用动机的分析显示，把手机媒介当作搜集信息的工具能够提高其社会认同，仅仅把手机媒介作为一种消遣工具或交流工具，使用手机媒介并不能改善其社会认同。"从媒介功能使用来说，对整个新生代农民工群体而言，网络媒介以及电话等大众媒介主要是一个聊天工具、娱乐工具，还不是信息资讯工具、表达功能。"③ 研究数据和调查资料显示，新生代农民工过于注重手机的娱乐功能，而忽视其信息功能。

最后，新生代农民工的手机媒介使用效果影响其社会认同。"对手机的消费是新生代农民工产生和维系自我价值感的重

---

① 周葆华：《上海市新生代农民工新媒体使用与评价的实证研究》，《新闻大学》2011年第2期。
② 李红艳：《手机：信息交流中社会关系的建构——新生代农民工手机行为研究》，《中国青年研究》2010年第5期。
③ 袁靖华：《边缘身份融入：符号与传播》，浙江大学出版社2014年版，第180页。

要部分。"① 新生代农民工通过使用手机媒介，获得了城市性的体验，进而获得"自由"与"自主"的快乐，产生融入城市的心理想象。一项对上海市新生代农民工新媒体使用的研究表明，新媒体在帮助新生代农民工改善人际交往和孤单寂寞方面的功效被他们深切认知。新媒体在参与构建更公正的打工者形象、以及维护打工者利益、表达其心声方面仍有待加强。② 在本书中新生代农民工对于手机使用效果的评价是较为积极，但对手机媒介信任评价则较为保守。根据新生代农民工手机使用效果的评价，这种评价对他们的文化认同、群体认同、地域认同和社会认同有显著影响。根据新生代农民工对手机媒介信任评价状况得知，其对文化认同、群体认同、地域认同、政策认同和社会认同有显著影响。因此，若要引导新生代农民工的社会认同，重要的不是促进其使用手机媒介，而是增强手机媒介的公信力，以传播实效取信新生代农民工。

---

① 杨嫚：《消费与身份构建——一项关于武汉新生代农民工手机使用的研究》，《新闻与传播研究》2011年第6期。
② 周葆华：《上海市新生代农民工新媒体使用与评价的实证研究》，《新闻大学》2011年第2期。

第五章　手机媒介使用对新生代农民工社会认同的影响过程

从古希腊开始的"认识你自己"到近代欧洲学者把认同研究由自我认同扩大到社会认同，认同研究成为近年来社会学、心理学研究的热点。关于社会认同，研究者们达成如下共识：社会行为不能单从个人心理素质来解释，要较全面地理解社会行为，必须研究人们如何建构自己和他人的身份。"虽然社会是由个体组成的，但社会被形塑为不同的社会群体和范畴，人们的视角、观点和实践都是从他们所归属的群体中获得的。"[1] 因此，这就上升到个体的社会认同是如何建构的问题。英国社会心理学家亨利·泰费尔提出了社会身份认同理论，他认为人们具有将自己分类到一个或更多群体的潜在倾向，在群体成员资格的基础上组建他们的认同，同时坚持与其他群体的边界。这种将自己分类为群体成员的过程会给个体行为以独特意义，从而形成一种积极的、有价值的群体身份。[2] 泰费尔将"社会身份认同"定义为，"个体认识

---

[1] ［澳］迈克尔·A.豪格、［英］多米尼克·阿布拉姆斯：《社会认同过程》，高明华译，中国人民大学出版社2011年版，第2页。

[2] 雷开春：《城市新移民的社会认同——感性依赖与理性策略》，上海社会科学院出版社2011年版，第35页。

到他或她属于特定的社会群体，同时也认识到作为群体成员带给他或她的情感重要性和价值意义"。① 凯瑞德·戴奥等的研究发现，社会身份认同具有7个功能：提高自我洞察力、群体间比较、凝聚力、集体自尊、个体间比较、社会交往机会和爱情关系。社会认同的最主要功能就是实现了一个"由社会建构的自我"，并使之成为社会结构和个体行为间的中介。②

新生代农民工进入城市后，由乡村地缘关系建构的熟人社会进入陌生人社会，需要通过将自己归入某社群来重构其社会认同。在这个新的社会认同建构过程中，文化资本、社会资本与符号资本共同发挥作用。在符号建构中构建新的身份认同，"归纳帕克的发现，在我们的日常生活中，传播的社会功能就是这样一种两重性结构，一方面它因为社会认同而导致社会区隔，另一方面，它因为社会区隔而强化了社会认同，两者之间相互建构。通过这样一种互动方式，社会的文化整合成为可能"。③ 社会学家罗伯特·帕克（Robert Park，1922）在研究报纸帮助移居美国的移民较好适应环境过程中发现大众传媒扮演了为社会成员提供集体经验的角色。迈克尔·A. 豪格和多米尼克·阿布拉姆斯发现，人类是所有生物中最喜欢交际的，在这个交际过程中他们被社会性地建构着。"他们的视角、观点、价值、行动和沟通手段都是从他人那里习得或获取的。他们的行为在很大程度上受到规范和人们之间达成的契约的管理，包括恰当的或可以接受的行事方式，

---

① Tajfel, H., *Differentiation Between Social Groups: Studies in the Social Psychology of intergroup Relations*, chapters 1–3. London: Academic Press, 1978. 转引自张莹瑞、佐斌《社会认同理论及其发展》，《心理科学进展》2006年第16期。

② 转引自袁靖华《边缘身份融入：符号与传播——基于新生代农民工的社会调查》，浙江大学出版社2015年版，第30页。

③ ［美］哈罗德·拉斯韦尔：《社会传播的结构与功能》，何道宽译，胡翼青点评，中国传媒大学出版社2013年版，第114页。

以及在某种情况下所持有的观点。没有这样的契约，也就不可能有沟通，而沟通是人类存在的核心要素。沟通的实现有赖于一系列普遍认同的规则或语法。"① 由于交往的天性加上在异乡的孤独感，新生代农民工对手机媒介有着很强的依赖性。根据调查问卷和访谈资料，笔者发现，新生代农民工每天花在手机使用上的平均时间为 3 个小时，可以看出手机媒介已深嵌于新生代农民工生活。"对于一个打工者来说，手机自然是重中之重，所以手机对我的影响最大，而且住的工厂宿舍只有手机，没有电视、电脑。在现代社会，我觉得每个人都离不开手机，手机对我各个方面也都有帮助，比如找不到路了，网上购物等都需要用手机。"笔者的访谈过程中，富士康陈 P 的言语揭示手机媒介手机已成为新生代农民工生活中不可或缺的部分，"手机的吸引力不仅仅是可以使人们随时随地收看、阅读其他媒介信息，还有如互动性、及时性、便携性等的特征，满足了人们多方面的需求，从目前来看还没有其他媒介可以与之媲美"。② 手机媒介不仅是新生代农民工的生活必备品，更在其社会认同过程中发挥着不可替代的作用。

第一节 手机媒介使用影响社会认同的三个阶段

泰费尔认为社会认同过程是通过社会分类（social categorization）、社会比较（social comparison）、积极区分（positive distinctiveness）3 个阶段建构起来的。手机媒介使用对新生代农民工社会认同的建构过程遵循着同样的路径选择。

---

① ［澳］迈克尔·A. 豪格、［英］多米尼克·阿布拉姆斯：《社会认同过程》，高明华译，中国人民大学出版社 2011 年版，第 2 页。
② 秦艳华、路英勇：《全媒体时代的手机媒介研究》，北京大学出版社 2013 年版，第 19 页。

一 社会分类

社会分类是将对象、事件和人加以归类的过程。对客观事物进行分类是为了更好地理解它们，同样，人们将人（包括我们自己）分类也是为了更好地理解社会环境。从某一个特定内群体的角度讲，诸如"刻板印象"其实正是分类的结果，是人们通过类别化做出相应思维判断的相对可靠的标准。根据调查问卷和访谈资料，笔者发现新生代农民工在社会分类时将自己定位为农村人成为一种普遍现象。新生代农民工很清晰地将自己定位为农民工、农村人、外地人，而在描述市民时其用得最多的词汇为"他们""城里人"，由此可见，新生代农民工很清晰地将自我与市民分类。如下的访谈案例很好地阐释了这种社会分类。

胡L，家中独女，21岁，家庭住址为河南省南阳市西庙岗乡。家庭成员为父亲、母亲。因高考成绩不理想，选择外出打工减轻家里负担。胡L之前在广州的饭店做过服务员，因为广州社会秩序比较乱而且家人感觉离家太远所以返回省内，目前在郑州二七区一家鸡排店工作。

胡L家就是农村的普通家庭，其父在乡里的初中当老师，工资也不高，现在身体也不好，前段时间刚来郑州看病。胡L的母亲没有工作，家庭妇女。胡L是独生子女，家里压力不是很大。刚开始父亲也不同意她出去，但是后来他看女儿实在是不想去上学就同意了。胡L目前在鸡排店当服务员，月工资2300元左右。胡L住在亲戚家，没有掏住宿费，一个月水费电费出一点，再加上吃饭买东西，一个月可以攒大概1000元。胡L的工资收入处于温饱线之上，如果每个月省着点还能多存些钱。

胡L一开始不是在郑州工作,而是受亲戚影响,流动到郑州。她以前是跟着几个同乡去的广州,在广州的一个饭店当了一年的服务员。胡L在和她的表姐一起逛街时看到这家店上贴着招聘启事,然后就来工作了。对于现在的工作,胡L不是特别满意,尽管老板挺好的,但这家店的生意不是很好,她不是很想接着干下去,想找一个比较安稳的工作。

胡L平时工作不忙就用手机上网玩,她最喜欢的是手机和网吧,从来没有听过广播,这里也没有报纸和电视。平时不忙时和晚上回家后就玩玩手机,一天下来使用手机3个多小时。用手机主要玩QQ,看微博、微信、电视剧,给家里打电话。胡L说她看的新闻都是QQ上面推荐的新闻,大部分都是关于娱乐的新闻。不过这些新闻有的可信,有的不可信,胡L没有参与过新闻互动,但是经常看别人的评论。胡L在微信、QQ上很少添加好友,加好友的标准是只加认识的人,陌生人从来不加,因为不安全也没意思。好友里面同学比较多,和同学聊天是胡L放松的一种方式,在她通信录里的本地人就老板一个,但是因为老板是本地人,她是外地人,胡L因为自己外地人的身份,老是感觉和他们本地人不一样,因此她和老板很少聊天。胡L在微信上关注的大部分是关于家乡的话题,她坦言在郑州没有家,做啥事都没有底气。因此,假如她的权利或者权益受到损害的话,应该不会选择用手机这种媒体讨公道争取自己的权益,因为觉得网上所有东西都有点虚(假)。

现实生活中,除了自己的老板,胡L不跟本地人交往,她平时不怎么和在郑州的同学联系,"毕竟人家上大学了,我在打工,觉得有点丢人吧。"胡L有点自卑,"我没有听过郑州市民对我们这种流动人口的评价，不过我想应该是嫌我们流动人口多吧，郑州真的是太挤了，人多车也多。"但是在工作和生活中，胡 L 说本地人和外地人待遇什么的肯定不一样，毕竟自己不是郑州本地人，不过她没有因为外地人的身份受过歧视。至于集体活动，在郑州只参加过店里的聚餐，认识的本地人太少了，而且人家有自己的圈子，举行什么聚会是不会让自己去的。在郑州没有什么归属感，在这没有家，没有安全感，胡 L 说城市人的圈子她融不进去。

胡 L 承认自己是个农村人，生在农村、长在农村，这个是改变不了的。她感觉农村人和城市人的区别在于眼界，农村人接触到的东西不多，眼睛看到的也只有那么一点。城市人见多识广。还有城市人都比较忙，没有闲功夫去说别人的闲话。当别人称呼她为外地人时，没啥不乐意的，自己就是外地人，每天晚上都给妈妈打一个电话，话说的不多，知道家里没事，家里知道自己平安就行了。胡 L 说还是喜欢老家的生活，安静、空气好，人也不是那么多。家乡比郑州干净，郑州有点脏，空气也不好。现在报道都说国家重视农民工、外来务工人员，自己感觉不是很真实，反正没有感受到重视。如果有机会向政府提出建议改善外地务工人员的生存状况，胡 L 说会用手机反映。

从访谈可以看出，无论是在郑州打工 10 年左右还是刚来郑州一两年，新生代农民工无一例外地将自己定位为农村人和外来务工人员，"如果缺乏积极的个人同一性，人们往往会通过认同某一群体来获得自尊"。[①] 新生代农民工的这种自我定位，其实是自我保护的反应，是建构自尊的需要。"我们在评价自己的时候，

---

① ［美］戴维·迈尔斯：《社会心理学》，侯玉波、乐国安、张智勇等译，人民邮电出版社 2006 年版，第 257 页。

会部分地依据自己的群体成员身份。拥有一种'我们'的感觉能增强我们的自我概念。我们不仅在群体中为我们自己寻求尊重，还在群体中寻求自豪感。而且，认为我们的群体比较优秀，有助于让我们感觉更好。"[1] 由于地域陌生化与信息的单一性，新生代农民工认同外来务工人员这个群体，并且对不属于自我的群体有种排斥和疏离感。笔者访谈了郑州市二七区锦荣商贸城卖服装的郭某，她今年24岁，当我们问到"你现在觉得你是郑州人吗？"，她毫不犹豫地回答"怎么可能是郑州人，我是一个在这儿生活的外来人"。"当我们的群体相对于外群体而言规模较小、社会经济地位较低的时候，我们就更容易表现出内群体偏见。当我们属于一个较小的群体，被一个较大的群体包围时，我们同样也会意识到我们的群体成员属性；当我们内群体是多数派时，我们倒不怎么容易想到它。"[2] 新生代农民工收入低微，所从事的职业劳动环境和就业条件比较差，因此在与市民群体进行对比分类时，他们自觉构成对自身群体的认同，这种定位的积极之处在于有利于新生代农民工加速在陌生城市中的群体认同，有利于其在自我群体中构建积极的社交网络。其负面影响在于，新生代农民工的这种自我认同，加上对城市市民的刻板成见，在日常生活和交际网络中，他们自觉屏蔽掉市民社交圈，认为城市人有自己的圈子，对城市市民有着天然抗拒自我的想象。这种封闭与自觉隔离不利于新生代农民工开展积极主动的日常交往，不利于新生代农民工获得城市信息资源，不利于新生代农民工社会共识的构建，同时也会拉大新生代农民工与市民之间的信息鸿沟。

---

[1] ［美］戴维·迈尔斯：《社会心理学》，侯玉波、乐国安、张智勇等译，人民邮电出版社2006年版，第257页。

[2] ［美］戴维·迈尔斯：《社会心理学》，侯玉波、乐国安、张智勇等译，人民邮电出版社2006年版，第258页。

笔者在访谈中发现，新生代农民工的手机社交软件里比如微信、QQ等里面的好友，大多是一起打工的工友或者老乡，本地人所占比例不到5%，而且在这个比例中，新生代农民工添加市民为好友很多是因为利于自身职业发展或者工作需要，而非出于交往的意愿。相较老一代农民工，新生代农民工对新媒体技术接受和掌握的速度更快，"大众传媒和通信技术的进步使他们能够更迅捷地接受现代文明的熏陶，形成多元的价值观与开放式的新思维，成为城市文明、城市生活方式的向往者、接受者和传播者"。① 囿于社会分类中的自我隔离，不利于新生代农民工融入城市交往网络，不利于其信息的获得。手机媒介的匿名性与隐蔽性有助于新生代农民工摒弃固有成见，积极参与到虚拟空间的社交网络中，有助于其对市民群体的认同与接纳。

二 社会比较

泰费尔认为群体间的比较是群体成员获得积极认同的重要手段之一。人们倾向于把自己所在的群体与其他群体在权力、声望、社会地位等方面进行比较，以积极的特征来标定内群体，同时用消极的特征来标定外群体。通过对内群体和外群体差别化的比较和评价，一个人的自我评估能够获得提升；反之，如果他不能获得满意的社会认同，就可能离开其所属群体或力图使自己的群体变得更好。② 但是，这种比较也会产生相对的剥夺感。笔者在做调查问卷和访谈时发现新生代农民工在进行社会比较时，在

---

① 全国总工会新生代农民工课题组：《关于新生代农民工问题的研究报告》，《工人日报》2013年6月21日。
② 雷开春：《城市新移民的社会认同——感性依赖与理性策略》，上海社会科学院出版社2011年版，第36页。

与内群体比较时，新生代农民工还是比较满意，而在与外群体——市民进行比较时，新生代农民工的心理剥夺感较强。笔者访谈的在郑州富士康打工的吕LJ夫妇就是一例。

吕LJ，1989年生，汉族，河南省濮阳人。初中未读完便辍学打工，在郑州待了3年，现租住在郑州富士康电子厂旁的房子里。她在富士康里主要是做流水线上的工作，每天正常情况下工作8个小时，每月有3000多元的收入。在到郑州富士康打工之前，她也奔波过几个城市，在广州那边的富士康打工。

强哥，吕LJ的老公，1987年生，河南省通许县人，初中即辍学回家，他在工地打过零工，也到过饭店给人洗碗，在南方打工期间结识吕LJ，后两人结婚生子，随后一起回郑州富士康。强哥跟人合伙在郑州富士康工厂附近开了一家按摩店，因为是刚开业，生意不是很好。吕LJ家总共十口人，有两个儿子，大的6岁半，小的5岁，都在老家上学，由公婆照看。家里总共7亩地，主要是公公婆婆在家干着。吕LJ的孩子是名副其实的留守儿童，每每提起孩子，吕LJ总觉得对不住他们，所以每次回家，她和老公都会带很多吃的玩儿的，希望尽可能让孩子享受到父母的爱。吕LJ说每次回家，走的时候，孩子哭得泪人儿似的，她也哭，但没有办法，在外打工也都是为了他们，农村两个男孩，上学、娶媳妇要很多钱，单靠她老公一人打工是难以支撑的，她只有忍痛与孩子分开，外出打工。

他们一家也想过让孩子来郑州，想着让小孩在城里上学，想让孩子接受好的教育，但因为没有城市户口，孩子就不会有学籍，就不会有好的学校接收孩子，再则不像城市人有稳定工作，有稳定收入，他们收入不高，买不起房子，接孩子来身边上学是不切实际的想法。她觉得城市和农村的区别在于教育，整体素质可能比农村好。吕LJ认定自己是农村人，那么对于别人如何看自己，如何称呼自己觉得无所谓，相反，她很乐意让别人知道。

吕LJ从没订购过报纸，平时闲的时候会看手机，主要是上网，看一些郑州的新闻，关注一些时事和社会新闻。她每天上网大概5个小时，主要是喜欢熬夜。平时也会玩QQ、微信，好友挺多的，有二三百人，但聊天的不多。"谁没事儿天天跟你闲聊啊，"吕LJ说，"况且，我每天也很忙。"她的娱乐消遣方式不多，她说富士康人的娱乐方式都很单一。累了一天回家，可能会玩会儿小游戏放松一下。微信或者QQ上有一些推送的新闻，但很少看，对于一些杂七杂八的报道，吕LJ更是厌烦，她觉得那些新闻都是瞎掰，真实性不大。尤其是娱乐新闻，说得五花八门，也没有亲眼见，所以那些新闻她从不看，没有参与过互动，对于社会新闻、时政新闻，还可以相信。

吕LJ从两年前开始做微商，所以，她一方面积极加别人，无论陌生人还是熟人，另一方面对加她的人也是来者不拒。但她的微信、QQ里更多的是同学、同事、老乡、亲人，也有一些本地人，但极少和他们聊天，只是偶尔有需要可能会聊一下，比如工作上的事情，等等，但和市民说话方面肯定有所不同，因为环境不一样，想法也不一样。她觉得，这座城市，灯红酒绿，很繁华，很热闹，但热闹是他们的，自己脱离于城市之外，只是在热闹之外观望，看着那一群人以他们自己的方式笑和闹，而从未走入。她尽管在城市生活多年，但感觉自己还是农民，感觉农村人不比城市人低一等，她自己更喜欢农村，至于会不会改变自己的身份，吕LJ说，需要看自己能力了，在她看来，做农村人也好，城市人也罢，各有利弊。事实上她不想把户口迁到郑州，感觉不安全。毕竟根在农村，那里有她关心的人和关心她的人。她与老家联系紧密，农村其实主要土多，别的感觉比城市好，空气好，环境好，在家比较自在，有时候出发时感觉不想离开，孩子在家，舍不得。她也说不上来郑州和家乡到底有什么不一样的感觉，可能在思想观念上不同，她觉得有一点不同的是，农村家里经济条件都差不多，但城里不一样，城里经济条件差距非常大。对她而言，更喜欢农村。

新生代农民工融入城市后，迫切需要的是如医疗、保险等制度保障，由于制度性的缺失使其在与市民进行比较时充满了失败感与挫折感。笔者访谈过郑州个体户冯某，在郑州工作了十多年，他时刻感受着与市民的不同，比如在医疗、养老方面，新生代农民工享受不了本地市民这些保障与福利。冯某曾经试图解决这个事，但后来得知受户籍所限只得放弃这些保障，因此他和家人生病住院都是自费，无从享受优惠报销。笔者访谈的另一人是生于1991年的、在郑州开眼镜店的王某，他感觉自己跟本地人在各方面还是有差异的，比如在生活保障、待遇等方面的区别还是很明显的。尤其是他的亲戚虽然在郑州买了房，但在医保等方面依旧和本地人有些区别，所以他放弃去打听医保、社保的念头。

"通过社会比较，我们了解了自己，获得了关于信念真实性和有用性的信心。也就是说，我们做社会比较的动机是为了要确认我们对于自身、他人和整个世界的感知是正确的。……人们力争坚持他们自己的群体的观点，并且以跟其他内群成员相同的方式看待这个世界；内群感知被积极地评价，因为它们提供了'真实的'理解。事实上，我们可以进一步揭示出，人们通常倾向于积极评价内群的所有刻板化特质（我群中心主义现象），因为这些特质将一个人所赞同的共识与他所不赞同的共识区别开来。"[①] 从访谈案例可以看出，新生代农民工在把自己和市民群体进行比较时，无一例外地认同农村人品质朴实，从吕 LJ 的手机媒介使用可以看出，新生代农民工认同的是自身群体，其交往对象依然是有着相同经历的农民工群体。但是和外群体——郑州市民交往的不多，而且在交往中顾忌较多。同时，现实生活中新生代农民工与内群体工作、生活在一起，心理感受很平衡，"在 LJ 姐的工作中，她觉得自己与本地人相比，在待遇、保障方面没有什么区别。在富士康，所有员工待遇一样的，医疗、教育啥的没有说特别有差别待遇"。"因为我们有社会同一性，所以我们服从于我们的群体规范。我们为团队、家庭和国家牺牲自我。我们可能不喜爱外群体。我们的社会同一性越重要，我们就越强烈地感受到对群体的依恋，面对来自其他群体的威胁，我们的反应就越充满偏见。"[②] 所以，在访谈新生代农民工这个群体时，发现其对自身所属群体有着强烈的认同感，在构建城市关系网络时，认为自身所属群体是其中最牢固的一环。但是在和市民待遇相比较时，这种认同就发生了变化，心理产生很强的相对剥夺感。新生代农民工基于自身阅历和切身体验，对子女受教育的期望都非常高，但受户籍影响，以随迁子女教育和社会保障为主的基本公共需求难以满足，是影响其在城市长期稳定就业和生活的现实性、紧迫性问题，后代子女教育机会的匮乏使其日常充满了挫折感与无力感。"他们一家也想过让孩子来郑州，但是觉得还是不切实际，有硬性条件限制，比如说学籍。""社会制度对偏见

---

① ［澳］迈克尔・A. 豪格、［英］多米尼克・阿布拉姆斯：《社会认同过程》，高明华译，中国人民大学出版社 2011 年版，第 29 页。
② ［美］戴维・迈尔斯：《社会心理学》，侯玉波、乐国安、张智勇等译，人民邮电出版社 2006 年版，第 258 页。

的支持往往来得不知不觉。一般说来，它们并非故意要压制某一群体。更多的时候，它们只是反映了理所当然的文化假定。"① 因制度设计的障碍使新生代农民工在认同方面遇到挫折，而政府有利于新生代农民工的制度设计难以在畅通的信息渠道为他们获得，由于和市民待遇不一致，导致吕 LJ 们产生不想融入这个城市的想法，在心理上也会产生对市民群体的疏离感，她和本地人偶尔有交集，但并未和本地人建立很深的感情，"自己有什么困难，可能还是会找自己的好朋友，他们比较亲"，而且相对她多年的务工经历，更认同自己所在的农村，认同一起打工的农民工，并且给予农村很高的评价，"人们倾向于积极地描述自己的群体，以便于能够积极地评价自己"。② 所以她得出了"城市人感觉让人不是实实在在的，没有农村人老实，心眼多"的结论。但是由于她在城市打工也看到了城市与乡村的一致性，"城市人多，鱼龙混杂，大家都一样，跟老家人也都一样，即使打工在外很多年但是回家还是差不多"；"所有认同都在一套社会关系内构建起来，并要求与其他认同相互认知。不应把认同……看作个'事务'，而应看作'关系与表述的体系'……维系一者的认同是……一个持续重组的过程，而不是个己之物，在此过程中人们一再纠缠于自我认同和确认差异这两个构成元素……"。③ 作为城市新移民的新生代农民工，受城市认同与乡村认同二者张力的影响，自我认同与确认差异贯穿认同建构的始终。

---

① ［美］戴维·迈尔斯：《社会心理学》，侯玉波、乐国安、张智勇等译，人民邮电出版社 2006 年版，第 255 页。
② ［美］戴维·迈尔斯：《社会心理学》，侯玉波、乐国安、张智勇等译，人民邮电出版社 2006 年版，第 257 页。
③ Schlesinger, "On national identity: some conceptions and misconceptions criticized", *Social Science Information*, 1987, 26 (2): 219 – 264.

三 积极区分

积极区分（positive distinctiveness）：在比较内群体与外群体时，给予自己心理上所属的群体以积极正向的评价，而和那些与自己信仰及观点不一致的外群体（心理上对抗的群体）保持距离，以满足个体的自尊需求，并巩固对群体内的社会身份认同。如无法实现这一积极区分，自尊需求得不到满足，社会身份认同就会受到挫折，就有可能产生相应的群体内自我激励策略和群体间偏见、敌意或冲突扩大等危机。个体为了满足自尊或自我激励的需要会突出自己某方面的特长，使自己在群体比较的相关维度上表现得比外群体成员更为出色，这就是所谓积极区分原则。

邓XC，1990年出生，苗族，农业户口，贵州省六盘水人，未婚但有未婚妻和3个孩子。他是小学文化水平，现居住在河南六建建筑工地旁边租的房子里。2006年邓XC随着亲戚到了郑州。

邓XC在工地附近开了饭店，饭店里摆设极为简易，就是在一个空屋里摆了3张桌子和十多个圆的铁皮凳子。邓XC个头不高，面相和善。他的未婚妻在家带孩子，全职妈妈。父母在家务农，守着祖上留下的四亩地。邓XC很重视自己的土地，他说，对农民来说必须有地。邓XC是家里的顶梁柱，全家人的生活都指望着他，他说他得拼命挣钱，现在一家人每月的生活费和房租8000多块。最让他头疼的是房租，他们一家租在两室一厅的房子里，每月付600块钱，只是由于郑州到处拆迁，他也到处搬家，单是2015年就搬了3次，现在他居住的地方也要拆了，他还要考虑重新找房子，将来只有租住到小区了，那样更贵了。邓XC叹了口气。

除了经营那个他说效益不好、挣不到钱的小饭店，邓 XC 还是个小包工头，他们的主要工作是"外架"（盖楼房时需要搭的架子），工程的进度、质量，以及开工之前的周密计划，工程可能出现的问题、隐患及想到的对策等等这些都要他这个包工头去思考，因此，邓 XC 所有的时间都在工作。娱乐对他来说是个奢侈，但他雷打不动地来看"壹周立波秀"，这是他比较喜欢的节目，他说有时候会想着通过这个栏目说一下自己的生活与不易，但又觉得自己文化水平低，怕说不好，所以打消了念头。生活不易，常年远走他乡，拼命打工挣钱，养家糊口，艰难度日，口才不错的邓 XC 一一道来，但他自嘲自己有阿 Q 精神，觉得待遇上他们几个外地的要比那些本地的等活儿的人要好很多，所以每天都会乐观工作，开心生活。十年的异乡打工历程，早已让他们一家人习惯了这里的一切，普通话慢慢变得标准，甚至会说郑州方言。让他觉得很好的是郑州这边的医疗、教育等方面比老家优越很多。

聊起媒体等有点潮流、前卫或者用邓 XC 话来说"高科技"的东西，他总是有点尴尬，说自己不太懂，因为小学都没毕业，大字不识几个等之类的话，但说起兴趣，可能最喜欢电视，因为他觉得眼睛看到的更加真实，有画面呈现，至少是自己看到的，"耳听为虚、眼见为实"总是有一定的依据。但这只是他个人感觉，"说不定也有作秀的成分"，他笑了笑说。媒体可以被看作学习的平台，开阔眼界的渠道，基于此，邓 XC 只要有时间就会看看微信上推送的腾讯新闻，有需要的时候还会百度。与其他很多"90 后"不一样，他不喜欢玩游戏，觉着打游戏是很无聊的行为，他也会偶尔看一下报纸，但对于推送的新闻，觉着会有好有坏。通过媒体影响到他的案例是关于电视上一些捐赠、慈善等类的新闻，那时他还是童工，看到慈善新闻，便贡献了自己平时的零花钱，他觉得这不是热心，只是觉得有必要向需要帮助的人伸出援助之手。见到需要帮助的人一定要帮助。所以他也坚信新闻会传递正能量，但很少在看新闻的时候互动，据他讲，他给一条新闻写过几句评论，因为当时那条新闻讲的是关于农民工的事情。邓 XC 有自己加好友的标准，他会选择加更多的熟悉的同事、朋友之类的，加他们主要是为了方便联系，70%多都聊得来，主要聊一些工作方面的问题。当然他的好友里面有一些是本地人，大都是同事，而那些长期没联系，相互没有共同话题的好友几乎都删了，所以在加好友方面他都是挑聊得来的。

当问到有没有想过会利用媒体争取利益时，邓 XC 忙摆手，"觉着不现实，觉得自己实力太渺小"，他甚至认为利用媒体反映利益诉求会交给对方一定的费用。2015 年的一个晚上，他莫名被人打了一顿，被打后他立即报了警，派出所送他到卫生院治疗，当时对方到了那儿三言两语把派出所打发了，当时"自己只能忍着，因为强龙还压不过地头蛇嘞，人在屋檐下不得不低头，只能得过且过"。

邓 XC 说会跟本地人交往，家里人都觉着他们接触的那些本地人还是挺不错的，他还曾经向一个本地人借过钱。他跟本地人还算相处融洽，他们大部分是好的，很少出现矛盾。但产生过一次冲突，是在工地上发生摩擦，但这次使邓 XC 处理此类事件在观念上发生了重大改变，"以前的话对方武力自己也武力，但现在不会了，现在会忍着，尽量不惹是非，态势严重的话公司会解决，过年时候如果公司拖欠工资，矛盾闹大了时会上访，到劳动局，新闻也报道过"。在对事物认知还有生活习惯上，本地人与外地人存在着很大的差异。

"农村人始终是农村人，改变不了，"邓XC说。他认为自己还是农民，而且成为城里人的希望不大，可能打一辈子工在城市也买不起一套房，而且他觉得城里人也有过得很艰难的，甚至有的更可怜。但令他犹豫的是城市毕竟硬件设施比较齐全、先进，无论是交通、医疗还是教育等都比农村强了很多。他的饭店里每天进进出出的都是他的工友。他愿意别人称自己农民工，愿意让别人知道自己来自农村，因为在他看来事实就是事实。邓XC喜欢老家的生活，那里的语言、环境、生活习惯、衣着服饰等各方面都与郑州有很大差异。他想过郑州的模样，也通过电视看到过郑州的高楼大厦，"很繁华，来了之后觉得比之前看到的更好"，这是令笔者非常诧异的回答；而10年的生活，使他早已适应了郑州生活，就像这座城市有巨大变化一样，他认为自己也变了很多，或许自己社会经验更丰富、经济收入高了一点；或许为人处事考虑更加周全，人际沟通方面不再支支吾吾；也通过媒体使自己观念发生了一些变化，比如不会再和别人比穿名牌，比消费，而是遵从自己的实际需要。

工地上娱乐活动一般很少，所以附近一有活动，他就积极参与，愿意参加各种活动，无论是城里人组织，还是农村人组织，他认为应该更注重活动本身的参与感。只是有时候邓XC会思考，会出现一种矛盾心理，一方面他想改变自己身份，但是另一方面自身能力水平达不到，文化程度低，乐观的想法是认为自己还是有可能成为郑州市民的，主要是钱的问题，这是很现实的问题。问他对于电视等媒体上对于农民工的报道是否真实时，他有点迷惑的样子，认为可能只有部分真实，即使有画面的电视，可能也会有作秀的成分。但他觉得国家确实也有为农民工考虑一些利益和需求，但有时候保障不了。他想过用媒体，但却不了解使用途径。至于政策公平上，他认为政府在制定优惠政策上不存在歧视态度。

关于未来，邓 XC 是比较纠结的，一方面自己工作压力大，3 个孩子使他更加焦虑以后的生活。在当下的生活环境里，他有家，有安全感，却依旧觉得无自己的立足之地。他想着如果慢慢有个好的生活环境，自己再把餐馆发展得好些，可能会继续留在郑州，毕竟郑州已然成为他的第二故乡。

从访谈可以看出，邓 XC 在务工之地生活时间已久，慢慢融入这个城市，尤其是在语言方面，"十年的异乡打工历程，早已让他一家人习惯这里的一切，普通话慢慢变得标准，甚至会说郑州方言"。"我一直都把语言当作某种社会组织原则来考察，认为它使独特的人们社会成为可能。"① 语言是认同的一个重要的标志，新生代农民工邓 XC 脱离了家乡语言的使用语境，在打工之地使自己语言发生改变，普通话逐渐标准，甚至学会了所在地的方言，这是一个日常的惯性习得，也是一种心理认同的象征。借于此，邓 XC 的地域认同逐渐构建，并在思想上融入城市。在积极区分上，邓 XC 的区分是在群体内和群体外同时进行，表现在群体内，他自我定位为农民工，只是他认为自己属于打工者中的佼佼者，自己带着工人干活，比那些等活儿的农民工要强些，表现在群体外，他通过自己的日常经验比较另一个群体——郑州市民，发现市民过得也不容易，甚至有的过得很艰难，生活还不如这些城市新移民——新生代农民工。这种积极区分使邓 XC 的社会认同建构相对容易。在整个访谈过程中，新生代农民工对于自己所属的群体内认同感很高，郑州市二七区新建街个体户冯 QJ

---

① ［美］乔治·赫伯特·米德：《心灵、自我和社会》，霍桂恒译，北京联合出版公司 2014 年版，第 287 页。

已经在郑州生活十几年了，而且买了两套房子，"感觉自己还是农村人，他觉得农村人没什么不好，农村人更实在，但无论城市还是农村，都有好人和坏人之分，坏人是相对于好人来说的。只是城市物质生活、精神生活要求相对高，医疗、教育什么的比农村好很多"。"当人们认同某一社会类别或身份时，便会把自己看作该类别的成员，而不是一个独立的个体。同样，当人们把他人认同为某社会类别后，便会把他看作该类别的成员，而容易忽略他与同一类别成员的不同之处。"① 新生代农民工认同自我群体，认同打工者农民的身份，并且有着一致的乡村地域认同，他们都认为农村农民非常好，都是出于经济原因不得不外出挣钱。而对另一个群体——市民他们的评价褒贬不一，什么人都有他们的托词，在与当地人发生冲突时，新生代农民工都是抱着息事宁人的态度，不会选择用媒体或者在手机微信圈内去为自己争取利益，因此很难从心理上真正融入城市。对此雷开春这样论述："经过认同后，人们容易夸大类别成员间的相同，而忽视他们之间的不同处，并将不同的刻板印象化加诸内外群体成员之上。同时，人们还容易对受到负面评价的社群在态度上产生偏见，在行为上做出歧视，有些社群（如同性恋者、艾滋病患者）甚至会受到污名化的威胁。"②

笔者访谈的另一位富士康的陈P，"她与本地人关系维持的还可以，只是偶尔会感觉有些本地人有点瞧不起人，有时候看自己的眼神感觉不太友善，她还给我举了个例子。前几年她在郑州卖衣服的时候，看衣服的人问衣服上的英文标识是什么，而陈P本

---

① 雷开春：《城市新移民的社会认同——感性依恋与理性策略》，上海社会科学院出版社2011年版，第39页。
② 雷开春：《城市新移民的社会认同——感性依恋与理性策略》，上海社会科学院出版社2011年版，第39页。

身上学少，识字都还有限，更不必说英文，有时候懂不了那么多，他们看着你就感觉那种瞧不起的感觉。觉得他们认为自己就是个打工的，自己就得给他们服务，一种居高临下的感觉，对于是否想过融入城市，她想了一会儿，最终还是摇了摇头，觉得自己和这所城市没有交集"。由于新生代农民工认同自我的群体，所以容易将刻板印象加诸另一个群体上，某种程度上这也是作为城市新移民——新生代农民工面对优势群体——市民产生的自卑心理，这种给当地人标签化的做法不利于新生代农民工与当地人的交往互动，不利于社会认同的构建。从访谈中笔者发现，作为新生代农民工对于自己心理上所属的群体给予积极评价，"重情义""讲义气"是新生代农民工的自我标签。同时在积极区分的驱动下，部分新生代农民工已经建构起较好的社会认同，如邓XC通过对电视节目和日常新闻的关注，产生了参加娱乐节目的文化认同，同时他高度评价自身工作从而获得了职业认同，改讲普通话甚至方言获得了地域认同，在比较区分内群体与外群体时，给予自己心理上所属的群体以积极正向的评价，而对市民群体颇有微词，从而获得个体的自尊满足，从他参与慈善捐款、向市民朋友借钱可以看出其城市融入程度相当高，通过这种积极区分，邓XC不仅巩固对群体内的社会身份认同，而且建构新的社会认同。

第二节 手机媒介使用对新生代农民工社会认同的意义

一 提高自尊

自尊和他人的尊重，给了人们积极的自我评价和情感体验，是个体发展向上的内在动力。泰费尔[①]提出，人们建立社会身份，是为了通过所认同的社群提高自尊。在自尊和社会尊重的驱动下，人们往往通过社会流动、社会创造与社会竞争来积极建构群体身份。"低自尊的人更容易出现扰乱、焦虑、紧张、孤独、饮食障碍等心理症状，丧失自我控制，甚至在抑郁、滥用毒品和各种形式的行为过失方面临更多的风险。高自尊则有利于培养主动、乐观和愉快的感觉。当发现自己高傲的自尊受到威胁时，人们常常会以打压他人的方式来应付，有时甚至是以暴力的方式反应。"[②]

社会认同理论认为，人们追求群体身份的动力可直接归因于自尊的需要。作为城市新移民的新生代农民工在进入城市时，由乡土社会中的熟人社会进入城市的陌生人社会，手机媒介成为新生代农民工顺利融城、提高自尊的路径选择。首先，新生代农民工借助这一介质了解乡村的信息同时建构城市的人际关系网。"手机媒介使得现代传播具有两大基本功能：一方面是促进传播个体自由、便捷地发布新闻信息；另一方面是使每一位社会成员都有了信息传播的机会。"[③] 当代社会"人人皆媒体"已经成为现实，个体都拥有了传播和接收信息的能力和机会，新生代农民工借助手机和家乡建立联系，了解乡信息获得心灵慰藉，在城乡比较中获得在城市打工的动力，在凭借个体能力满足和提高家人

[①] Tajfel, H., "The Social Identity Theory of Intergroup Behavior", In Worchel, S., Austin, W. (eds.), *Psychology of Intergroup Relations*, Nelson Hall: Chicago, 1986. 转引自陈纪《社会认同视角下多民族社区和谐民族关系建设研究——以天津市H街道为例》，《西南民族大学学报》（人文社会科学版）2012年第10期。

[②] ［美］戴维·迈尔斯：《社会心理学》，侯玉波、乐国安、张智勇等译，人民邮电出版社2006年版，第46页。

[③] 秦艳华、路英勇：《全媒体时代的手机媒介研究》，北京大学出版社2013年版，第146页。

生活中获得自尊。同时，手机媒体的交友软件使新生代农民工和城市市民交往具有可能，笔者访谈的在婴儿洗浴店打工的27岁的李L说，"我经常往家（老家）打电话，知晓家里人一切都好，知晓俺村的一般人没有我收入高，心里真的很有满足感，不管咋说，咱的收入能提高家里生活水平，让孩儿上得起学"，"我和很多客户都成了朋友，没事在手机的微信上、QQ上聊聊天，他们孩儿大了不来游泳了，有的还来我这儿坐坐，咱也是实诚人，所以他们也看得起咱"。手机媒介的使用连接了城乡，并使新生代农民工在城里的扩大交往具有可能性，这在无形当中提高了他们的自尊，增强其对职业、地域等的认同感。

其次，借助手机媒体新生代农民工减弱"沉默的螺旋"效应，争得人际传播时的话语权，提高他们在人际交往过程中的自尊。根据冯·诺依曼的"沉默的螺旋"理论，大众传播中舆论形成是"意见气候"的压力作用于人们害怕孤立的心理，强制人们对"优势意见"采取趋同行动这一非合理过程的产物，在此过程中，意见的表明和"沉默"的扩散是一个螺旋式的社会传播过程，但是手机媒介的使用减弱了这种影响力，手机媒介的传播主体之间的关系是平等的，而且传播主体泛化，各个不同的个体、不同的社会群体和社会阶层都能发出声音，手机媒介信息传播的私人化、隐秘性特征，同时"把关人"的缺失，使人们对于事件的发表更大胆，这在一定程度上就大大减弱了"沉默的螺旋"理论中"意见气候"压力下恐惧孤立的心理，手机媒介交互式的直接传播，使趋同行动难以发起[1]，手机媒介的使用赋予新生代农民工话语权，使其可以在匿名的状态下在虚拟社群中畅所欲言。

---

[1] 秦艳华、路英勇：《全媒体时代的手机媒介研究》，北京大学出版社2013年版，第97页。

这种交流自信从虚拟延续到现实，手机媒体推送的新闻讯息又增加了新生代农民工谈资，与他者交流时可以建构起共同话语，这些在日常生活场景中增加了新生代农民工交往时的自信，提高了其互动与交流时的自尊。

再次，借助手机新生代农民工可以增加经济收入，从而提高新生代农民工的自尊。诚如马克思所言："经济基础决定上层建筑。"经济收入的增加，经济地位的提升，有利于新生代农民工自尊的提高。如笔者访谈的吕LJ，她利用手机做起了微商，所以，在手机联系人里她一方面积极加别人，无论陌生人还是熟人，另一方面对加她的人也是来者不拒。同时，她总会在朋友圈里发一些鸡汤，一来可以激励自己，二来也可以分享给别人。后来她又在微信上卖面膜，在这个过程中，她不仅增加了自己的收入，而且也扩大了交际圈，在城市中建构了自己的关系网络。这种做法满足了吕LJ自尊心的需要，也为其融入城市搭建了一个好的平台。"自尊是我们对于自己所作出的评价。高自尊的人对自己有着清晰的认识，对自己的评价很高，能够制定恰当的目标，用鼓励自己的方式来进行反馈，并能够成功地应对困难的情景。另一方面，低自尊者对自己没有清晰的认识，他们低估自己，常常选择不切实际的目标或者根本就逃避制定目标，对未来有着悲观的看法，对批评或者其他的负面回馈常有消极的情绪和行为反应，他们更关心自己对他人产生的社会影响。"[①] 手机媒介成为新生代农民工提高自尊的路径选择，"网络公共空间重塑人们的观念与意识，人与人之间的中心化、组织化的连接方式向情感、价值观等身份认同方式转变，其背后实现着经济资本、社会资本、

---

① ［美］S. E. Taylor, L. A. Peplau, D. O. Sears：《社会心理学》，谢晓非、谢冬梅、张怡玲、郭铁元等译，北京大学出版社2004年版，第101页。

文化资本的重新分配，实现着人的回归"。① 乡村信息的获得，城市人际网络的构建，虚拟社区中话语权的获得，经济地位的提高，这一切都促使新生代农民工高自尊的获得，从而获得积极的社会认同。

二 增加安全感

从乡村到城市，新生代农民工所处的物理空间和情感体验都发生变化，随之而来的是身份认同的变化，"身份认同的流动性，引发权力边界的模糊不清，带来权力时间与空间上的延伸，但同时也带来人们心理上的变化、不安全感以及我是谁等问题"。② 这种心理上的不安全感，降低新生代农民工对城市地域、文化等的认同。

在调查问卷和整个访谈过程中，笔者发现新生代农民工的安全感获得比较低，其原因一方面是制度限制导致的保障政策的缺失，另一方面是经济匮乏、无力安家的漂泊感，二者共同作用为情感的不安全感。在访谈新生代农民工与市民及当地人交往情况时，新生代农民工呈现出极大的不安全感，对市民怀有紧张戒备之心，郑州市高新技术开发区莲花街视康眼镜店1991年出生的王X，"在这所城市里，我是紧绷着不能放松的状态，跟周围人打交道也要小心谨慎，生怕说错了话，但是在老家就可以随心所欲，特别放松自在"。而吕LJ则称尽量不和当地人打交道，如果发生冲突了，也只能大事化小，小事化了，"因为是外地人，上班的，

---

① 师曾志、金锦萍编著：《新媒介赋权：国家与社会的协同演进》，社会科学文献出版社2013年版，第14页。
② 师曾志、金锦萍编著：《新媒介赋权：国家与社会的协同演进》，社会科学文献出版社2013年版，第11页。

也只能忍一时",安全感的获得,对于城市新移民的新生代农民工至关重要,是决定该群体是否愿意主观上融入城市的重要因素。利用手机媒介构建新生代农民工的社会认同是其获得安全感的重要途径,"社会认同让人们觉得自己清楚自己是谁,自己和自己认同的社群成员有哪些特征,其他人或社群又有哪些特征,有了这知识,人们便感到可以在社会生活中从各人的社会身份,预测各人的行为,并懂得如何与这些人交往。因此,社会认同可以降低在社会生活中的无常感,赋予人们一种在社会认知上的安全感"。[1] 新生代农民工利用手机媒体展开积极的认同行为,在某种意义上可以说是新媒体赋权的一种呈现。有学者指出,新媒介赋权可以从两个方面理解:一是社会的媒介化,对现有社会结构和社会关系的解构,这其中最重要的是它正在改变社会的权力结构;二是媒介的社会化,它重构着社会关系与社会结构。新媒介技术应用最重要的特征是交互功能的持续创新、整合,它在某种意义上是时空的一种延伸,总能在新的时空中超乎我们日常的想象,在日常生活中创造奇迹。[2] 而手机媒介无疑是媒介的社会化,为新生代农民工安全感的获得提供了两种路径:其一是建立积极有效的交往圈,手机媒介的虚拟社区为逃避现实生活,内心充满不安全感的新生代农民工提供情绪出口,其安全感可以在虚拟网络中部分获得,比如访谈中的眼镜店的王 X 自述,其生活中与当地人的交往不多,但是微信上有几个交流比较频繁的本地人,由于在微信上畅所欲言,大家成为没有见过面的朋友。有次店里来了个闹事的,他在微信上求助,很快微信上的朋友赶来,帮他摆

---

[1] 沙莲香:《传播学——以人为主体的图像世界之谜》,中国人民大学出版社 1990 年版,第 130 页。
[2] 师曾志、金锦萍编著:《新媒介赋权:国家与社会的协同演进》,社会科学文献出版社 2013 年版,第 12 页。

平了这个事情,他突然间获得了从来没有的安全感。"人们选择技术与媒介,本来就是为了实现自我。认识社会、认识世界,媒介不仅是人类拓展生理感官认知的途径,还要以此来满足自我精神的需求,在信息的相互对应、平等互动中实现主体身份的确认。"① 通过手机媒体上的虚拟社区,新生代农民工实现情感上的延伸,建构起良好的社交文化圈,这种虚拟呈现为现实的可能,参与者进而获得情感与现实经验上的安全感。

其二是发出声音,实现权利的被保障。新生代农民工在异乡之地,权利受到侵犯时,他们中的大多数选择了沉默与忍让。但这种情绪累积到一定程度往往会有极端行为表现,这也是"农民工为讨薪爬吊桥""农民工堵路为讨薪"的新闻屡屡发生的重要原因。当笔者在访谈是否利用过媒体呼吁争取自身权益时,新生代农民工都在否认媒体帮助的可能性,感觉媒体能提供的帮助都是虚的,而且不一定对自己的帮助感兴趣,有学者已经意识到这种缺位的后果,"当面临情绪心理困扰时,排在最后的求助对象才是政府机构、社会组织和大众传播媒介"。这种缺位,使城市社会不容易发现该群体隐含的各类心理问题,而且缺乏合理有效的组织渠道来帮助他们疏导心理心态危机。而一旦忍无可忍,就容易诱发危害自身心理健康乃至社会安稳的恶性事件。② 在这个过程中,手机媒介的使用不失为一个重要的渠道,伊尼斯在论及传播与社会的关系时认为,如果一种媒介很容易被普通人接触到,它很快就会被民主化。③ 笔者在访谈时发现,在面对通过何种途径能争取到权利或者向政府反映问题时,新生代农民工都选

---

① 秦艳华、路英勇:《全媒体时代的手机媒介研究》,北京大学出版社2013年版,第81页。
② 袁靖华:《边缘身份融入:符号与传播》,浙江大学出版社2014年版,第119页。
③ [加]哈罗德伊尼斯:《帝国与传播》,何道宽译,中国人民大学出版社2003年版。

择了手机,他们认为手机可以迅速地把自己的声音传递出去,访谈中菜市场上以卖鱼为生的 1983 年的李 N 说:"我感觉还是用手机,因为我用手机打电话反映时,别人看不到我,我可以很流畅地表达出我的想法,用手机上网,在群里和论坛里反映问题,反正别人不知道我是谁,我只管反映就是了。"由于手机媒介的隐蔽性与互动性,成为新生代农民工反映问题争取权利的渠道与路径,在这过程中赋予他们极大的安全感。

三 建立归属感

根据美国著名心理学家马斯洛提出"需要层次理论","归属和爱的需要"是人的重要心理需要,只有满足了这一需要,人们才有可能"自我实现"。每个人都害怕孤独,希望自己归属于某一个或多个群体,因此都寻求归属感。媒介是构建认同的重要媒介,"电影电视媒介在构建集体记忆和集体认同方面发挥了巨大的作用"。[①] 新生代农民工从熟悉的乡村进入陌生的城市,意味着个人与家人的分离,而其工作环境对于建立紧密的私人联系十分困难,感到孤独、没有归属感成为新生代农民工普遍的危险现象。

鲍曼在《液态现代》里面分析了四种"公共但不公民"的空间:"排异之地"、"噬异之地"、"非地之地"及"不存在之地"。在这 4 种空间里与陌生人相处时,都可无视其存在,无须掌握和运用礼仪。排异之地对他者(陌生人)之差异采用排斥策略,鼓励离开。排异之地是无情的排他,而噬异之地是冷漠的同化。陌

---

① [英] 戴维·莫利、凯文·罗宾斯:《认同的空间:全球媒介、电子世界景观与文化边界》,司艳译,南京大学出版社 2003 年版,第 124 页。

生的城市成为新生代农民工的排异之地,远离家乡到达城市,没有资源和社会网络,再嵌入打工之地,新生代农民工要付出巨大的经济、精神以及文化代价,"流落他乡者,在新的地方总是艰难,我们从家乡抽离出来,但不知在他乡是否能够成功地再嵌入。于是,在他乡建立、维持流落者的共同体成为一种精神和现实寄托,例如华人在世界各地形成的唐人街。在第二现代,流落他乡者共同体的营造开始越来越多地依赖媒体。学者卡里姆分析了流落他乡者是如何通过洲际传播网络来建构其共同体,认为这是一场自下而上的全球化过程"。[1]

"大众传播打破了人们所处社会生活的一切孤立状态,使之成为整个社会生活的一部分,而人在大众传播的影响下,作为'自然人'存在的可能性,也就愈来愈小。"[2] 手机媒介成为外来移民嵌入城市依赖的路径,是新生代农民工获得城市归属感的有效途径。首先,手机媒介作为新生代农民工再社会化的媒介,为其城市归属感的获得提供可能。大众传媒在人的社会化中起着重要的作用,它通过信息的传播,帮助人们界定环境和行为规范,[3] 作为城市的陌生人,新生代农民工要积极主动地熟悉城市规则,自觉适应城市生活,为城市所接纳,在他们未达到城市市民的规则标准线,消灭从乡村到城市的空间前,必须要借助手机媒体实现"用时间消灭空间"的过程,才能顺利获得归宿城市的可能性。

其次,城市社交的网络建构使新生代农民工获得归属感。新

---

[1] 马杰伟、张潇潇:《媒体现代:传播学与社会学的对话》,复旦大学出版社2011年版,第160页。
[2] 沙莲香:《传播学——以人为主体的图像世界之谜》,中国人民大学出版社1990年版,第179页。
[3] 沙莲香:《传播学——以人为主体的图像世界之谜》,中国人民大学出版社1990年版,第179页。

生代农民工在初入城时社交圈子狭窄，工作繁忙紧张，这一切导致新生代农民工的业余生活单调，一旦劳作完毕就会感觉到孤独和寂寞，对城市更是缺乏归属感。笔者在访谈过程中，吕LJ就表示对于郑州这个城市她感觉自己只是一个过客，"这个城市，灯红酒绿，很繁华，很热闹，但热闹是他们的，自己脱离于城市之外，只是在热闹之外观望，看着那一群人以他们自己的方式笑和闹，而从未走入"。而另一位访谈者陈P则表示，自己在现实生活中和这所城市没有交集。在现实世界里，新生代农民工和城市的连接只是工作地点，而在虚拟网络世界里，借助微信、QQ等手机上的软件其建立了自己的社交圈，借助这些圈子新生代农民工可以与他人保持联系，获得友情与支持，"大众传播，不仅使个人及其行为社会化了，而且使每个个体的活动愈来愈依靠社会"。[1] 比如我们访谈中遇到的售货员胡L，因为高中同学读大学，而她打工，二者差距使现实中的她不好意思和同学联系，但是在微信群里却可以开心聊天。一些被访谈者表示他们利用手机里的微信、QQ等社交软件建立不同类型的群，比如老乡群、工友群等，一旦有困难向群里求助时，几乎都能得到帮助，手机媒介在某种程度上减缓了新生代农民工的不适应感与孤独感，手机媒介的使用可以在虚拟世界里联结与他人的关系，发生关系的互动，而且这种互动具有从虚拟走向现实的可能性，推动他们由封闭孤独的个体转变为拥抱集体的现实人，个体孤独感被交际圈消解，"社会与个人是通过符号相互作用来相互影响和相互制约的，社会通过符号相互作用来塑造个人，影响个人的心智与自我的发

---

[1] 沙莲香：《传播学——以人为主体的图像世界之谜》，中国人民大学出版社1990年版，第179页。

展，而个人又是通过符号相互作用来维持与改造社会"。① 新生代农民工可以借由手机媒介建构的群里得到温暖，从而消除或减少孤独和寂寞感，获得归属感。

四 获得信息满足感

根据美国社会学家 E. 卡兹的"使用与满足"理论，认为在信息传播过程中，信息接收者个人的需求和愿望是否得到满足是决定使用和如何使用媒介的先决条件。该理论阐释了人们使用和选择媒体以及需求满足的动态过程，它认为受众的媒介接触是基于自己的需求对媒介内容进行选择的活动。

在手机媒介信息传播中，使用与满足理论通过"使用媒介本身"和"使用媒介信息"两种方式体现出来，首先在使用媒介本身体现对手机其外在的技术特质上，比如手机的外形设计，人们消费的不仅是手机本身，更多的是手机外形所代表的象征符号意义，使用高档手机唤起手机使用者的心理满足，使自豪感与身份感的满足得以实现。其次，在手机媒介使用上，其内在功能众多，不仅有媒体新闻信息的推送，而且还有种类繁多的娱乐方式可以放松心情。通过娱乐，比如打游戏、看电影、上网购物等活动不仅帮助新生代农民打发无聊的时间，而且在游戏可以扩大网络社交，新生代农民工在务工之余利用手机媒体上网浏览新闻，增加与人交流的谈资，利用手机媒介进行游戏的狂欢，实现身心的娱乐放松，消解现实中的消极情绪。再次，手机媒介为使用者提供一个宣泄狂欢的平台，手机媒介在人际传播的自由表达欲望的充分释放、现实互动范围的进一步拓展、平台的凝聚黏合造就

---

① 章志光编：《社会心理学》，人民教育出版社2003年版，第63页。

了共同话语空间、与现代生活方式的高度契合等①方面实现了重构，加上手机媒体传播的门槛很低，在这个众声喧哗的平台上，新生代农民工可以按照自己的意愿进行对外传播，由于互动性和私密性的特征，使其可以大胆对现实发表看法和表达意见，某种程度上，手机成为沉默的新生代农民工话筒，使他们尽情张扬个性，点评时事，实现个人与社会真正意义上的对话。②最后，手机媒体成为新生代农民工参与公共领域的工具。有学者认为，手机媒介使信息的多极传播功能得以展现，导致流动空间被地域空间取代，打破了信息传播场所的固定性，实现了对外领域的扩张，实现了对公共领域的占领。③我们在访谈富士康的陈P时，面对"如果政府邀请你提建议，你会选择何种方式"的提问时，陈P毫不犹豫地回答："我会用手机向政府反映，一旦发现政府有做得不好的地方，如果允许的话，我也会去监督，提醒。"新生代农民工借助手机这个媒介，可以获得大量信息，而且通过信息的获得扩大了其公共领域，激发其参与和管理社会公共事务的积极性，使手机媒介成为新生代农民工和政府之间的沟通桥梁。

"社会认同不是一个固定的或单一的实体，而是一种认识、一种态度、一种趋向、一个过程，认同不是预先设定的，它是从对自身的行为、语言和每日实践与社会情景和环境相互关系的解释和归因中引发的自己与环境之间复杂的动态平衡的过程。"④手机媒介作为城市新移民的新生代农民工不可或缺的生活必需品，

---

① 秦艳华、路英勇：《全媒体时代的手机媒介研究》，北京大学出版社2013年版，第203页。
② 秦艳华、路英勇：《全媒体时代的手机媒介研究》，北京大学出版社2013年版，第97页。
③ 秦艳华、路英勇：《全媒体时代的手机媒介研究》，北京大学出版社2013年版，第73页。
④ 沙莲香：《社会心理学》，中国人民大学出版社2006年版，第123页。

在新生代农民工社会认同的社会分类、社会比较、积极区分3个阶段中发挥了重要作用,手机媒介使用有利于新生代农民工提高自尊,增强了新生代农民工的安全感和归属感,而且相关学者也认识到这种作用,自媒体平台成为一部分新生代农民工倾诉、排遣内心苦闷的可能选择,虽然总体选择概率偏低,但毕竟还是有可能发现该群体心理健康问题的唯一公共平台。因此,如何加强在自媒体平台的情感心理疏导至关重要。同时,对该群体在自媒体平台的自我表达行为应如何鼓励并善加引导,从促进该群体心理健康和社会心态健康的角度来说,相当值得关注和研究。[①] 但是这种作用在目前是有限的,因此要发挥政府和媒体的作用,建立有效平台,开发App,实行精准化新闻信息推送,建构新生代农民工发声平台,最大化地发挥手机媒介在促使新生代农民工建构社会认同方面的作用。

[①] 袁靖华:《边缘身份融入:符号与传播》,浙江大学出版社2014年版,第119页。

第六章　结论与政策建议

第一节　基本结论

中国已经处于媒介化社会，社会的媒介化与媒介的社会化是社会生活的典型特征。"社会的媒介化，会形成新的社会分层和社会结构，其中又以互联网的影响最为深刻。一方面，网民内部由于对媒介的依存和利用程度而分为三六九等；另一方面，媒介会直接间接影响到人们的生活习惯和社会认同心理。"[①] 本书分析了媒介化社会中新生代农民工手机媒介的使用对其社会认同的影响，以下笔者将分别对研究的问题加以总结。

一　手机媒介使用特征

新生代农民工相对于上一代农民工更加依赖手机媒介，但新生代农民工手机媒介使用也呈现出内部差异性特征。

新生代农民工的媒介使用以新媒介为主，对传统媒介使用较

[①] 林溪声、汪仲启：《中国正在拥抱新媒体——"媒介化社会与当代中国"学术研讨会召开》，《社会科学报》2009年10月22日第1版。

少。研究显示，新生代农民工使用最多的是手机和电脑，其使用比例远远高于对其他媒介的使用。新生代农民工对手机的使用中，比例最高的为3个小时以上，其次为1—2小时，都超过其他媒介。新生代农民工对手机媒介的使用出现代际变化。传统农民工使用较多的是电视之类的传统媒介，而新生代农民工使用较多的是新媒介。"新生代农民工虽然和上一代一样劳动繁重、收入低微，但并不缺少现代传播观念，更不缺乏使用媒体的积极性和主动性；而新媒体的出现，也大大降低了接近并使用媒体的门槛。"① 不仅如此，新生代农民工的手机媒介使用频率显著高于传统农民工。新生代农民工手机媒介使用呈现出群体分化的特征。"新生代农民工的网络媒介接触使用情况存在显著的群体分化。"② 统计检验显示，女性新生代农民工的手机媒介使用频率要高于男性新生代农民工；受教育程度不同的农民工在手机媒介使用频率方面的差异达到显著性水平；高收入新生代农民工使用频率不如中收入和低收入的新生代农民工。

新生代农民工手机媒介使用动机以娱乐功能为主，这一点不同于传统农民工，其手机使用动机内部也有一定差异。新生代农民工在闲暇时间大众媒介接触较多。他们不仅把手机作为打电话和发短信的工具，更当作一种媒介、一种接触外部信息和娱乐资源的主要手段。新生代农民工最为看重的是手机媒介的娱乐消遣功能，搜集信息的功能反倒不重要。"新生代农民工大多数掌握了低层次的、简单的上网技能。"③ 这种现象反映了媒介向中下层普及的过程，是中低端信息传播技术在满足那些最基础的信息传

---

① 乔同舟：《"媒体与移民身份认同"研究：从西方经验到中国语境——以农民工为重点的文献考察》，《华中农业大学学报》（社会科学版）2014年第4期。
② 袁靖华：《边缘身份融入：符号与传播》，浙江大学出版社2014年版，第181页。
③ 袁靖华：《边缘身份融入：符号与传播》，浙江大学出版社2014年版，第181页。

播需求。传统农民工与新生代农民工在媒介使用动机上存在差异，前者依然把获取新闻作为媒介使用的最主要目的，后者选择"获取新闻"和"休闲娱乐"的较多，说明新生代农民工在看重手机媒介新闻传播功能的同时，较为注重其休闲娱乐功能。"网络对新生代农民工而言，最主要的功能是：消遣的玩具，帮助他们获得快乐的满足感。"[1]男性和女性新生代农民工的媒介使用动机有差异，但有一定的趋同性，但他们在手机媒介使用中的差异不具有显著性。受教育程度不同的新生代农民工在媒介使用动机方面有差异，受教育程度越低，越注重手机媒介的娱乐功能。经济收入不同的新生代农民工媒介使用动机既有一定的差异性，又反映出一定的趋同性。低收入新生代农民工注重手机的休闲娱乐功能，中高收入群体注重新闻和信息功能。

　　新生代农民工媒介使用评价中，尽管新生代农民工在媒介接触中较多地使用新媒介，但他们更加信任的依然是传统媒介。本次调查和研究的对象居住在中部地区，在观念上可能更偏好传统媒体。新生代农民工对于手机媒介增长社会知识和丰富业余生活的功能评价较为积极，对于手机媒介提供的了解城市生活、扩大社会交往和提升工作技能等作用的评价也较高。手机媒介传播的信息泥沙俱下，影响了新生代农民工对其公信力的评价。传统农民工和新生代农民工在媒介使用效果评价方面有差异，这反映了传统农民工和新生代农民工对媒体效果认知不同。男性新生代农民工和女性新生代农民工对电视作用评价较高，但男性新生代农民工其次选择的是手机，而女性新生代农民工选择的是报纸。由此可见，男性新生代农民工与女性新生代农民工在手机媒介的作用方面有着较为一致的判断，不同收入水平的被调查者对手机媒

---

[1] 袁靖华：《边缘身份融入：符号与传播》，浙江大学出版社2014年版，第186页。

介的功能都给予了高度评价。邱林川曾提出"信息中下层"的概念,属于信息中下层群体的新生代农民工,利用手机媒介这一传播路径,重新建构属于自身的"流动空间"。①

二 媒介化时代社会认同特征

新生代农民工的社会认同处于中等水平,这一水平体现出社会认同的二重性特征,在地域认同上新生代农民工总体上偏向城市认同。

新生代农民工的社会认同得分为50.86分,处于中等认同水平,且其认同处于矛盾的二重性状态:一方面,他们难以摆脱原生的乡土认同,城市的诸多社会排斥也使他们难以轻易地产生对城市的社会认同;另一方面,他们在城市工作和生活需要也希望能够被城市环境接纳、融入城市的社会空间,这就需要对城市的社会认同。

新生代农民工的文化认同处于中等水平,一方面他们一定程度上还保留原生文化,另一方面又在一定程度上接受迁入地文化。受教育程度是影响新生代农民工文化认同的一个重要因素,受教育程度高的新生代农民工,更容易接受新生事物,从而思维习惯和行为方式更接近市民。

新生代农民工对于所在城市(郑州市)的群体认同较低。有超过半数的新生代农民工不认为自己是"郑州人"。他们很明白身上贴有的标签,从农民到市民的转化过程没有完成,影响着新生代农民工的群体认同。"凭借既有的户籍制度,城市行政管理

---

① 姜兰花:《流动空间里的空间人——新生代农民工手机媒体使用初探》,《长沙大学学报》2013年第6期。

系统和劳动部门、社会保障、公共教育等各个系统将乡城迁移人员排除在'城市居民'之外，使乡城迁移人员成为事实上的'城市里的非城市人'——制度规定的'非市民'。"[1]

新生代农民工对城市的地域认同在所有社会认同维度里是最高的。新生代农民工对郑州有着强烈的地域认同，他们对郑州"有家的感觉""希望子女在郑州发展""希望自己留郑州长期发展"的比例较高，这说明长期在郑州的务工和生活，使新生代农民工对郑州产生了依恋感觉。但是，数据也显示，新生代农民工城市地域认同不如传统农民工，这说明时间是决定地域认同的一个因素。

新生代农民工的地位认同是社会认同所有维度里最低的。新生代农民工地位认同呈现出双重性特征："一方面，与农民相比社会地位相对提高；另一方面，和城市里的参照群体比较，依然身处社会底层。"[2] 受教育程度是影响新生代农民工地位认同的一个重要因素。较高的受教育程度，可以提高新生代农民工的地位认同。

新生代农民工的职业认同也相对较高，仅次于地域认同。这说明新生代农民工进城务工是理性选择的结果。他们离开农村进城务工就是看中城市里较高的就业机会以及就业的福利待遇。新生代农民工的职业认同也高于他们的父辈，体现了代际向上流动。

新生代农民工的政策认同不是很高，稍高于地位认同。这反映了新生代农民工的现实困境："改革开放消除了农民工进城的

---

[1] 陈映芳：《"农民工"：制度安排与身份认同》，《社会学研究》2005年第3期。
[2] 滕丽娟、徐佩文：《新生代农民工城市社会认同及影响因素探析》，《大连教育学院学报》2015年第2期。

制度障碍，农民工可以进城就业，但却享受不到市民的养老、医疗、住房、子女教育等公共福利。"① 基本公共服务与政策认同息息相关，政策认同就是对这些基本公共服务的认同。新生代农民工由于未能享受这些基本公共服务，导致他们政策认同不高。

新生代农民工的社会认同各维度得分从高到低依次为地域认同、职业认同、群体认同、文化认同、政策认同和地位认同。地域认同给他们以希望，他们希望能够融入城市；地位认同使他们认清现实，现实中他们处于这个城市的底层。新生代农民工的社会认同模糊化是一个过渡阶段，"农民工社会认同的城市元素在增加，其认同转换正在逐步进行"。② 新生代农民工也是如此，他们终究会产生城市认同。

三 手机媒介使用对社会认同的影响

新生代农民工的手机媒介使用对他们的社会认同有多样化影响，并没有呈现出一致特征。新生代农民工手机媒介影响社会认同分为社会分类、社会比较和积极区分三个阶段。

手机媒介在改变人们社会生活的同时，也在建构着新的社会认同。"手机媒体在大多数城市人的日常生活中不可或缺的角色，对于希望融入城市的新生代农民工来说，亦是如此。"③ 进入城市生活和工作的新生代农民工，利用手机媒介构建着新的社会认同。但是，新生代农民工手机媒介使用对于社会认同的不同维

---

① 辜胜阻：《新型城镇化应推动公共服务均等化》，《第一财经日报》2013年3月15日第5版。
② 郭星华、李飞：《漂泊与寻根：农民工社会认同的二重性》，《人口研究》2009年第6期。
③ 龙东：《手机媒体与新生代农民工城市化——基于珠海市新生代农民工手机媒体使用行为的调查》，《特区经济》2015年第11期。

度，其具体影响是不一样的。

　　新生代农民工的手机媒介使用频率影响他们的社会认同。手机媒介已成为新生代农民工生活中不可或缺的一部分。但过分依赖手机，沉溺于虚拟网络空间，在一定程度上会影响到新生代农民工的社会认同。统计数据表明，过度使用手机对新生代农民工的群体认同、地域认同、职业认同和政策认同有负向影响。新生代农民工应把手机作为一种媒介来使用，去拓展现实生活中的社会网络和社会关系，这种使用方法对其社会认同的建构才有积极意义。

　　新生代农民工的手机媒介使用动机影响他们的社会认同。新生代农民工的手机媒介使用动机，可分为工具性动机和情感性动机。他们一般注重手机媒介使用的情感性动机，忽视手机媒介使用的工具性动机。新生代农民工主要以娱乐目的使用手机会降低其地域认同、政策认同和社会认同，如果以上网为目的使用手机则能改善他们的职业认同。新生代手机媒介使用中，把手机媒介当作搜集信息的工具能够提高他们的社会认同，当新生代农民工仅仅把手机媒介作为一种消遣工具或交流工具，使用手机媒介并不能改善他们的社会认同。

　　新生代农民工的手机媒介使用效果影响他们的社会认同。新生代农民工对手机使用效果的评价是较为积极，但对手机媒介信任评价则较为保守。这种评价的差异影响新生代农民工的社会认同。新生代农民工手机使用效果评价状况影响他们的文化认同、群体认同、地域认同和社会认同；新生代农民工手机媒介信任评价影响他们的文化认同、群体认同、地域认同、政策认同和社会认同。由此可见，若要引导新生代农民工的社会认同，重要的不是促进他们使用手机媒介，而是增强手机媒介的公信力。

　　在具体的分析中笔者也发现，新生代农民工手机媒介使用在社会认同的一些具体维度上作用并不明显，甚至还会有负向作用。笔者认为，这是由于新生代农民工的社会认同具有明确的指向——城市。他们要通过手机媒介的影响慢慢消解原有的社会认同，进而产生城市社会认同，这是一个缓慢的过程。由前面的社会认同得分也可以看出，社会认同处于中等水平，即处于乡土社会认同与城市社会认同的中间状态，因此会导致手机媒介作用不显著。新生代农民工手机媒介使用固然重要，但手机媒介所传播的内容也同等重要。如果手机媒介所传播的内容与新生代农民工无关系，或传播的内容是他们反感的，则手机媒介使用有可能会产生负向作用，降低他们的社会认同。

新生代农民工的社会认同形成过程分为社会分类、社会比较和积极区分三个阶段，在媒介化时代其过程又打上了媒介的烙印。在媒体的影响下，新生代农民工把自己归为不同于城市居民的群体，往往以"他们"指代城市居民。在社会分类中的自我隔离，不利于新生代农民工融入城市交往网络。但是，手机媒介的匿名性与隐蔽性有助于新生代农民工摒弃固有成见，积极参与到虚拟空间的社交网络中，又有助于其与城市居民的互动。而社会比较过程则显示，新生代农民工受城市认同与乡村认同二者张力的影响，在群体比较中产生的剥夺感、仇恨感撕裂着新生代农民工的社会认同。这种感觉往往成为造成他们城市犯罪的诱因，成为城市不稳定社会动荡的重要因素。新生代农民工在比较区分内群体与外群体时，给予自己心理上所属的群体以积极正向的评价，而对市民群体往往以负向的评价，明确区分出自我与他者。

第二节 政策建议

改革开放以来，一个庞大的城乡流动的农民工群体开始形成,这一群体是推进我国新型城镇化的生力军。国家的十三五规划纲要指出,"优先解决农村学生升学和参军进入城镇的人口、在城镇就业居住5年以上、举家迁徙的农业转移人口、新生代农民工落户问题"。① 新生代农民工在城市落户的条件已经放开,但是从农民到市民还要经历认同的转换,要形成城市认同。"无论社会认同有多少属性类别,也不管它们的结构形态是怎样的,它们最终都会指向福利渗透、意义系统和社会组织这三个方面。"② 其中,福利渗透是指经济发展对相关公共领域的贡献程度,以及各社会阶层由此提升生活质量的程度;意义系统由象征符号构成,比如知识、道德、法律、归因机制和价值取向等;社会组织作为社会认同形成的另一个重要条件,其功能在于向其成员灌输行动逻辑、塑造特定注意力分配结构以及营造组织文化。

重塑新生代农民工的社会认同,就要加强和改善民生,创新社会治理体制,改变以户籍为基础的社会管理体制,保障新生代农民工的公共服务和民主政治权利。就要将长期在城市就业、生活和居住的流动人口纳入城市基本公共服务体系,实行属地服务管理,明确相关政府部门的服务程序和法律责任,保障新生代农民工基本生存发展、公共福利和其他合法权益。就要切实落实好新生代农民工就业、就医、落户、社会保障和子女入托、入学等政策,加大权益法律监管力度,保护其合法权益。同时,还要建立健全新生代农民工在居住地参保的基本医疗保险和养老保险,并做好社会保障关系的转续工作,使养老、医疗、失业等保险制度和最低生活保障制度有效覆盖新生代农民工,建立起农民工权

---

① 《中华人民共和国国民经济和社会发展第十三个五年规划纲要》,http://www.gov.cn/xinwen/2016-03/17/content_5054992.htm。

② 李友梅:《重塑转型期的社会认同》,《社会学研究》2007年第2期。

益救济机制，开展针对农民工的免费法律援助。

在做好以上基础工作的同时，还应关注意义系统的塑造，注重发挥手机媒介的作用。通过关注媒介再现、缩小媒介鸿沟、推动媒介参与、提高媒介素养和塑造媒介认同，打造新生代农民工在城市里的符号资本，提高他们对城市的社会认同，进而推动新生代农民工市民化，促进他们融入城市社会生活。

一 关注媒介再现，让新生代农民工故事客观报道

媒介再现是对某一特定群体新闻形象的塑造过程，"媒体再现是人们的一种符号选择与建构，是创造所关注对象或观念的意义与结果之过程。换句话说，就是将不同的符号组合起来，表达复杂和抽象的概念，是制造意义的一种实践活动，这种制造意义的实践也同样是一个基本的认知过程"。[1] 边缘人群的媒介再现是一个重要的传播研究主题。这是因为大众媒介的再现不仅仅是在传输信息，还是在建构一种关于边缘群体的"社会真实"。这种"社会真实"会影响人们对于边缘群体的印象与态度。

万小广对改革开放以来大众媒介再现的农民工群体形象及其历史变迁所进行的研究表明：总的来说，20世纪80年代媒介较多使用"进城农民"指称这一群体，80年代末90年代初较多使用"盲流"的称谓，90年代中后期称为"打工仔""打工者"，2003年之后则多采用"农民工"的名称。[2] 在媒体再现中，农民工一方面被描述为经济利益受到侵害的受害者、社会权利受到剥

---

[1] 李兴亮、陈敏菁：《评奥嘉德新著〈媒介再现与全球想象〉》，《新闻研究导刊》2014年第4期。

[2] 万小广：《转型期"农民工"群体媒介再现的社会史研究》，博士学位论文，中国社会科学院，2003年，第121页。

夺的弱势群体，另一方面是犯罪分子、城市社会秩序破坏者。农民工媒介再现呈现出双重吊诡的特征：一是农民工媒体再现的增加未能相应提升农民工的媒体权力；二是媒体关怀的良好动机与实际再现扭曲效果的冲突。①

有研究者从《人民日报》、《农民日报》、《中国青年报》以及《羊城晚报》4份报纸中分别选取关于新生代农民工群体的报道进行分析后发现，媒体对新生代农民工的报道相对于传统农民工的报道而言已转型。"尽管大众媒介对新生代农民工群体的报道与关注，与老一代农民工相比，已经呈现出了农民工本体的回归的趋势，但是在谈到该群体具体现状、问题以及社会对其的帮扶时，却有意无意的造成了该群体和社会其他阶层的落差，这样严重影响了该群体的自我定位与大众对其的总体主观印象。"②

新生代农民工的社会形象是建构的，对其具有刻板印象不利于形成社会认同。个别媒体长期以来对新生代农民工形象的报道和渲染，导致城市居民对农民工具有刻板成见与歧视，这成为农民工被认同与接纳的障碍。新生代农民工的社会认同建构，不仅需要政府层面的政策引导和新生代农民工自身的努力，更需要城市居民对新生代农民工的接受与支持。随着社会发展和传播技术的提高，信息流动的多样化与多元化，加上新生代农民工自我意识的觉醒与素质的提高，社会对农民工的偏见有所降低。因此，在新生代农民工社会认同建构的过程中，媒体的报道应该客观全面，不仅要报道新生代农民工的负面，更要展现其作为城市建设者的一面。在做相关的报道时，应进行平衡性的新闻写作，进行

---

① 李名亮：《农民工媒介再现的双重悖论》，《山西大学学报》（哲学社会科学版）2013年第5期。

② 郑宇：《新生代农民工媒介形象建构》，《今传媒》2013年第11期。

理性客观的舆论导向，消除市民对其长期以来的刻板成见，为农民工的身份架构提供新闻报道上的支持。

二 缩小媒介鸿沟，让新生代农民工平等接触媒介

媒介鸿沟属于数字鸿沟或信息鸿沟的一种，"数字技术的高度发展和广泛应用，在给全人类带来福祉的同时，也带来了新的不平等和新的社会分化，此即谓'数字鸿沟'"。[①] 媒介鸿沟呈现为：在所有国家中，总有一些人拥有社会提供的最好的媒介与信息技术，他们有最强大的计算机、最快的网络服务；另有一些人由于各种原因无法享有这些。换言之，媒介鸿沟就是指一些人总是很容易拥有社会提供的各种媒介，另一方面其他人则无法拥有这些媒介。基于媒介使用不同带来的鸿沟主要有两种：媒介使用的不同所形成的鸿沟以及使用不同的媒介所导致的鸿沟。前者是在同一媒介使用中，某一群体相比其他群体处于劣势地位；后者是在不同媒介使用中，某一群体因条件所限只能选择对于接受信息不利的媒体。

邱林川所做的有关信息时代的新工人阶级研究认为，我国社会没有出现"数字鸿沟"或信息分层。"这些互联网或手机资费一般而言比较便宜，其用户包括收入偏低、教育程度不高、社会地位不高的人群（如网吧、小灵通用户）。"[②] 如街头的网吧满足了流动人口的上网需求，手机资费的降低则能够使其在更大范围内普及，使这些处于信息中下层的人能够跨越"数字鸿沟"。

[①] 曹荣湘：《陷阱还是基于：数字时代的人文语境》，载曹荣湘主编《解读数字鸿沟——技术殖民与社会分化》，上海三联书店2003年版，第2页。
[②] 邱林川：《信息时代的世界工人——新工人阶级的网络社会》，广西师范大学出版社2013年版，第18页。

有研究者发现，在使用手机互联网的城市农民工群体当中，以低端应用为特征的一级数字鸿沟基本被填平，与其他群体无明显差距；虽然在一些应用上呈现相似特征，但其他更为深入和高端的应用差距依然明显，二级数字鸿沟仍然存在。[1]

本书发现，新生代农民工在手机使用方面存在群体分化的现象。为了降低由于使用手机和手机媒体带来的鸿沟，本书提出以下政策建议：（1）丰富新生代农民工的业余文化生活，积极引导他们使用新媒体，同时保留传统媒体的传播；（2）在媒体传播中反映新生代农民工的信息需求，使他们对大众媒体传播的内容有熟悉感；（3）关注以新生代农民工为主体的弱势群体的生存境遇，拓展他们使用媒体的技能，使之更好地融入城市社会生活。

三 提高媒介素养，让新生代农民工理性对待媒体

在媒介化社会中，媒介影响着人们的信息接触习惯，影响甚至改变了人们的生活习惯、思考以及行为模式。"媒介素养是我们通过媒介观察世界、认识世界的方法；媒介素养是我们掌握媒介、使用媒介的技巧；媒介素养是我们解读、辨别信息的能力；媒介素养还是我们批判、驾驭媒介的一种观念。"[2] 媒介素养被视为现代公民素养的一部分，只有提升人们的媒介素养，人们才有能力逐步摆脱媒介的支配，更好地使用媒介来实现自己的目标。

研究者一般使用媒介使用、媒介认知、媒介评价和媒介参与

---

[1] 毛雪皎：《手机互联网填补我国群体间数字鸿沟的实证研究——基于城市农民工群体使用手机互联网的调查》，硕士学位论文，华南理工大学，2010年，第57页。
[2] 吴玉兰：《媒介素养十四讲》，北京大学出版社2014年版，第6页。

4个维度衡量媒介素养。郑素侠对农民工的媒介素养调查发现,农民工"媒介使用不均衡:对手机与电视过于依赖,而对报纸和网络接触较少,对媒介的评价呈现矛盾心态:不愿轻易相信媒介,但又对媒介信息缺乏质疑与批判意识;有一定的媒介参与意识,但苦于找不到途径"。① 有学者研究发现,"农民工虽然在一定程度上能理性评价媒介,但尚不具备全面、客观评价媒介信息的能力,批判和质疑的意识并不强烈"。②

另一项关于新生代农民工的媒介素养研究指出:有过一半的被调查者认为媒体对农民工的报道不够充分,同样有超过一半的人认为媒体上报道的可信度一般。这就显现出了一定的问题:"首先是过度依赖手机,虽然对网络有一定的接触,但是接触率还是很低,对报纸和电视的接触就更加少了。其次,新生代农民工虽然主要是通过媒体来了解新闻和增长知识,但是却有一定的矛盾心理,表现为不太相信媒体上的内容。"③

本书发现新生代农民工的手机媒介使用影响他们的社会认同,而且这种影响尚未完全发挥出来。"新生代农民工尽管已普遍地、频繁地使用网络媒介,但使用层次较低,并没有能力推动这一群体自我表达的主动与传播的主体性,网络使用中的媒介素养有待进一步提高。"④ 要积极提高新生代农民工的媒介素养,塑造他们的社会认同。相关的政策建议包括:(1)由教育部或相关政府部门牵头,组织高校新闻传播类专业教师参与编写媒介素养

---

① 郑素侠:《农民工媒介素养现状调查与分析——基于河南省郑州市的调查》,《现代传播》2010年第10期。
② 李道荣、彭麟竣:《中国农民工媒介素养问题研究》,《北京社会科学》2013年第5期。
③ 陈芳:《新生代农民工媒介素养对其城市融入的影响探讨》,《中国报业》2012年12月(下),第161—162页。
④ 袁靖华:《边缘身份融入:符号与传播》,浙江大学出版社2014年版,第186页。

教育普及读物，免费发放给农民工；① （2）新生代农民工要学习媒介的基本知识，增加对媒介的理解，提高媒介使用能力，学会利用媒介为个人生活和工作服务；（3）组织志愿者利用周末课余时间或寒暑假时间，有计划、有组织地到新生代农民工聚集的市区工地或工厂开展讲座，讲授媒介使用的基本知识与基本技能。

四 推动媒介参与，让新生代农民工回归传播主体

从媒介使用到媒介参与体现了关注传播客体，让传播客体的主体性回归，是后现代政治思潮的表现。如果说媒介使用意味着被动、单向的接收过程，那么媒介参与更进一步，不仅接收、处理信息，而且参与生产信息。"媒介参与内容广泛，从提供新闻、表达观点、到娱乐投票；动机不一，从单纯报料、到个体维权、再到服务公益，但其共性都是超越简单'媒介使用者'的角色，更积极地利用媒介，对媒介内容施加某种程度的影响。"②

万小广的研究发现，农民工群体使用了多种多样的传播手段参与传播。如通过"与记者直接沟通解释""演说""宣传册"等方式来影响媒介对打工群体的称谓，通过设计新闻点、新闻发布会、调查报告等方式进行媒介参与，打工子女教育议题中通过网络 MV 视频、微博、倡议书等方式影响大众媒介的再现。但是，上述研究也指出，农民工群体的媒介参与行动并非都能够成功，会受到很多因素的制约而有可能被消解。③ 也有调查显示，农民

---

① 郑素侠：《农民工媒介素养现状调查与分析——基于河南省郑州市的调查》，《现代传播》2010 年第 10 期。
② 万小广：《转型期"农民工"群体媒介再现的社会史研究》，博士学位论文，中国社会科学院，2003 年，第 124 页。
③ 周葆华、陆晔：《从媒介使用到媒介参与：中国公众媒介素养的基本现状》，《新闻大学》2008 年第 4 期。

工自身利益受到损害时,大多数农民工表示不会向媒体寻求帮助,有不少使用新媒体的农民工会在QQ、人人网、微博上发信息、日志,依靠网络围观引起注意。①

在本研究中,新生代农民工未参与手机媒体互动的多达81.20%。新生代农民工手机媒体的参与较少,没有发挥其传播主体的作用。新生代农民工通过手机实现的媒介参与仅限于微博、微信等载体。推动新生代农民工的媒介参与,增强其媒介资源获享的主动性和主体性的政策建议包括:(1)主流媒体在报道中增加与新生代农民工的互动,为新生代农民工开辟专栏,以他们自身的话语讲述故事,而不是代为报道;(2)重点支持一批新生代农民工微信公众号,以新生代农民工关注的话题、以新生代农民工喜闻乐见的方式提供报道和评论;(3)策划面向新生代农民工的栏目,类似贵州卫视的《中国农民工》,鼓励农民工作为主体参与节目,生产更多的精品节目搬进手机媒介。

五 塑造媒介认同,让新生代农民工产生社会认同

媒介认同概念是指"人们对媒介组织及其社会运行所产生的具有同一性、连贯性的态度和情感,它以价值共鸣为基础和核心,表现为对媒介的信任、依赖和遵从"。② 媒介认同概念的内涵包括4个方面:媒介认同建立的基础和核心是价值同一性;媒介认同建立和保持的条件,是媒介与受众互动关系的同一性;媒介认同能够产生情感号召力,甚至能够促成社会行动;媒介认同的

---

① 宋红岩:《农民工新媒介参与和利益表达调研与分析》,《中国广播电视学刊》2012年第6期。
② 李爱晖:《媒介认同概念的界定、来源与辨析》,《当代传播》2015年第1期。

主体包括传播者和受众。"我们生活在媒介文化的包围之中,媒介文化不仅占据着受众日益增长的时间和精力,也为他们提供了梦想、幻像、行为、思维模式和身份认同的原材料。"① 在现代社会,媒介既是认同的对象,也是认同的来源。

媒介的发展在不断改变着人们的认同。在口语传播时代,人们利用最简单的言语进行面对面的交流,形成了以部落为主的群族认同。在印刷术出现以后,文字就成为人们共享的交流工具,使民族认同成为一种新的认同形式。在 20 世纪以后出现了新兴的电子媒介,在认同创造和整合的效力方面更胜一筹,重新创造了民族认同与团结。随着如今网络媒介的出现与普及,信息的传输可以在时间和空间里任意移动、接收,更大范围内的认同成为一种可能。因此,"大众传媒作为人们生活中的独特表现形式,以它特有的传播方式和传播内容,极大地改变了人类的认同方式"。②

具体到手机媒介,它的"基本特征是数字化,具有网络媒体交互性强、传播快、多媒体等特性;其最大的优势是携带使用方便"。③ 手机媒介适应了新生代农民工的流动特性,因而在这一群体中的使用极为普遍。"对新生代农民工而言,对手机的依赖,就是对移动媒体构建的'流动空间'的依赖。"④ 手机媒介传播突破了时空限制,可以建立弥散型的社会关系,既可以保持与老乡的关系,又能够建立新型的社会关系。同时,手机媒介传播的信息泥沙俱下,很多内容没有权威的、统一的来源。因此,提高新生代农民工的社会认同,首先要使他们对其赖以建立社会认同的

---

① [美]道格拉斯·凯尔纳:《媒体奇观:当代美国社会文化透视》,史安斌译,清华大学出版社 2003 年版,第 1 页。
② 刘燕:《媒介认同论》,中国传媒大学出版社 2010 年版,第 98 页。
③ 匡文波:《手机媒体的传播学思考》,《国际新闻界》2006 年第 7 期。
④ 姜兰花:《流动空间里的空间人——新生代农民工手机媒体使用初探》,《长沙大学学报》2013 年第 6 期。

传播工具即手机产生认同。为此，相关的政策建议包括：（1）引导新生代农民工建立线上和线下相结合的社会关系，培养多元化的关心，摆脱初级群体的束缚；（2）激发新生代农民工使用手机媒介高端功能的兴趣，培养他们积极运用手机媒介搜集信息和阅读新闻的良好素养，发挥手机媒介在帮助新生代农民工城市融入中的工具性功能；（3）积极消除新生代农民工的手机依赖，帮助他们客观理性地对待手机，重视多种传播媒介的使用；（4）相关部门要加强手机媒介传播内容的审核，积极打击利用手机开展的诈骗活动，为新生代农民工手机媒介的使用营造健康环境。

参考文献

一　中文论文

曹荣湘：《陷阱还是基于：数字时代的人文语境》，载曹荣湘主编《解读数字鸿沟——技术殖民与社会分化》，上海三联书店2003年版。

柴民权：《代际农民工的社会认同管理：基于刻板印象威胁应对策略的视角》，《社会科学》2013年第11期。

陈芳：《新生代农民工媒介素养对其城市融入的影响探讨》，《中国报业》2012年12月（下）。

陈菊红：《新生代农民工的研究现状与展望》，《学习时报》2014年6月30日第15版。

陈映芳：《"农民工"：制度安排与身份认同》，《社会学研究》2005年第3期。

褚荣伟、熊易寒、邹怡：《农民工社会认同的决定因素研究：基于上海的实证分析》，《社会》2014年第4期。

范红霞：《社会认同与传媒使命》，《当代传播》2009年第6期。

方甜：《孤独感与城市融入：新生代农民工手机使用研究》，硕士学位论文，复旦大学，2014年。

辜胜阻：《新型城镇化应推动公共服务均等化》，《第一财经日报》2013年3月15日第5版。

管健、戴万稳：《中国城市移民的污名建构与认同的代际分化》，《南京社会科学》2011年第4期。

郭星华、李飞：《漂泊与寻根：农民工社会认同的二重性》，《人口研究》2009年第6期。

郭星华、邢朝国：《社会认同的内在二维图式——以北京市农民工的社会认同研究为例》，《江苏社会科学》2009年第4期。

韩恒：《漂在城市的农村籍大学毕业生——智力型民工的形成与群体特征》，《中国青年研究》2010年第9期。

韩钰、仇立平：《中国城市居民阶层地位认同偏移研究》，《社会发展研究》2015年第1期。

何绍辉：《新生代农民工社会认同问题研究》，《当代青年研究》2009年第9期。

胡昊：《新生代农民工手机电视使用对其城市融入的影响》，硕士学位论文，中国传媒大学，2015年。

黄梅芳：《多媒体时代青年农民工媒介素养现状与对策》，《新闻战线》2014年第12期。

黄伟迪：《新媒体与新生代农民工的流动生活——比亚迪工业园的民族志调查》，《新闻与传播评论》2011年第10期。

姜兰花：《流动空间里的空间人——新生代农民工手机体使用初探》，《长沙大学学报》2013年第6期。

姜永志、白晓丽：《手机移动互联网依赖研究滞后于其发展速度》，《中国社会科学报》2014年6月9日。

金晓彤、崔宏静：《新生代农民工社会认同建构的路径选择：外显性炫耀与内隐性积累的文化消费模式对比分析》，《江苏社会科学》2014 年第 3 期。

金艳《网络媒体话语影响下新生代农民工的身份认同》，《今传媒》2013 年第 2 期。

匡文波：《论手机媒体》，《国际新闻界》2003 年第 3 期。

匡文波：《手机媒体的传播学思考》，《国际新闻界》2006 年第 7 期。

雷开春：《白领新移民的地位认同偏移及其原因分析》，《青年研究》2009 年第 4 期。

李爱晖：《媒介认同概念的界定、来源与辨析》，《当代传播》2015 年第 1 期。

李道荣、彭麟竣：《中国农民工媒介素养问题研究》，《北京社会科学》2013 年第 5 期。

李红艳：《手机：信息交流中社会关系的建构——新生代农民工手机行为研究》，《中国青年研究》2011 年第 5 期。

李名亮：《农民工媒介再现的双重悖论》，《山西大学学报》2013 年第 5 期。

李卫卫：《媒介素养：农民工使用手机情况的调查和分析——以山东省滨州市农民工为对象》，硕士学位论文，辽宁大学，2012 年。

李兴亮、陈敏菁：《评奥嘉德新著〈媒介再现与全球想象〉》，《新闻研究导刊》2014 年第 4 期。

李颖灏、王建明：《新生代农民工群体认同的影响因素》，《城市问题》2014 年第 9 期。

李友梅：《重塑转型期的社会认同》，《社会学研究》2007 年第 2 期。

李智、杨子：《女性农民工使用社交媒体调查》，《现代传播》2015

年第 12 期。

林溪声、汪仲启：《中国正在拥抱新媒体——"媒介化社会与当代中国"学术研讨会召开》，《社会科学报》2009 年 10 月 22 日第 1 版。

刘晓丽、郑晶：《新生代农民工身份认同及其影响因素研究》，《华南农业大学学报》（社会科学版）2013 年第 1 期。

龙东：《手机媒体与新生代农民工城市化——基于珠海市新生代农民工手机媒体使用行为的调查》，《特区经济》2015 年第 11 期。

罗明忠、卢颖霞：《农民工的职业认同对其城市融入影响的实证分析》，《中国农村观察》2013 年第 5 期。

罗明忠、卢颖霞：《农民工职业认同：构念与实证——基于广东南海部分农民工的调查与分析》，《华东经济管理》2013 年第 8 期。

毛雪皎：《手机互联网填补我国群体间数字鸿沟的实证研究——基于城市农民工群体使用手机互联网的调查》，硕士学位论文，华南理工大学，2010 年。

彭忠益、粟多树：《政策认同：基于我国社会利益多元化视角的分析》，《学术论坛》2015 年第 1 期。

亓昕：《农民工社会认同的形成——基于建筑业农民工的考察》，《人口与经济》2013 年第 1 期。

乔同舟：《媒体与移民身份认同研究：从西方经验到中国语境》，《华中农业大学学报》2014 年第 4 期。

邱林川：《信息"社会"：理论、现实、模式与反思》，《传播与社会学刊》2008 年第 5 期。

宋红岩：《"数字鸿沟"抑或"信息赋权"？——基于长三角农民工手机使用的调研研究》，《现代传播》2006 年第 6 期。

宋红岩：《农民工新媒介参与和利益表达调研与分析》，《中国广播电视学刊》2012年第6期。

宋红岩、曾静平：《新媒体视域下"沉默的螺旋"理论的检视与研究》，《新闻与传播研究》2015年第4期。

孙皖宁、苗伟山：《底层中国：不平等、媒体和文化政治》，《开放时代》2016年第2期。

滕丽娟、徐佩文：《新生代农民工城市社会认同及影响因素探析》，《大连教育学院学报》2015年第2期。

田阡：《新媒体的使用与农民工的现代化构建——以湖南攸县籍出租车司机在深圳为例》，《现代传播》（中国传媒大学学报）2012年第12期。

万小广：《转型期"农民工"群体媒介再现的社会史研究》，博士学位论文，中国社会科学院，2003年。

汪新建、柴民权：《从社会结构到主体建构：农民工社会认同研究的路径转向与融合期待》，《山东社会科学》2014年第6期。

王春光：《新生代农村流动人口的社会认同与城乡融合的关系》，《社会学研究》2001年第3期。

王盛慧、赵亚丽、李红艳：《大众传媒与农民工研究的理想与现实》，《传媒观察》2009年第8期。

王锡苓、李笑欣：《社交媒体使用与身份认同研究——以"皮村"乡城迁移者为例》，《现代传播》2015年第6期。

王毅杰、倪云鸽：《流动农民社会认同现状探析》，《苏州大学学报》（哲学社会科学版）2005年第2期。

吴蓓：《二重与多维：融入进程中的社会认同——北京市新生代农民工社会认同研究》，《陕西行政学院学报》2013年第4期。

吴秀云：《当代中国新生代农民工的闲暇生活调查》，《当代经济》

2013 年第 15 期。

谢启文:《"80 后"农民工的社会认同与城市融入》,《重庆社会科学》2011 年第 12 期。

许传新:《新生代农民工的身份认同及影响因素分析》,《学术探索》2007 年第 3 期。

颜敏:《媒介化生存视阈下关于人的在场问题研究》,《今传媒》2016 年第 1 期。

杨嫚:《媒介与外来务工人员社会认同》,《西南石油大学学报》(社会科学版)2011 年第 2 期。

杨嫚:《消费与身份构建——一项关于武汉新生代农民工手机使用的研究》,《新闻与传播研究》2011 年第 6 期。

杨善华、朱伟志:《手机:全球化背景下的"主动"选择——珠三角地区农民工手机消费的文化和心态解读》,《广东社会科学》2006 年第 2 期。

姚崇、席海莎、张婉馨:《新媒体发展对新生代农民工身份认同的影响》,《今传媒》2014 年第 2 期。

詹姆士·柯赫:《信息时代的社会鸿沟》,载曹荣湘主编《解读数字鸿沟——技术殖民与社会分化》,上海三联书店 2003 年版。

占绍文、杜晓芬:《农民工城市文化认同和文化消费行为研究》,《农村经济》2013 年第 11 期。

张宝瑞、佐斌:《社会认同理论及其发展》,《心理科学进展》2006 年第 3 期。

张青、李宝艳:《网络媒体影响下的新生代农民工社会认同研究》,《福建农林大学学报》(哲学社会科学版)2015 年第 1 期。

张文宏、雷开春:《城市新移民社会认同的结构模型》,《社会学研究》2009 年第 4 期。

赵延东、Jon Pedersen：《受访者推动抽样：研究隐藏人口的方法与实践》，《社会》2007年第2期。

赵晔琴：《农民工：日常生活中的身份建构与空间型构》，《社会》2007年第6期。

赵莹莹、程砚蓉：《身份·空间·关系——对城市农民工社会认同的人际传播视角解读》，《新闻研究导刊》2013年第13期。

郑素侠：《农民工媒介素养现状调查与分析——基于河南省郑州市的调查》，《现代传播》2010年第10期。

郑欣：《媒介的延伸：新生代农民工城市适应研究的传播学探索》，《西南民族大学学报》（人文社会科学版）2016年第6期。

郑宇：《新生代农民工媒介形象建构》，《今传媒》2013年第11期。

支振锋：《消除互联网发展的数字鸿沟》，《人民日报》2016年4月25日。

周葆华、陆晔：《从媒介使用到媒介参与：中国公众媒介素养的基本现状》，《新闻大学》2008年第4期。

周葆华、吕舒宁：《上海市新生代农民工新媒体使用与评价的实证研究》，《新闻大学》2011年第2期。

周明宝：《城市滞留性青年农民工的文化适应与身份认同》，《社会》2004年第5期。

朱磊：《流入地抽样抑或流出地抽样——对当前农民工研究中抽样方法的评析》，《青年研究》2014年第1期。

二 英语论文与著作

Amy Bach, Gwen Shaffer, Todd Wolfson, "Digital Human Capital: Developing a Framework for Understanding the Economic Impact of Digital Exclusion in Low-Income Communities", *Journal of Information Policy*, Vol. 3, 2013: 247 – 266.

Henri Tajfel, "Social Psychology of Intergroup Relations", *Annual Review Pyschology*, 1982, 33: 1 – 39.

Hery Tajfel, *Differentiation Between Social Groups: Studies in the Social Psychology of Intergroup Relations*, London: Academic Press, 1978: 63.

Sarah C. Bishop, *U. S. Media and Migration: Refugee Oral Histories*, New York: Routledge, 2016.

Schlesinger, P. , "On national identity: some conceptions and misconceptions criticized", *Social Science Information*, 1987, 26 (2): 219 – 264.

Spivak, Gayatri Chakravorty, *Can the Subaltern Speak?*, New York: Columbia University Press, 2010.

Vikki S. Katz, Matthew D. Matsaganis, Sandra J. Ball-Rokeach, "Ethnic Media as Partners for Increasing Broadband Adoption and Social Inclusion", *Journal of Information Policy*, Vol. 2, 2012: 79 – 102.

Wanning Sun, *Leaving China: Media, Migration and Transnational Imagination*, Land and New York: Rowman & Littlefield Publishing Group, Inc. , 2002.

Wanning Sun, *Maid in China: Media, Morality, and The Cultural Politics of Boundaries*, Land and New York: Rowman & Littlefield Publishing Group, Inc. , 2009.

Wanning Sun, *Subaltern China: Rural Migrants, Media, and Cultural Practices*, Land and New York: Rowman & Littlefield Publishing Group, Inc. , 2014.

三 中文著作

[美] 阿列克斯·英克尔斯、戴维·H. 史密斯：《从传统人到现代人——六个发展中国家人的变化》，顾昕译，中国人民大学出版社 1992 年版。

陈向明：《质的研究方法与社会科学研究》，教育科学出版社 2000 年版。

[英] 戴维·巴特勒：《媒介社会学》，赵伯英、孟春译，社会科学文献出版社 1989 年版。

[美] 戴维·迈尔斯：《社会心理学》，侯玉波、乐国安、张智勇等译，人民邮电出版社 2006 年版。

[英] 戴维·莫利：《传媒、现代性和科技："新"的地理学》，郭大伟译，中国传媒大学出版社 2010 年版。

[英] 戴维·莫利、凯文·罗宾斯：《认同的空间：全球媒介、电子世界景观与文化边界》，司艳译，南京大学出版社 2003 年版。

[美] 道格拉斯·凯尔纳：《媒体奇观：当代美国社会文化透视》，史安斌译，清华大学出版社 2003 年版。

[美] 道格拉斯·凯尔纳：《媒体文化：介于现代与后现代之间的文化、认同性与政治》，丁宁译，商务印书馆 2013 年版。

丁未：《流动的家园——"攸县的哥村"社区传播与身份共同体研究》，社会科学文献出版社 2013 年版。

风笑天：《现代社会调查方法》，华中科技大学出版社 2005 年版。

管健：《身份污名与认同融合：城市代际移民的社会表征研究》，社会科学文献出版社 2012 年版。

[美] 哈罗德·拉斯韦尔：《社会传播的结构与功能》，何道宽译，

中国传媒大学出版社 2013 年版。

［加］哈罗德伊尼斯：《帝国与传播》，何道宽译，中国人民大学出版社 2003 年版。

［美］J. 赫柏特·阿特休尔：《权力的媒介》，黄煜、裘志康译，华夏出版社 1989 年版。

［法］加布里埃尔·塔尔德、［美］特里·N. 克拉克：《传播与社会影响》，何道宽译，中国人民大学出版社 2005 年版。

雷开春：《城市新移民的社会认同研究——感性依恋与理性策略》，上海社会科学院出版社 2011 年版。

刘燕：《媒介认同论》，中国传媒大学出版社 2010 年版。

吕新雨等：《大众传媒与上海认同》，上海书店出版社 2012 年版。

［美］罗伯特·E. 帕克：《移民报刊及其控制》，展江等译，中国人民大学出版社 2011 年版。

马杰伟、张潇潇：《媒体现代：传播学与社会学的对话》，复旦大学出版社 2011 年版。

［澳］迈克尔·A. 豪格、［英］多米尼克·阿布拉姆斯：《社会认同过程》，高明华译，中国人民大学出版社 2011 年版。

［西班牙］曼纽尔·卡斯特：《认同的力量》，夏铸九等译，社会科学文献出版社 2003 年版。

潘家华、魏后凯：《中国城市发展报告（6）：农业转移人口的市民化》，社会科学文献出版社 2013 年版。

［美］乔治·赫伯特·米德：《心灵、自我和社会》，霍桂恒译，北京联合出版公司 2014 年版。

秦艳华、路英勇：《全媒体时代的手机媒介研究》，北京大学出版社 2013 年版。

邱林川：《信息时代的世界工厂：新工人阶级的网络社会》，广西师范大学出版社 2013 年版。

［美］塞缪尔·亨廷顿：《我们是谁？——美国国家特性面临的挑战》，程克雄译，新华出版社 2005 年版。

沙莲香：《传播学——以人为主体的图像世界之谜》，中国人民大学出版社 1990 年版。

沙莲香：《社会心理学》，中国人民大学出版社 2006 年版。

师曾志、金锦萍编著：《新媒介赋权：国家与社会的协同演进》，社会科学文献出版社 2013 年版。

［美］韦尔伯·施拉姆：《大众传播媒介与社会发展》，金燕宁译，华夏出版社 1990 年版。

吴玉兰：《媒介素养十四讲》，北京大学出版社 2014 年版。

谢宇：《社会学方法与定量研究》，社会科学文献出版社 2006 年版。

［美］新闻自由委员会：《一个自由而负责的新闻界》，展江、王征、王涛译，中国人民大学出版社 2011 年版。

严志兰：《大陆台商社会适应与社会认同研究：基于福建的田野调查》，社会科学文献出版社 2014 年版。

［德］伊丽莎白·诺尔-诺依曼：《沉默的螺旋：舆论—我们的社会皮肤》，董璐译，北京大学出版社 2013 年版。

袁靖华：《边缘身份融入：符号与传播》，浙江大学出版社 2014 年版。

［美］詹姆斯·凯瑞：《作为文化的传播》，丁未译，华夏出版社 2005 年版。

中国互联网络信息中心：《中国互联网络发展状况统计报告》，2021 年 8 月。

朱海松：《第一媒体：手机媒体化的商业革命》，广东经济出版社 2011 年版。

附录一 城市务工人员生活状况调查问卷

A 部分：基本信息

A1. 性别：　1. 男　2. 女

A2. 您的出生年（直接写年份）：_____年

A3. 您的籍贯：_____省_____市_____县

A4. 您的婚姻状况？

1. 未婚　2. 已婚　3. 其他，请注明_____

A5. 您的文化程度：

1. 小学及以下　2. 初中　3. 高中　4. 职高、中专、技校

5. 大专及以上

A6－1. 您过去三个月的月平均工资是多少？_____元

A6－2. 去年全年您家庭各种收入总和大概是多少？_____元

A6－3. 去年您一共寄回老家多少钱？_____元

A7. 您家庭人口数：_____人。其中农村劳动力_____人；半年以上时间在城市打工的劳动力有_____人

A8. 您有子女吗？

1. 有（有____个子女，其中有____个在郑州读书或工作）

2. 没有

A9. 您是独自来郑州打工还是全家迁移到郑州？

1. 自己一个人　2. 部分家庭成员一起　3. 全家迁移

A10. 您在郑州的居住形式是？

1. 单位免费提供的集体宿舍　2. 租住单位房

3. 独自租住私房　4. 与别人合伙租住私房

5. 到亲戚或朋友家借宿　6. 自己购买的私人住房

7. 其他，请写明_____

A11. 您觉得您家的经济状况与老家的其他家庭相比怎么样？

1. 比其他家庭好得多　　2. 比其他家庭好一些

3. 和其他家庭差不多　　4. 比一般家庭要差一些

5. 比其他家庭要差得多

A12. 与在郑州时相比，来郑州工作后您觉得自己现在的社会地位：

1. 提高了很多　2. 提高了一点　3. 没有变化

4. 降低了一点　5. 降低了很多　6. 说不清

A13. 您家还有承包的土地吗？

1. 有，大概有_____亩　2. 没有

B 部分：工作情况

B1. 您来郑州多长时间了？有_____年_____月

B2. 您大概每年在郑州的时间是？

1. 全年都在郑州工作不回家

2. 大部分时间在郑州，偶尔回一两次老家

3. 在郑州和在老家的时间差不多

4. 在老家的时间比在郑州的时间长

B3. 您在来郑州务工之前，有没有在其他城市工作过？

1. 有，如果有，大概总共有多长时间？有_____年_____月

2. 没有

B4. 您选择在郑州工作的主要原因是什么？

（请选择三项并且按主要程度排序，然后把您所选择的选项代号填写在横线上）

第一位：_____ 第二位：_____ 第三位：_____

1. 务农太辛苦，也不赚钱　　2. 在家没事可干

3. 家乡太穷，不愿过那种生活　　4. 羡慕城市生活

5. 一直在念书，不懂农活　　6. 全家在外面

7. 习惯了外出的生活和工作　　8. 挣钱供家人读书

9. 挣钱回去盖房子　　10. 别人都外出务工

11. 外出务工成为村里年轻人有出息的标志

12. 其他，请写明_____

B5. 您目前的工作属于哪个行业？

1. 建筑业　2. 加工制造业　3. 住宿、餐饮业

4. 批发、零售业　5. 家政服务业　6. 交通运输业

7. 保安、物业管理　8. 文化教育

9. 其他，请写明_____

B6. 从工作时间看，您的工作属于什么类型？

1. 全日工作　　2. 非全日工作（一天中只有部分时间工作）

3. 临时性工作（打零工/散工；非稳定工作）

4. 其他，请写明_____

B7. 您是如何找到现在的工作的？

1. 自己找的　2. 通过亲戚朋友、老乡介绍

3. 私人包工头带出来的　4. 雇工到当地招工

5. 通过劳动部门或政府中介介绍

6. 通过本地劳务市场、职业介绍所

7. 其他，请写明_____

B8. 您在郑州工作和生活遇到的主要困难是?

（请选择三项并且按严重程度排序，然后把您所选择的选项代号填写在横线上）

第一位：_____ 第二位：_____ 第三位：_____

1. 收入低 2. 居住条件差 3. 消费水平高 4. 工作难找

5. 子女就学难 6. 权益维护困难 7. 业余生活单调

8. 不习惯城市的生活方式 9. 受当地人排斥、歧视

10. 就医困难

11. 其他，请写明_____

C 部分：社会认同

C1. 您认为自己是郑州人吗?

1. 是郑州人 2. 是半个郑州人 3. 不是郑州人

C2. 您认为要成为"郑州人"最重要的条件是什么?

1. 有郑州户口 2. 在郑州有自己的住房 3. 有稳定的工作

4. 收入高 5. 会说郑州话 6. 多交一些郑州当地人做朋友

7. 其他，请写明_____

C3. 您认为长期在郑州工作的外来务工人员是城市人吗?

1. 是城市人 2. 是半个城市人 3. 不是城市人

4. 说不清楚

C4. 您觉得农民工有可能成为城市人吗?

1. 非常有可能 2. 有点可能 3. 不太可能

4. 一点可能都没有

C5. 您对自己身份的定位是?

1. 农民 2. 半个城市人（跳过下面的问题，直接回答 C9 题）

3. 城市人（跳过下面的问题，直接回答 C9 题）

4. 说不清楚（跳过下面的问题，直接回答 C9 题）

C6. 您为什么认为自己还是农民？

1. 自己是农村户口   2. 根在农村   3. 家人、亲戚在农村

4. 习惯了农村的生活方式   5. 城里人这么认为的

6. 政府这么规定的

7. 其他，请写明_____

C7. 您想改变自己的农民身份吗？

1. 想（跳过下面的问题，直接回答 C9 题）

2. 不想   3. 说不清楚

C8. 您不想改变自己的农民身份的原因是？

1. 不可能改变，想也没用   2. 根在农村   3. 习惯农村的生活

4. 不喜欢城市   5. 是不是农民不重要

6. 其他，请写明_____

C9. 您平时对郑州发生的事情或新闻的关注程度是怎样的？

1. 一点也不关注   2. 不太关注   3. 一般   4. 比较关注

5. 非常关注

C10. 您认为郑州市的发展变化与您个人的关系怎样？

1. 关系很大   2. 有点关系   3. 基本没关系

4. 一点关系都没有   5. 说不清楚

C11. 您认为郑州这个城市的形象与您个人的关系怎样？

1. 关系很大   2. 有点关系   3. 基本没关系

4. 一点关系都没有   5. 说不清楚

C12. 您闲暇时间一般做些什么？

（请选择三项并且按频率高低排序，然后把您所选择的选项代号填写在横线上）

第一位：_____ 第二位：_____ 第三位：_____

1. 打牌   2. 看电视   3. 听收音机   4. 上网

5. 搞卫生、干家务　6. 睡觉　7. 聊天　8. 逛街

9. 看书报　10. 参加体育活动　11. 参加娱乐活动

12. 其他，请写明_____

C13. 您日常接触的主要媒介是哪些？

（请选择三项并且按频率高低排序，然后把您所选择的选项代号填写在横线上）

第一位：_____　第二位：_____　第三位：_____

1. 报纸　2. 广播　3. 电视　4. 电脑　5. 手机媒体

6. 杂志　7. 其他

C14. 您接触媒介的主要目的是什么？

（请选择三项并且按频率高低排序，然后把您所选择的选项代号填写在横线上）

第一位：_____　第二位：_____　第三位：_____

1. 获取新闻　2. 学习新知识　3. 休闲娱乐　4. 消磨时间

5. 获取广告信息　6. 工作需要　7. 一种习惯　8. 与人交流

C15. 您每天花费多长时间接触各种媒介：

	基本不接触	少于30分钟	30—60分钟	1—2小时	2—3小时	3小时以上
电视	1	2	3	4	5	6
报纸	1	2	3	4	5	6
广播	1	2	3	4	5	6
电脑	1	2	3	4	5	6
手机媒体	1	2	3	4	5	6
杂志	1	2	3	4	5	6

C16. 您认为哪一种媒体的可信度更高？

（请选择三项并且高低排序，然后把您所选择的选项代号填写在横线上）

第一位：_____　第二位：_____　第三位：_____

1. 报纸　2. 广播　3. 电视　4. 电脑　5. 手机媒体

6. 杂志　7. 其他

C17. 当您的权益受到侵害时，您是否会选择媒体进行维权？（　）

1. 利用媒体维权　2. 利用政府，劳动部门等维权

3. 不会进行维权　4. 不清楚

C18. 您认为媒体对您的影响是（　）

1. 媒体已成为生活不可缺少的一部分　2. 媒体可有可无

3. 媒体没有给自己带来变化　4. 媒体给自己带来了一些变化

5. 媒体给自己带来了很大的变化

C19. 您认为媒体关于农民工的报道（　）

1. 非常真实　2. 部分真实　3. 一点都不真实

C20. 您之前关于郑州的形象是从哪里来（　）

1. 自己想象的　2. 听别人说的　3. 通过媒体　4. 其他

C21. 您认为媒体报道的郑州形象与您认为的形象（　）

1. 完全相符　2. 部分相符　3. 一点都不相符

C22. 在接受媒体传播的信息中，喜欢关注农村的信息超过城市信息（　）

1. 是　2. 不是

C23-1. 您了解有关政府为农民工制定的优惠政策吗？

1. 非常了解　2. 部分了解　3. 一点都不了解

C23-2. 您知晓的优惠政策是通过哪些途径？

1. 媒体宣传　2. 听别人说的　3. 其他

C23-3. 您利用过这些优惠政策吗？

1. 用过　2. 部分用过　3. 没有

C23-4. 您感觉效果如何？

1. 很好 2. 一般 3. 不好

C24-1. 您有电视吗（ ）

1. 有 2. 无

C24-2. 是否经常使用或接触电视媒体（ ）

1. 经常接触 2. 偶尔接触 3. 从来不看

C24-3. 接触的目的（ ）

1. 接受信息 2. 娱乐消遣

C24-4. 经常收看的节目（ ）

1. 新闻节目 2. 娱乐节目 3. 科教信息 4. 其他

C24-5. 对电视媒体可信度的评价（ ）

1. 非常可信 2. 可信度一般 3. 不可信

C24-6. 是否参与过电视媒介（ ）

1. 有 2. 没有

C25-1. 是否经常购买报纸（ ）

1. 是 2. 否

C25-2. 是否经常使用或接触报纸媒体（ ）

1. 经常接触 2. 偶尔接触 3. 从来不看

C25-3. 接触的目的（ ）

1. 接受信息 2. 娱乐消遣

C25-4. 经常阅读的栏目（ ）

1. 新闻节目 2. 娱乐节目 3. 科教信息 4. 其他

C25-5. 对报纸媒体可信度的评价（ ）

1. 非常可信 2. 可信度一般 3. 不可信

C25-6. 是否参与过报纸媒介（ ）

1. 有 2. 没有

C26-1. 是否经常使用或接触广播媒体（ ）

1. 经常接触　2. 偶尔接触　3. 从来不听

C26－2. 广播接收设备（　　）

1. 购买收音机　2. 使用手机上带的收音机

C26－3. 接触的目的（　　）

1. 接收信息　2. 娱乐消遣

C26－4. 经常收听的栏目（　　）

1. 新闻节目　2. 娱乐节目　3. 科教信息　4. 其他

C26－5. 对广播媒体可信度的评价（　　）

1. 非常可信　2. 可信度一般　3. 不可信

C26－6. 是否参与过广播媒介（　　）

1. 有　2. 没有

C27－1. 是否拥有电脑（　　）

1. 是　2. 否

C27－2. 接触网络的途径（　　）

1. 使用自己的电脑设备　2. 网吧

C27－3. 接触的目的（　　）

1. 接受信息　2. 娱乐消遣

C27－4. 您经常使用的网络媒体有哪些？（　　）

1. 新闻资讯网站（新浪网等）　2. 社交网站

3. 服务类（淘宝，美团等）　4. 娱乐类

C27－5. 使用网络的目的（　　）

1. 看新闻　2. 与外界联络　3. 娱乐、游戏　4. 其他

C27－6. 对网络媒体可信度的评价（　　）

1. 非常可信　2. 可信度一般　3. 不可信

C27－7. 是否参与过网络媒介（　　）

1. 有　2. 没有

C28 – 1. 是否拥有手机（　　）

1. 是　2. 否

C28 – 2. 使用手机媒体的目的：

1. 看新闻　2. 与外界联络　3. 娱乐、游戏　4. 其他

C28 – 3. 利用手机上网的时间为每天：

1. 基本不接触　2. 少于 30 分钟　3. 30 分钟—1 小时

4. 1—2 小时　　5. 2—3 小时　　6. 3 小时以上

C28 – 4. 您的手机媒体上所使用的交友软件有_____个，其中使用比较频繁的有_____

C28 – 5. 您手机媒体上的好友有_____人，其中本地人有_____人

C28 – 6. 您有通过手机媒体认识并发展成现实的市民朋友吗？

1. 有，有_____个　　2. 没有

C28 – 7. 对手机媒体可信度的评价（　　）

1. 非常可信　2. 可信度一般　3. 不可信

C28 – 8. 您参与过手机媒体的互动吗？（　　）

1. 有　2. 没有

C28 – 9. 您利用过手机媒体进行过利益表达和维权吗？（　　）

1. 有　2. 没有

C29. 您参加了当地的工会或体育娱乐性组织吗？

1. 没有　2. 参加

C30. 您参加过当地社区组织的集体活动吗？

1. 没有　2. 参加

C31. 您没有参加当地社区组织的集体活动的原因是？

1. 我们是外来人，没有资格参加

2. 那是当地人的事，与我们无关

3. 没时间　4. 没遇到过

5. 想参加，但不知通过何种渠道参加

6. 没有兴趣　7. 从来没想过

8. 其他，请写明_____

C32. 在与老乡之外的人交流时，您一般会说：

1. 普通话　2. 家乡话

C33. 您在郑州交往的人中有郑州市民吗？

1. 有，有_____个　2. 没有

C34. 在日常生活中，您与郑州市民的交往情况怎样？

1. 经常打交道　2. 偶尔打交道　3. 基本不打交道

4. 从不打交道

C35. 您与郑州市民交往有困难吗？

1. 有　2. 没有

C36. 您与郑州市民交往中的困难主要是什么？

（请选择两项并且按困难程度排序，然后把您所选择的选项代号填写在横线上）

第一位：_____第二位：_____

1. 语言问题　2. 思想观念不同　3. 生活习惯不同

4. 地位差异大　5. 市民看不起外地人　6. 没有交往机会

7. 其他，请写明_____

C37. 总体来说，您与附近居住的市民的熟悉程度怎么样？

1. 非常不熟悉　2. 不太熟悉　3. 一般　4. 比较熟悉

5. 非常熟悉

C38. 您认为郑州市民从内心来讲愿意和外地人交往吗？

1. 非常愿意　2. 愿意　3. 不太愿意　4. 非常不愿意

5. 说不清楚

C39. 您在日常生活中因为自己的外地人身份而受到过本地居民的歧视吗？

1. 经常　2. 偶尔　3. 基本没有　4. 从来没有

C40. 您认为郑州市民会如何评价农民工？

（请选择两项并且按程度排序，然后把您所选择的选项代号填写在横线上）

第一位：_____第二位：_____

1. 没文化　2. 素质低下　3. 生活习惯不同　4. 地位差异大

5. 市民看不起外地人　6. 没有交往机会

7. 其他，请写明_____

C41. 您如何评价郑州市民？

（请选择两项并且按程度排序，然后把您所选择的选项代号填写在横线上）

第一位：_____第二位：_____

1. 傲慢　2. 看不起人　3. 冷漠　4. 热情　5. 友善

6. 乐于助人

7. 其他，请写明_____

C42. 当您回到"老家"时，您有一种回到"家"的感觉吗？

1. 有　2. 没有　3. 说不清楚

C43. 您在郑州有家的感觉吗？

1. 有　2. 没有

C44. 您在这没有家的感觉的主要原因是什么？

（请选择三项并且按重要程度排序，然后把您所选择的选项代号填写在横线上）

第一位：_____第二位：_____第三位：_____

1. 没有郑州户口　2. 没有安全保障　3. 没有稳定工作

4. 没有获得与郑州市民同等的待遇　5. 在郑州没有自己的房子

6. 与郑州市民没有来往　7. 在郑州没有亲戚、朋友

8. 其他，请写明_____

C45. 下列词语中，您认为哪些最符合您现在的心理状态？

（请选择三项并且按重要程度排序，然后把您所选择的选项代号填写在横线上）

第一位：_____　第二位：_____　第三位：_____

1. 时常能体会到幸福　2. 乐观开朗　3. 感觉太累

4. 经常感到压力　5. 积极上进　6. 孤独无助　7. 平和镇静

8. 萎靡不振　9. 自信自励　10. 焦虑忧愁　11. 知足常乐

12. 压抑苦闷　13. 无所事事　14. 敏感猜疑　15. 得过且过

16. 有时会想到自杀

17. 其他，请写明_____

C46. 对于以后的生活，您的打算是？

1. 希望长期居住在郑州

2. 取得郑州城市户口，成为郑州市民

3. 赚够了钱就回家乡　4. 尽快回家乡

5. 走一步看一步，视情况而定

6. 没有想过

7. 其他，请写明_____

C47. 您打算在郑州长期生活下去的原因是什么？

（请选择三项并且按重要程度排序，然后把您所选择的选项代号填写在横线上）

第一位：_____　第二位：_____　第三位：_____

1. 生活便利　2. 热闹繁华　3. 经济发达

4. 在郑州有自己的房子　5. 工作稳定　6. 家人在郑州

7. 发展机会多　　8. 文化氛围比较浓　　9. 挣钱容易

10. 宽松自由　　11. 在省会生活有面子

12. 其他，请写明_____

C48. 您不打算在郑州长期生活下去的原因是什么？

1. 没有郑州户口　　2. 在郑州没有自己的房子

3. 工作不稳定　　4. 家人、亲戚不在郑州

5. 竞争激烈，生活压力大　　6. 物价太高

7. 郑州气候不好　　8. 交通拥堵　　9. 在郑州感到歧视

10. 根在农村　　11. 城里人的人际关系太冷漠

12. 城市里规矩太多，不自由

13. 郑州居住环境不如我的家乡好

14. 其他，请写明_____

C49. 如果有针对农民工的节目，您是否愿意专门锁定看这个节目

1. 是　　2. 否

C50. 如果设定这个节目的话，您希望什么样的信息多点？

（请选择三项并且按重要程度排序，然后把您所选择的选项代号填写在横线上）

第一位：_____　第二位：_____　第三位：_____

1. 新闻信息　　2. 就业信息　　3. 娱乐节目　　4. 农业信息

C51. 如果有媒体邀请您参加关于农民工的节目，您是否愿意参加？

1. 是　　2. 否

C52. 您期望通过媒体来改变农民工形象吗？

1. 是　　2. 否

C53. 如果有针对农民工的媒体使用技术的培训，您是否参加？

1. 是 2. 否

C54. 您认为媒体对于您融入这个城市有帮助吗？

1. 有 2. 没有

3. 其他，请写明_____

以上就是本次问卷调查的全部内容，再次感谢您的合作！祝您工作顺利，阖家幸福！

附录二　城市务工人员生活状况访谈提纲

一　个人及家庭的基本情况

1. 请您介绍一下您自己的基本情况：包括籍贯、出生年份、婚姻状况、受教育程度、户口类型以及户口所在地、原居住地、具体职业、经济收入（过去三个月平均月收入）。

2. 请您介绍一下您家庭的基本情况：包括家庭有哪些成员以及每个成员的基本信息，及家庭的社会生活水平，家中是否还有土地？有多少亩？有土地的意义何在？

二　生活、工作基本情况

1. 请您介绍一下您来这个城市之前的工作情况（之前做过什么工作、时间、地点、职业类型、单位性质、收入等）。

2. 您外出工作的原因是什么？什么时候来到这个城市？为什么要来这个城市？您之前通过哪些信息渠道了解到这个城市的？

3. 您在这个城市的生活怎样（居住形式、住房条件、周围居民的类型、日常消费、业务时间的休闲方式以及生活中遇到的困难）？

4. 您来这个城市后的工作情况：做过哪些工作、通过什么渠道找到新工作？在此过程中哪种媒体对您有所帮助（报纸、广播、电视、网络、手机媒体）？

5. 在您的工作中，您与本地人相比，在待遇、保障方面有区别吗？如果有的话，具体表现在哪些方面（比如住房、医疗、孩子教育、各种奖金福利发放等）。

6. 在广播、电视、报纸、网络、手机媒体中，您最喜欢哪一种？

7. 您每天看手机的时间大约为多长时间？您使用手机媒体主要是为了什么？（看新闻，微信，QQ，游戏或者其他事务）

8. 您关注手机里面推送的新闻吗？主要关注何地何种新闻？您相信手机媒体推送的新闻吗？您对推送的新闻有何评价？您有参与过新闻互动吗？

9. 您手机里面的社交软件您经常使用的是哪些？（微信、QQ、陌陌等）您加好友的标准是什么？您感觉和别人在网上聊得来的原因是什么？你经常关注的话题是什么？

10. 您手机里面好友里哪种人比较多（老乡、工友、陌生人等），有没有本地人？您在和他们交流时有什么不同？

11. 当您的权利或者权益受到损害时，您有没有利用手机媒体发出自己的呼吁争取自己的权益？

三 社会认同

1. 您在郑州这边有经常和哪些人交往？其中有郑州当地人吗？你们交往的方式有哪些（见面交谈、网络聊天还是手机通话）？在生活中遇到困难（如需要借钱）和心烦的事，您会向谁求助？求助的方式有哪些（见面交谈、网络聊天还是手机通话）？

2. 您觉得自己与郑州市民的关系如何？您认为郑州市民是如何评价流动人口的？他们对外来人口的态度怎样？您与郑州本地人交往中是否存在困难？您有没有为了融入郑州市民中去而做过什么努力？

3. 在工作和生活中，您是否因为外来人的身份受到过歧视或者不公平的待遇？您与市民发生过冲突吗？如果有的话，您是怎么解决的？您求助过媒体吗？为什么不？求助过的话解决的怎么样？您满意吗？

4. 您在郑州参加过一些组织或集体活动吗（如老乡会、工会、体育娱乐性组织等等）？其中有当地社区和组织举行的一些集体活动吗？如果有的话，请详细介绍一下这些活动的情况以及您的感受和体验。如果没有，请问原因是什么？

5. 您对自己的身份定位是什么（您感觉您是农村人还是城里人）？为什么？您感觉农村居民和城市居民的区别在哪里？您觉得您与一起工作的工友有区别吗？您与老家的人有什么不一样的地方？您与郑州市民的区别在哪里？与他们比，您感觉自己的优缺点在哪里？

6. 您愿意别人称呼您为农民工、农村人、外地人吗？为什么？当被人称呼您以上称谓时，您的感受是怎样的？

7. 您愿意让别人知道您来自农村吗？您愿意与农村人来往吗？您喜欢参加农村人组织的活动还是喜欢参加当地人组织的活动？为什么？

8. 您想改变自己现在的身份吗？为什么？您觉得流动人口有可能成为郑州市民吗？为什么？如果有可能，您认为要成为"北京人"最重要的条件是什么？

9. 您想要一个郑州户口吗？为什么？

10. 您现在与家乡的联系如何？您是否关心家乡发生的事情？您现在留恋家乡的生活吗？当您回到"老家"时，您的感想如何？当您离开时，您的感想又是如何呢？

11. 您觉得郑州和您的家乡有什么不同之处？您喜欢在郑州的生活还是在老家的生活？为什么？

12. 在来郑州之前，您想象中的郑州市是什么样子的？城市生活是什么样的？您的这种想象是来自哪里（别人讲述还是通过媒体）？在郑州生活后，想象中的生活与现实有什么差别？您现在适应郑州的生活了吗？您认为自己来郑州之后有哪些变化？

13. 您关注媒体对城市新闻的报道吗？在消费时是否讲究时尚、注重面子？

14. 在平时工作与休息时用得最多的媒体是什么？报纸？手机？电视？电脑？广播？你平时最喜欢看什么样的信息？经常看电视（或者上网）吗？一般都喜欢什么节目？什么游戏？

15. 现在国家挺重视农民工的，电视报纸上总有报道，你觉得这些报道真实吗？上面的评论令人信服吗？

16. 您感觉政府或者单位在制定与你们相关的政策时，有没有考虑过你们的利益与需求？你们能向政府反映自己的利益与需求吗？如果想的话，考虑过什么途径（上访还是借助媒体）？您感觉政府在制定外来人员的政策与制度上存在歧视吗？如果有，您认为在哪些地方？政府制定的一系列针对外来人口的优惠政策（比如针对孩子上学），您了解利用过吗？如果有的话，您是通过什么渠道知道这些政策的？如果没有的话，为什么？

17. 您关注郑州发生的事情吗？您觉得郑州这个城市的发展变化与您个人的关系是怎样的？您在这里，找到家的感觉了吗？您有安全感吗？你们觉得媒体会对你们在城市生活有什么帮助吗？想让它对你们起到哪些方面的帮助？

18. 您认为您现在的精神状态怎样（是否经常感到孤独无助、生活压力大、感觉太累、为未来生活焦虑等）？

19. 您以后的打算是什么？是否愿意继续留在郑州工作生活？为什么？

（访问员记录）被访者的普通话熟练程度：

1. 标准普通话
2. 带较重地方口音的普通话
3. 被访者不能讲普通话，用当地方言进行调查
4. 被访者不能讲普通话，用少数民族语言进行调查

访谈的部分样本：

样本一：

邓某，1990年出生，贵州省六盘水人，苗族，小学文化水平，农业户口。现居住在郑州市河南六建建筑工地旁边租的房子里。未婚，但有老婆和3个孩子，2006年来郑州，在郑州一处建筑工地，主要工作为在工地打工，同时自己在工地旁边开了个饭店。

邓某说因为小时候家里条件不好，再加上调皮不好好学习，所以他初中只上了半年便辍学了，辍学之后一直在各地零零散散地打些短工，2006年随着亲戚到了郑州，在工地上给人抬钢管，每月能拿到35元钱，但他当时觉得这个数字已经算很好了，他把挣下的钱留极少部分作零花，大部分寄回家里。

邓某有第一个孩子的时候还没到结婚年龄，后来一直拖着没有与老婆登记结婚直到现在。他现在有3个孩子，大孩子5岁多，已经上学，第二个孩子1岁多，第三个孩子刚出生不久。未婚妻在家带孩子，没有职业。父母在家务农，守着祖上留下的4亩地，家里条件并不富裕。谈到土地，邓某觉得那是祖上传下来的，不能丢，土地对他一家人来讲是一种重要的保障，没有能力在城市生活的时候起码可以回家种地，对农民来说必须有地。邓某很体恤父母，他说自己从打工挣钱开始就是家里的顶梁柱了，每年除

了留够生活费，其余全部寄回家里，有了孩子之后，家里费用增加，一家人每月的生活费和月租8000多元，虽然生活还过得去，但居住条件不是很好，房租高，他们一家租在两室一厅的房子里，每月付600元的房租，后来让他无语的是郑州到处拆迁，他也到处搬家，单是2015年就搬了3次，现在他居住的地方周围城中村房子快拆完了，他还要考虑重新找房子，他说，如果到时候住小区的话会更贵，这是当下他比较顾虑的事情。这也是邓某拼命挣钱的原因，一家老小等着他挣钱花。

邓某每天工作8小时，但随时都有加班的可能，邓某说，他们的主要工作是"外架"（盖楼房时需要搭的架子），如果承包了一项工作，工程的进度、质量，以及开工之前的周密计划，工程可能出现的问题、隐患及想到的对策等，这些都要他这个包工头去思考。问及来郑州打工的缘由，他说主要是想多挣些钱，回家盖房子，在电视上看到郑州这边发展还是不错的，当时只是想更快地跨出门槛，所以也没更多地考虑。以前老家那边不如这边经济发达，不过他说现在好多了，旅游业发展起来了。听邓某讲，他们周围的居民很多是做生意的，外地人居多；一家人每天日常消费大概80元左右，电费每度1.5元是比较贵的。说起饮食差异，邓某不自然地笑了笑，说这边饮食习惯与老家差别还是很大的，他们早餐吃面条，中餐比较丰富，准备米饭和菜，而这边恰恰相反。自己回想起刚来时对饮食的不适应到慢慢被同化，再到后来一家人重新坚持老家饮食习惯，这段时间恐怕是邓某难以忘怀的。邓某业余时间很少，整天在工地上组织干活儿，与工友讨论方案，得空时候会静下心来算算账，计算一下自己会不会赔钱，制定明天的计划，不忙的时候到其他工地转转。作为一个包工头，他需要组织、协调，需要照顾到方方面面的事情，所以根本没时间玩手机，出于工作上的需要，只会看一些群信息，发通知等等。

谈及他生活中的困难，我才知道"老地方"餐馆是他开的，但效益并不是很好，这个餐馆需要养着他找的10多个老乡，还要给他们开工资，所以归根结底还是钱的问题，他说，如果工地上未按时给钱，可能就要东借西凑。娱乐对邓某来说是个奢侈，但有时候他宁愿很奢侈地花掉一小部分时间来看他最喜爱的脱口秀，这是他比较喜欢的节目，他说有时候会想着通过这个栏目说一下自己的生活与不易，但又觉得自己文化水平低，怕说不好，所以打消了念头。生活不易，常年远走他乡，拼命打工挣钱、养家糊口更难，这些邓某都知道，但是他有阿Q精神，他觉得待遇上他们几个外地的要比那些本地的等活儿的人要好很多，所以每天都会乐观工作，开心生活。十几年的异乡打工历程，早已让他一家人习惯这里的一切，普通话慢慢变得标准，甚至会说方言。让他觉得很好的是郑州这边的医疗、教育等方面比老家优越很多。

聊起媒体等有点潮流、前卫或者用邓某话来说"高科技"的东西，他总是有点尴尬，说自己不太懂，因为小学都没毕业，大字不识几个等等之类的话，但说起兴趣，可能最喜欢电视，因为他觉得眼睛看到的更加真实，有画面呈现，至少是自己看到的，"耳听为虚、眼见为实"总是有一定的依据。但这只是他个人感觉，"说不定也有作秀的成分"，他笑了笑说。媒体可以被看作学习的平台，开阔眼界的渠道，基于此，邓某只要有时间就会看看微信上推送的腾讯新闻，有需要的时候还会百度。他从使用类似老年机的手机到后来娴熟地掌握智能机，从原来不会打字到现在自学慢慢熟练了，善于学习，弥补自己的不足是邓某的优点之一。其实他爱看新闻源于对新闻的好奇心，对新鲜事物的好奇心，觉得能了解一下国内动态才会跟上时代的节奏。与其他很多"90后"不一样，他不喜欢玩游戏，觉着打游戏是很无聊的行为，浪费时间，也没有意义。邓某也会偶尔看一下报纸，但对于推送的新闻，觉着会有好有坏。通过媒体影响到邓某的事是关于电视上一些捐赠、慈善等类的新闻，他刚开始打工时看到慈善新闻，便捐出了自己平时的零花钱，他觉得这不是热心，只是觉得有必要向需要帮助的人伸出援助之手。见到了需要帮助的人一定要帮助。所以他也坚信新闻会更多地传递正能量，但很少在看新闻的时候互动，据他讲，他给一条新闻写过几句评论，因为当时那条新闻讲的是关于农民工的事情。在使用 QQ、微信添加好友功能时，邓某有自己加好友的标准，他会选择加更多的熟悉的同事、朋友之类的，加他们主要是为了方便联系，70%多都聊得来，主要聊一些工作方面的问题。当然他的好友里面有一些是本地人，大都是同事，而那些长期没联系，相互没有共同话题的好友几乎都删了，所以在加好友方面他都是挑聊得来的。当问及他会不会利用媒体争取利益时，邓某回答："觉着不现实，觉得自己实力太渺小。"邓某没有接触过一些平台，他甚至认为利用媒体反映利益诉求会交给对方一定的费用。2015 年，由于工地上的一些利益冲突，他被一伙人打了，被打后的当天晚上报了警，派出所送他到卫生院治疗，但是打他的那伙人到了派出所，三言两语就把派出所的警察给打发了，当时"自己只能忍着，因为强龙还压不过地头蛇嘞，人在屋檐下不得不低头，只能得过且过"。他认为如果要报告给媒体，说不定会引来更大的祸事，自己还是咽下这口气。

在谈及与本地人的交往方面，邓某说会跟本地人交往的，家里人都觉着他们接触的那些本地人还是挺不错的，然后他说了自己的一次借钱经历。因为邓某是包工头，工程结束，作为负责人总不想拖欠自己手下工资，但当时因为资金难以周转，自己也不会用支付宝什么的转钱，他急得像没头苍蝇，想不出任何办法，当时他向一个本地人开口，找到邻居，说明情况，希望对方能解其燃眉之急，当时对方特别爽快地借给了自己。他非常感激，同时也说这也是他在寻求帮助时见面交流的结果。如果在网上聊天求助的话不能确定对方是真心还是假意。但毕竟世界上还是好人多，觉着自己跟本地人还算相处融洽，他们大部分是好的，很少出现矛盾。只是他们刚开始租住到现在住的地方时，第三个孩子刚刚出生，每次邓某爱人背着孩子做家务、买菜时，周围人很不理解，议论说那么热的天还背着孩子，因为他们不知道在南方都是如此，在我们当地都是背着孩子下地干活，那样会更方便，我们更多的是图个方便，这也许就是本地人与外地人认知习惯方面的差异。当地人对外地人态度上，觉着自身干净利落可能会招当地人待见，反之可能会给对方带来不好的影响。但二者在交往上没啥困难，甚至邓某想过要定居在郑州，也为了融入郑州做过很大努力，为了稳住脚跟给一家人安定的生活，他很想在郑州买房，但是问过房价感觉自己买不起，"不过我有这个想法就去努力吧，十年不行，就二十年，我最终应该能在这儿买得起自己的房子"。

当问到本地人是否歧视外地人时，他随即摇了摇头说没有受到过歧视，但产生过一次冲突，是在工地上发生摩擦，但那次使邓某处理此类事件的观念发生了重大改变，"以前的话对方武力自己也武力，但现在不会了，现在会忍着，尽量不惹是非，态势严重的话公司会解决，过年时候如果公司拖欠工资，矛盾闹大了时会上访，到劳动局，新闻也报道过"。所以他也很乐意参加各种集体活动，每当工地上或者附近有一些表演活动，只要自己有时间，就会自告奋勇地报名参加，还说自己爱说绕口令，因为自己胆子大，傻乎乎地就上台，上台时激动而紧张，只有表演完才有一种愉悦感、成就感。

"农村人始终是农村人，改变不了，"邓某说。他认为自己还是农民，而且成为城里人的希望不大，可能打一辈子工在城市也买不起一套房，而且他觉得城里人也有过的很艰难的，甚至有的更可怜。但他犹豫的是，城市毕竟硬件设施比较齐全、先进，无论是交通、医疗还是教育等方面都比农村强了很多。他的饭店里每天进进出出都是他的工友，他跟工友也没啥不同，都是打工者，或者说都是农民。他愿意别人称自己农民工，愿意让别人知道自己来自农村，因为在他看来事实就是事实。

工地上娱乐活动一般很少，所以附近一有活动，他就积极参与，愿意参加各种活动，无论是城里人组织的，还是农村人组织的，他认为应该更注重活动本身的参与感。只是有时候邓某会思考，会出现一种矛盾心理，一方面他想改变自己的身份，但是另一方面自身能力水平达不到，文化程度低，乐观的想法是认为自己还是有可能成为郑州市民的，主要是钱的问题，这是很现实的问题。

邓某"少小离家"，但好在与家乡联系紧密，关心家里发生的事，回家时很有回家的感觉，但又怀着对家的责任，所以离开家的时候即使留恋也要走。邓某喜欢老家的生活，那里的语言、环境、生活习惯、衣着服饰等各方面都与郑州有很大差异。来郑州之前他想过郑州的样子，也通过电视看到过郑州的高楼大厦，"很繁华，来了之后觉得比之前看到的更好"，十几年的时间，使他早已适应了郑州生活，就像这座城市有巨大变化一样，他认为自己也变了很多，或许自己社会经验更丰富、经济收入更高了一点；或许为人处事考虑更加周全，人际沟通方面不再支支吾吾；也通过媒体使自己观念上发生了一些变化，比如不会再和别人比穿名牌，比消费，而是遵从自己的实际需要。

问他电视等媒体上对于农民工的报道是否真实时，他认为可能只有部分真实，即使有画面的电视，可能也会有作秀的成分。但他觉得国家确实也有为农民工考虑一些利益和需求，比如解决拖欠工资的问题。他想过用媒体，但却不了解使用途径，也不知道拖欠工资的人的背景，甚至他觉得可能黑白两道都会有，所以更不能贸然找媒体报道。至于政策公平上，他认为政府在制定优惠政策上不存在歧视状态，说自己孩子上的学校很好，老师很好，不分本地外地，而且可能会对外地更好一点，还激动地说去年班主任老师还帮助自己孩子先垫上了学费。

关于未来，邓某是比较纠结的，一方面自己工作压力大，3个孩子使他更加焦虑以后的生活，虽然他边打工边创业，已经有些起色，但还是未能达到自己的预期。在当下的生活环境里，他有家，有安全感，却依旧觉得无自己的立足之地。他想着如果慢慢有个好的生活环境，自己再把餐馆发展好些，可能会继续留在郑州，毕竟郑州已然成为他的第二故乡，而且如果重新到其他地方立足可能会更加困难，所以他的想法是比较愿意留在这里。

访谈二：

吕某，1989年生，汉族，河南省濮阳市人。初中未读完，在郑州待了3年，一直在富士康打工，她的丈夫强，1987年生，河南省通许县人，初中辍学回家，强跟人合伙在富士康工厂附近开了一家按摩店。他们现在居住在郑州富士康电子厂旁边租的房子里。

在到郑州富士康打工之前，吕某奔波过几个城市，后来辗转到广州那边的富士康打工，当时很多老乡都在南方的电子厂之类的地方打工，一听说富士康在郑州建了厂，他们都纷纷辞工转到郑州来。她在富士康里做的主要是流水线上的工作，每天正常情况下工作 8 个小时，但时间也不固定。常年在流水线上工作，她的小手指关节处都磨出了茧。她的丈夫强辍学回家后跟着工地打过零工，也到过饭店给人洗碗，后来觉得这些都不挣钱就也到了南方打工，后来两人结婚有了孩子之后回到了郑州。强跟人合伙在郑州富士康工厂附近开了一家按摩店，因为是刚开，生意不是很好，前期投资很大，到目前还没有赚回本钱。

吕某家总共 10 口人，有两个儿子都在老家上学。家里总共 7 亩地，主要是公公婆婆在家干着。土地对他们家而言依旧是非常重要的存在，10 来口人都指望着这几亩地填饱肚子。提起孩子，她总觉得对不住他们，每次回家她和丈夫都会带很多吃的玩儿的，希望尽可能让孩子享受到父母的爱。她非常矛盾，一方面孩子还小，出去打工割舍不下，另一方面不出去，单靠丈夫打工挣钱养家糊口也不是长久之计，养两个儿子的压力更大。最终她决定忍痛与孩子们分离，选择出去打工。

吕某的室内陈设简陋，没有电脑、电视，她也从来没订购过报纸，平时闲的时候会看手机，主要是上网，看一些郑州的新闻，关注一些时事和社会新闻。她每天上网大概 5 个小时，主要是喜欢熬夜。平时也会玩 QQ、微信，好友挺多的，有二三百人，但聊天的不多。"谁没事儿天天跟你闲聊啊，"况且，自己每天也很忙。她的娱乐消遣方式不多，她说富士康人的娱乐方式都很单一。累了一天回家，可能会玩儿会儿小游戏放松一下。微信或者 QQ 上有一些推送的新闻，但很少看，对于一些杂七杂八的报道，她很厌烦，觉得那些新闻都是瞎掰，真实性不大。尤其是娱乐新闻，说的五花八门的，也没有亲眼见，所以那些新闻她从不看，没有参与过互动，对于社会新闻、时政新闻，还可以相信。

2014年，吕某开始做微商，她在微信上卖面膜，一开始，她还不好意思给自己朋友圈里的人推荐，后来慢慢地就轻车熟路了，也赚了些钱。吕某说她的微信、QQ里更多的是同学、同事、老乡、亲人，也有一些本地人，但极少和他们聊天，只是偶尔有需要可能会聊一下，比如工作上的事等等，说话方面肯定有所不同，因为环境不一样，所以可能说话方式什么的不一样，想法也不一样。

在工作中，吕某觉得自己与本地人相比，在待遇、保障方面没有什么区别。在富士康，所有员工待遇一样。他们一家也想过让孩子来郑州，但是还是觉得不切实际，有硬性条件限制，比如说学籍；当问起对于权利或者权益受到损害时，有没有利用过手机媒体发出自己的呼吁、争取自己的权益时，她却回答感觉那些有点虚，比如手机丢了，对媒体来说也不是啥新奇的事，因为他们报道的都是比较奇怪的，能吸引人兴趣的，感觉他们也不会报道；感觉媒体不真实，他们也不会重视，还不如到当地报警来的实际；即使在电视上感觉能力很强，但是现实中感觉还是虚。

在社会认同方面，吕某和本地人偶尔有交集，但并未和本地人建立很深的感情，自己有什么困难，可能还是会找自己的好朋友。与本地市民关系还好，并未和本地人发生过冲突，因为接触不多，如果真有解决不了的事情可能会找警察，没有找过媒体，感觉他们报道新闻总是夸大，他们可能并没有真心实意要提供帮助；更相信电视，相对来说可信度高一点，手机上网的话，只有图片和文字，电视的话有画面，看起来更真实。

尽管在城市生活多年，但她感觉自己还是农民，脱离于城市之外。她自己更喜欢农村，她觉得城市和农村的区别在于教育，整体素质可能比农村好，但城市拘束，没有农村随意。她认定自己是农村人，那么对于别人如何看自己，如何称呼自己觉得无所谓。至于会不会改变自己身份，吕某说，需要看自己能力了，在她看来，做农村人也好，城市人也罢，各有利弊。事实上她不想把户口迁到郑州，感觉不安全。毕竟根在农村，那里有她关心的人和关心她的人。她想象中的城市像电视里演的那样，画面唯美，到处都是繁华一片，但是现实却大不相同，区别很大。这几年郑州有很大发展，交通等各种硬件设施跟上去了，因为生活在郑州，郑州的一举一动跟自己也有关系，所以她也时常看看郑州新闻。

平时工作与休息时她用得最多的媒体是手机，像开心消消乐之类的游戏偶尔玩一下当作消遣。对于新闻的真实性，她觉得就一般吧，对农民工的报道可能是真的，比如工地上一些事故。她知道自己是农民工，不过她没有了解过政府制定了什么与农民工有关的政策。吕某更像一个事业型的女人，在家待不住，她也为未来焦虑、发愁，自己生了两个男孩，在现在的社会，想把两个孩子培养成才需要付出很多财力，所以想到这些，她就觉得心累。她说自己已经花了很长时间在想着怎么能够更好地生活，如何给孩子一个更好的生活条件，她觉得可能还是创业更有发展空间，所以对于今后的打算，她可能会自己开店，毕竟郑州不是她的家，她没有理由留下。她的老公已经走在创业的路上，虽然现在发展还不是很好，但她相信自己老公为了这个家会努力做好，不久的将来，她希望孩子能看到他们的成功。只是现在她还没想好开什么店，在哪里开。"还是先攒够开店的钱吧，"她笑着说。

样本三：

陈某，1989年生，河南省驻马店人，初中毕业，已婚，有两个孩子。在富士康的工作岗位是平管，负责做统计。

陈某打工经历丰富。2004年她来到郑州，跟着一个表姐在一个商场卖衣服。后来经一个朋友介绍到富士康工作，原本以为自己受不了那份罪，吃不得苦，后来发现自己已经在这个地方待了几个月了。她觉得比较愧疚的是，自己和丈夫都在外打工，两个孩子就成了留守儿童。

她在富士康住工厂宿舍，一个宿舍8个人，每月150块的住宿费，她也不舍得租房，觉得工厂宿舍挺方便。陈某的生活很简单，上班时候每天大概2、3个小时玩手机，不上班时一天都抱着手机。手机上和大多数人一样，有微信、QQ，她的微信和QQ好友有二三百人，但平时聊天的大概只有那么几个。除去这些，她就玩游戏、睡觉、逛街，或者找个人聊天，偶尔看电视剧。

在平时工作与休息时，她用得最多的媒体是手机，工作时用电脑，但是电脑只是用于工作，其他时间都是手机，由于住的工厂宿舍没有电视、电脑，她的大部分业余时间都消耗在手机上，手机对她各个方面也都有帮助，她觉得手机可以解决很多问题，比如找不到路了，网上搜索等都需要用手机。新闻中，她相对喜欢看腾讯新闻，可以关注一些外面发生的大事，毕竟身处郑州，所以郑州的新闻也会关注，她也相信里面的内容，总觉得那么大的网站应该不会发不实信息，比较相信媒体，没有参与过互动，她觉得新闻看看就行了，自己也没什么高见可以发表。大多看娱乐新闻，还有各地发生的比较大的事儿。对自己有益处的新闻她才会看，比如关注交通新闻可能对出行更为有利，所以她这方面新闻关注较多，其他方面较少。相比之下，她比较喜欢关注农村新闻信息，感觉里面的新闻离自己比较近，都市报道里面跟百姓相关的、贴近生活的新闻她也比较爱看。手机里的小游戏是陈某的最爱，她对于挑战关卡非常痴迷。

在社交方面，陈某非常喜欢与人面对面交流，她很喜欢和朋友聊天，拉拉家常，聊着比较亲切，相互说自己的事情。在她的手机里，微信和QQ好友大多是她的亲朋好友，她最喜欢的是和家人在QQ或者微信上视频、语音聊天，尤其是每天和自己的孩子视频。她的好友里也有本地人，但很少交流，她认识的更多的是外地人，和本地人的接触仅限于工作中，她们宿舍里没有本地人。对于陌生人的好友请求，她从不理会。如果遇到困难，第一时间向她的家人请求帮忙。

在日常交往中，她觉得与本地人相比，在待遇、保障方面区别不是很大，来到这里的人和这里的本地人都差不多。她与本地人交流上觉得没有什么不同，但是她觉得对方与她交流时候，有些本地人偶尔会流露出自己是本地人的优越感，这一点让她感觉很不舒服。前几年她在郑州卖衣服的时候，看衣服的人问衣服上的英文标识是什么，而陈某本身上学少，识字都还有限，更不必说英文，有时候懂不了那么多，"他们看着你就感觉那种瞧不起的感觉。觉得他们认为自己就是个打工的，自己就得给他们服务，一种居高临下的感觉"，她感到有点难过。因为是外来人的身份，她自己也总是小心做事，觉得人不犯我我不犯人，即使人犯了我，可能也会抱着"忍一时风平浪静"的心态。但问及是否受到过歧视或者不公平的待遇，她回想了一下说没有，陈某看起来是很温顺的性格，能不惹事就尽量不会惹事。她偶尔参加同事举办的聚会，朋友邀请去玩儿，去唱歌，或者娱乐活动什么的。在内心深处，陈某是介意别人刻意喊她农民工、农村人或者外地人的，要是开玩笑就无所谓，但要是嘲笑性质的就接受不了。因为毕竟这是关乎自己尊严的事情，她不想让别人把她看得很卑微。至于说农村人和城市的人的区别，肯定有的，而且很多方面都展现着差异，比如金钱，比如城市的硬件、软件设施带给城市人的便利，比如教育，甚至生活状态、思想观念、生活节奏都不一样，这样比是没有意义，也没有必要的。但如果真要对比一下，她觉得农村还是会有很多益处的，比如环境，农村的天很蓝，晚上星星很多，树木花草很多，空气新鲜，农村人生活简朴，为人诚恳老实；农村里少了城市的喧嚣，少了那里的繁华和灯红酒绿。但是也少了教育、交通、公共设施等硬件设施和软件资源的优越性，少了城市工作的动力。

  在权益维护方面，来到郑州之后，她似乎没有想过有关权益、保障之类的事情。陈某本身对这方面了解不多，而且她觉得了解这些没用。但她认为国家挺重视农民工，应该制定有较为完善的政策保障，只是她认为很多人瞧不起农民工，他们干活儿很累，应该给予更多关注，觉得他们上公交车的时候大包小包的，司机或者有的乘客看他们的眼神都不太一样，出去干活儿很不容易，没有农民工可能就没有这个城市。她说她亲眼见到过一些农民工，有的甚至60岁以上了还在外奔波劳碌。她为那些拼死拼活干活却拿不到工资的农民工鸣不平，"媒体应该在这方面多报道，但是真正能切切实实报道出来的又有几家媒体呢？他们即使爆出了一些事实，也只是呈现一下，并未想要真正地解决问题。再说，他们会去反映，这些事情能最终解决吗？"她有些迷茫，没有去找过媒体，也不知道该如何去找媒体反映，"世界那么大，我一个人那么渺小，我说了他们会听吗？"她有点不敢相信媒体会给她反馈，会来采访报道她要解决的事情。

她觉得郑州这个城市生活节奏快，工作有压力，但也更有动力，更重要的是城市能提供很多工作的机会，或许是改变人的一生的机会。至于说成为郑州市民的可能性，想把户口迁到郑州，但是也不是那么容易的事情。在她内心深处还是想回家，回到家就不想回郑州了，想和妈妈在一起。郑州，这个城市她已经待了十多年，她眼见着郑州的巨大变化，可以说是她的第二故乡，她已经适应了这所城市，但对比家乡，更喜欢老家。陈某在来郑州之前，想象着郑州非常大，人们都很有钱，生活很好，是上流社会的一种生活状态，这只是自己想象的。但2004年来了之后，慢慢感觉，这里也不是天堂，这里也只是和别的地方一样，有的在郑州生存的那些人们甚至还不如她的经济条件，他们是同样在郑州挣扎着，生存着。陈某关注着郑州的发展，因为这个城市发生的一切都可能与她有或多或少的关系，比如地铁建好了，可能利于她出行，比如厂区周围新建了公园，她就可以在晚饭后散散步。随着经济的发展，科技也越来越发达，媒体行业风生水起，编织着郑州信息的大网，所以媒体对于城市生活肯定有很大帮助的，而至于陈某想让它发挥怎样的作用，她也说不上来，可能很多地方都需要利用媒体。陈某现在最焦虑的是孩子，因为养孩子需要钱，她感觉她们一家现在的收入养活俩孩子挺难的，感觉没学问干啥工资都低，所以偶尔想起来自己早早辍学，她也难免后悔一会儿。

陈某坦言，她暂时不会辞工作，毕竟现在干啥不容易，她以前想过创业，开个店，但是这个想法被老公抹杀，老公不相信她的能力。而她自己也没想好，只是说近几年还会留在郑州。

样本四：

王某，1991年出生，汉族，河南省南阳市新野县人。高中未毕业，郑州一家眼镜店老板，租房子住在眼镜店旁边的居民楼。

王某家是农村的，有一个哥哥需要钱结婚成家，父母已经年迈，所以他高中没毕业就离开校园。辍学后，他去了江苏苏州张家港打工，在一个机械加工类的工厂里上班。他觉得当时处在"90后"边缘的一个群体，尤其是农村的孩子，对上大学的概念是比较淡的。后来为了女朋友来到郑州继续打工生涯，在郑州高新区自己开了一家眼镜店，每个月几乎都能有一万元的收入，但是扣除房租和必要生活费也剩余不多。对于老家的情况，他表示出来之后并不是很挂念家里，毕竟有哥哥嫂嫂照看家里，所以他很长时间也都不会往家里打电话。但是说到年迈的父母的时候，王某眼睛里还是有些湿润的，母亲一个人在家务农，种着那十多亩地，体力多少有点吃不消。

说到自己在这边的工作情况，王某表示出来的有无奈也有欣慰。无奈是因为他感觉无论在哪里，都有着潜规则，自己经营的店，不是靠自己的努力就能得到自己应该得到的，但是和周围的店家也会有走动。他坦言，自己是比较随和的，不愿意和那些不讲理的人过多地交谈。一切为了女朋友——这是王某更换打工地的宗旨，但为了女朋友开这个眼镜店的他，因为本小利薄，而且还没站稳脚跟，只能一天24小时都待在店里。每到周末，女朋友如果想出去逛街，王某就让她找自己好朋友，或者自己一个人。对于这一点，他觉得挺对不起女朋友的。尽管是为了女朋友，但是高新区眼镜店比比皆是，竞争非常大，而且他自己也没有开店经历，所以创业之初，举步维艰。好在女朋友学过做这个，偶尔能给些意见。王某对做好这个眼镜店并没有十足的信心，但他漂泊的心算是安定下来了，毕竟离家近一些，离亲人近一些总是好的。不过自己慢慢变得懒散了，天天闷在店里感觉整个人都困困的。

出于工作性质，每天能接触到的也只有少量的顾客，所以工作之余，王某会玩儿会儿电脑，看看手机，而报纸则很少看，有的时候会有那种免费的送上门的报纸，就拿着看看。王某也是标题党，对于报纸上那些比较吸引人的标题会看看。对时政、社会等新闻王某并不感冒，即使看新闻，王某也只选择些交通方面的。因为他觉得这跟自己关系更紧密些。对于网络，王某表示会通过电脑看一些娱乐新闻，也会在手机上看一些浏览器上的头条新闻，网络上弹出来的腾讯新闻。比如各地发生的一些事情、八卦什么的还是比较吸引人的。看到郑州的新闻也会点开看看，大多也是看头条，因为他觉得一般上了头条的新闻不会是假的，他对头条的概念就是："头条就是它会把其他的都删掉，留下的都是比较主要的。"偶尔会看看上面的评论，但从来没有评论过，只是有想过，但也只是想想而已。跟其他"90后"一样，王某也离不开手机，眼镜店里没顾客的时候，他就用手机看视频，甚至还会追剧，不过他觉得现在新出的电视剧都不如以前的电视剧经典，有的时候看着很假。也会下载一些社交软件，比如QQ、微信等，偶尔会聊，一般都是有什么事了联系一下，平时也不怎么联系。加好友标准上，王某比较随意，遵循"凡加必准"的原则，即使是陌生人他一般也都同意，但是同意之后也放在那里不聊，现在也没什么好聊的，他觉得那些加他的陌生人应该是刚买了手机的初中生，因为自己也是从那时候过来的。王某说以前的自己也会主动加一些陌生人，但是现在不会了，因为过了那个玩QQ的新鲜感，而且也没什么好聊的，浪费时间，聊天也很累的。如果找朋友聊天，他觉得面对面聊天更好，因为通过微信或QQ都太生硬了，即使发很浮夸的表情也依然生硬，而且发过去的文字信息有时候可能不是自己想要表达的意思。与朋友聊天或者跟周围邻居唠嗑更多也是店里的一些基本情况,行业发展趋势等等。王某使用最多的媒体还是手机,他一般不看综艺,偶尔看看电影和电视剧,他兴奋地说近些年比较喜欢看福建那边的布偶戏。就是手机上看的那种布袋戏。平时他也爱玩游戏,网络游戏比如"逆战""CS"之类的。玩儿游戏也没花过钱,就是当作娱乐玩儿一下,玩儿一段时间也就失去兴趣了。

  对于农民工的报道,王某觉得那些报道不一定都是真实的。政府对农民工制定的政策很多,他觉得中央的政策是制定过了,政策是真真切切为人民着想的,但是地方上落实真的是一个问题。当问他如果现在有机会让您给市长写信谈下你的需求会怎样,他笑着摇了摇头。他不会跟其他人起太大冲突,即使有,也愿意诉诸媒体,觉得可能利用媒体,比如小莉帮忙之类的,双方和解的话会更快一些,媒体毕竟是媒体,双方也会要面子,会好好谈吧。王某自我权益保护意识比较薄弱,即使在自己开店的过程中,权益受到侵害的时候,他也觉得很多都是潜规则,比如要应付很多的检查,"你要是不给钱的话他肯定不会让你过关的,就算你过关他也会说你不过关的。"王某无奈地说。当问及是否想过会利用微博或者其他的渠道来控诉,他再次无奈摇头,说没什么用,这种事情太多了,而且多一事不如少一事,慢慢也就作罢。

  王某自己开店,接触的大多是顾客,有一些熟客和王某聊得来,也会介绍附近学校的同学来他店里配眼镜。王某为人随和,所以在接触无论本地人、外地人都可以谈得来,因为他觉得人的心性都还是好的。但因为店里大多是附近学校的学生,都有微信、QQ,他偶尔有什么事也会加对方微信等来联系,王某一个朋友就在附近学校上学,偶尔也会联系朋友帮个小忙。在郑州生活了大半年的王某有时候也会有一些烦心或者不如意的事,但他一般还是会跟家里倾诉，因为他觉得自己永远是爹妈的孩子，家永远是躲风避雨的港湾。在郑州，他也没多少朋友，跟本地人接触的不是太多，他觉得其实郑州市更多的是外地人。王某觉得本地人和外地人多多少少会有一定隔阂的，不过一般外来的都是在附近上班的。可能民俗习惯等有所差异，但他自己倒没觉得这里和老家有太大差异。他想过在这里安定下来，但是高额房价使他对心仪的房子望而却步。王某适应能力和生存能力较强，在来郑州之后无论多大的挫折，他都努力挺过去。但他觉得自己跟本地人各方面还是有差异的，比如在生活保障、待遇等方面还是有一些区别的。他跟我们讲述，他的一个亲戚小姨在郑州买了房子，但依旧和本地人有些区别。因为自己很久没有来郑州，所以没有参加社区医保之类的，对这方面他了解得比较少。关于工作和生活，王某也有自己的看法，可能本地人与外地人本身就带着区别，同样是开店，肯定本地人会好些，而且他觉得在现在这个社会，人脉是很重要的。第一次在郑州生活，王某对郑州这地界儿还不是很熟，也没有了解过一些集体活动或老乡会什么的，不过如果有，他还是很愿意选择体育类的活动。从打工到现在，在城市间辗转，但王某从未忘记自己的农民身份，跟霓虹灯掩映下的城市依旧是分离的，在这所城市里，他依旧是紧绷着不能放松的状态，跟周围人打交道也要小心谨慎，生怕说错了话，但是在老家就可以随心所欲，特别放松自在。在附近，他和周围的人们相处得还算融洽，也不在乎别人是否知道自己是农村人，"人与人的相处，更多的是要看品质，而不是看谁钱多少就和谁交朋友"。他说。

对于自己身份，王某没有太多纠结，他觉得在郑州上学也好，城市教育确实挺好的，但是又感觉城市小孩挺累的。所以想到这些他就觉得压力很大。通过接触顾客，他觉得给孩子配眼镜的家长对孩子挺严格，小孩子在星期天也都不休息，都要上辅导班之类的课程，感觉他们挺累的，家长逼得挺紧的，不管初中高中，都是家长送着上学，而自己平时都是自己上学，小学、初中、高中都是自己去学校的，在这一块都是家长送的。所以王某当下的矛盾是虽然有意在郑州安家，但最重要的还是有稳定的工作，房价较高，而且最起码得有稳定的工作。当下一切随时可能会变化，比如家里如果有需要，那么自己随时都会回去，不过忙完之后还是会回到城市打拼，因为毕竟这里机会更多一些。要是老待在老家里，自己女朋友也不同意的。如果问王某喜欢城市的生活还是家里的生活，他也毫不犹豫回答家里，因为家里面也大，想怎么逛就怎么逛。他特别喜欢老家房子前面种的各种果树，感觉挺好，每年回去，那些树都长得挺快的。

　　来了郑州以后，他并未觉得自己创业有什么优惠，也感觉郑州这座城市的变化和自己的关系感并不大，甚至没啥关系，感觉自己还是像一个过客。但是媒体发展迅速的时代，媒体对这个城市生活的报道对王某还是有很大帮助的。因为毕竟有些媒体确实敢说，有些记者确实不怕，也敢说，确实挺好的。王某工作上虽有压力，但是他的精神状态还是很好的，只是感觉自己整个人有点疲懒，因为长时间没工作。问到今后的打算，王某说应该会陪着女朋友留在郑州发展。至于是否真的准备在郑州安家，王某自己也说不准，只是有这样一个想法，而是否在郑州生活，又是否有这个能力生活，看他以后的发展。王某暂时住在他的眼镜店里，生活各方面较为适应，但他尴尬地笑了笑说，感觉郑州到处都在拆迁，处于重建之中，所以雾霾确实是挺严重的，唯有令他遗憾的是郑州这边河太少了，他在苏州的时候，出门上班都能看到河，门前门后都是河，全部都是河。

样本五：

冯某，男，汉族，1987 年生，南阳方城人，已婚，有 3 个孩子。从事下水道疏通以及一些简单的水电工的工作，每个月收入 6000 块左右。在郑州 10 多年，已经买房。

在来郑州之前，冯某去过北京，在饭店当洗碗工，那段时间是他人生中最难以忘记的经历，每天从早上到晚上不停地洗碗刷盘，晚上回去租的地方累得倒头就睡。早年的他穿梭在不同城市之间，于城市而言，他是过客；但对他来说，那段时间是一辈子挥之不去的记忆。后来他觉得给别人打工不如自己干，就打算回来自己做生意，但后来因为种种原因未能实现。后来由于亲戚朋友的介绍，来到了郑州。工作上，冯某在亲戚介绍来郑州之后开始自己找工作，刚开始找工作并不是很顺利，总会碰壁，好在他也算是经过大风大浪的人，平时不工作的时候，冯某会给自己找些乐趣，比如看看电视。在电视节目的选择上，冯某还是比较有侧重的，一般会看小莉帮忙、民生大参考等民生类新闻节目，还有央视的今日关注等，也会看手机，不过时间不会太久，偶尔也会打打麻将消遣一下。

冯某对媒体接触得比较单一，更喜欢用手机了解信息等，而对于传统媒体报纸、广播、电视接触较少。他每天大概花费两三个小时看手机，上网的话主要看新闻，有时候会了解点趣事之类的。对于微信等平台上面推送的腾讯新闻等他也关注，主要是时政方面，但是他也坦言觉得新闻有符合事实的，也有虚假的。他觉得现在的新闻有很多夸大的成分，有很多不是像报道里描述的事实，但报道却写得冠冕堂皇。比如说有些视频之类的，一些报道从别处截取视频，拼凑成一篇报道。偶尔冯某对一些质疑的新闻，也会去发表一下评论，进行一个互动，但似乎没什么效果。他手机上只有一个社交软件：微信。对于一些陌生人加他，他会因情况而定，有的通过图片就能断定基本的对方的品质，或者有的一看就是微商，也有一些推销化妆品、卖药的，这种他一概不加。他的好友通信录里比较多的是工友，其中也有大概30%的好友是本地人。在平时与本地人的交流中，他也没觉得自己和本地人有什么不同，说说笑笑，根本不会想到"本地人""外地人"之类的词汇。冯某关注郑州的新闻，他平时看看都市频道和小莉帮忙，还有河南台的一些其他栏目。传统媒体，他接触较多的是电视，娱乐很少看，有时候看军事国际方面的，不太喜欢看电视剧，但爱看电影，尤其是侦探类的。因为他觉着电视剧看完今天的还得看明天的，电影今天看完就完了。跟他提到关于政府对农民工的重视时，他说他有过了解，在报道上看到过，他认为那些报道是真实的，那些政策也是好的，只是在落实的时候有的就变了样，但这几年还好。如果有机会，冯某也很愿意向政府反映自己的诉求，毕竟给了自己发言的机会，何乐而不为呢？冯某甚至都想好了要说什么，他说现在学生上学确实是比较头疼的一件事，因为上面政策是一回事，下面落实又是另外一回事。虽然现在外地孩子上学不必再交借读费，但对于农民工的子弟，上学只能跑到指定的远处。比如现在他们家小区与陇海中路小学只一墙之隔，但他们却把学校给你分到苗圃，说是在那边才符合条件，但是太远了，冯某也不愿让孩子跑那么远，而且重要的是，忙于工作没时间跑那么远接送孩子。这时候他总能感觉得到外地户口与本地户口的差别，那就是：本地户口是一个地方，外地户口是另一个地方。

冯某在郑州接触的人不多，一般都是邻居、亲戚，或者一些工友。遇到一些小问题也会向别人请教，比如借钱啊，或者一些烦心事。当然，更多不开心的事情是跟亲人，一般都是他的姐姐或者兄弟倾诉。对于他和那些他接触到的郑州市民的关系，他觉得自己跟别人相处得挺好的，起码自己不会惹什么麻烦。对于他们这些流动人口，他觉得在本地人看来，有好人，也有相对不好的人，而本地人对那些不好的人自然是排斥的，不仅是本地人排斥，他们外地人也同样不喜欢。偶尔也有市民不愿接受的外地人和关于外地人在郑州发生的事，他们会用眼神、语言或者行为动作表现出来。冯某很少去一些热闹的场合，几乎不会去参加一些市里举办的集体活动或者老乡会什么的，再加上工作比较忙，所以去的时候很少。不过他说如果工作不忙的话可以去参加，放松放松。

来郑州这么多年，冯某感觉自己还是农村人，他觉得农村人没什么不好，农村人更实在，但无论城市还是农村，都有好人和坏人之分，坏人是相对于好人来说的。只是城市物质生活、精神生活要求相对高，医疗、教育什么的比农村好很多。不过即使这样，生活在郑州他也不在乎别人会喊他"外地人"。他省吃俭用买了一套房，在郑州有了房子就有了家的感觉，但是冯某并不打算迁户口，而且他觉得现在农村户口确实挺好的，也有农村医保。虽然冯某常年不回家，但他依然与家乡联系着，关心老家的发展状况。冯某在郑州工作了十几年，在这些年里，他多多少少能感觉到自己作为外地人和本地人的差异，比如在医疗、养老方面，外地来的什么都没有。这些保障冯某也想享有，他曾经试图解决这个事，但后来得知外地户口办不了，就暂时搁置了这个事情。以后孩子老婆生病到医院都是自费，无法享受优惠报销。

冯某决定在郑州永久发展，他觉得十年前郑州也就一般，但这几年郑州飞速发展，修了高架、建了地铁，自己出行方便了许多；周边公园多了，娱乐设施跟上了，自己一家也多了出去散心的欲望。周边的商业也慢慢发展起来，大型超市、菜市场什么的都有，方便了很多，"这才是家的感觉"。对冯某而言，媒体对他的作用也是非常大的。他常看一些防止诈骗、如何验证真伪的相关报道，有的东西不了解，看了新闻之后就知道了。冯某现在心态很好，积极上进，第三个孩子出生之后，他多多少少压力会增加，尤其是现在3个孩子都上学，他要做的，就是继续努力在郑州打拼，为了孩子，为了整个家庭，他都不能懈怠。他没有再移到别处的打算，他觉得如果到其他地方重新开始，起步会更难，而且这里也发展出了自己的关系圈。

样本六：

赵某，男，1988年6月，河南南阳镇平人，未婚。本科毕业，现在郑州市高新区国家863中部软件园从事贸易行业。

赵某大学毕业留在了郑州，因为是在郑州上的学，所以留下工作也是顺其自然的事情。他的父亲母亲都是在平煤集团工作，弟弟毕业也在平煤集团工作。只是他的户口依然在农村老家没有迁过来。现在家中还有土地，对于土地，他很有感情："土地存在的意义就是说，从经济上来说，其实没有啥价值，因为并没有给我们带来多少收入。但从这个文化上来说，那个地方有一块地，说明你曾经在那里生活过，有一种内心的归属感。"

他在郑州还没有买房，所以一直租房住。好在他的平均工资大概有7000到8000，他的工作相对轻松点，因为他从事的是商业贸易方面的工作，这也是他大学所学的专业。聊天途中，他的手机微信不断在震动，然而他一边回答着我的问题一边回复着微信，偶尔会将访谈中断，他解释道，"现在网络发展很快，很多生意都逐渐在网络上展开了，咨询的人也就多了，我的手机几乎是从来都不离手的"。

在广播、电视、网络、手机媒体中，他最喜欢手机媒体，因为工作，用手机的时间大概每天至少有五六个小时。"手机媒体你可以随时随地地去选择自己喜欢的东西，信息量更大，基本不看电视。使用手机媒体的主要目的第一个是相互的联络，做一些商务上、信息的沟通，第二个是看一看外面的资讯啊，了解了解。"他关注过手机里面推送的一些新闻，但看到郑州的话，会特别注意一下，其他地方也都会看一下。但他比较相信那些权威的媒体，"现在这种媒体，比如说是自媒体，有时候是不太相信的。推送的东西，总体上其实质量并不是特别高，这个不是特别高，是因为好多对我来说意义不大，我想得到的东西没有得到，好多都是看完之后，其实看完之后对于你没有什么价值。就是为了娱乐，参与过新闻的评论、微博的互动，微信经常用"。

赵某性格比较外向，和郑州这边人经常交往，郑州朋友比较多。他的微信好友有400多人，他说他加好友没有标准，基本都加，但是在网上聊天聊得来的都是一个行业的，因为有聊得来的话题，有共同话题。手机里面的好友工作上的朋友比较多，老乡比较少，郑州人也有，和本地人交流时感觉都是一样的。当权利或者权益受到损害时，不会通过手机媒体来为自己争夺权益，因为手机这种东西他还是不太相信。生活中如果遇到一些困难，比方说借钱或者谈些心事的话，需要找到朋友去帮忙，好在他在郑州的同学朋友比较多，一般都是好朋友的话，会见面，会经常吃饭见面聊，网络聊得比较少。赵某感觉与郑州市民的关系挺好的，"没有啥，都是一样的。我认识的郑州人，他们觉得其实郑州人和外地人没有啥不一样的,其实大家没有说那种地域的隔阂"。与郑州本地人相比,他认为在待遇和保障方面没有什么区别,除了那些拆二代、拆迁户。除了他们,其他都没有什么区别了。

"他们对于外来人口的态度觉得挺好的。没有那种歧视的想法,因为我感觉大家都是一样的,没有隔阂。不用融入,其实我就在其中。"在工作和生活中没有因为外来人口的身份受到过歧视或者是不公平的待遇。与市民发生冲突,他说会求助于媒体,比方打一些电视台的热线,如果这个事特别离奇的话,违反社会道德的话,他肯定也会求助媒体的。

对于赵某来说,最好的休闲方式就是到处去游玩,比如说去黄河旁边玩一玩了,到处逛一逛。去博物院参加一些这种艺术的、美术的展览活动。在郑州参加过一些组织或集体,像驴友什么的。老乡会也参加过。"参加这种活动肯定就是有共同兴趣、共同爱好,另外一个就是一个地方过来的,其实大家内心还都是有这种热火劲的。其实这挺好的,我也比较喜欢这种活动。"赵某内心有点小小的不愿意的让人知道他来自农村,更倾向于当地人组织的活动,因为思想已经在一个层面上了,但不想改变农民工的身份。从现在这个户籍上转移,他觉得是不可能的。户籍只是一种管理的形式,成为郑州人最重要的条件是住房,他不想要郑州户口,因为觉得家乡是一个有文化的地方。他也关心家乡发生的一些事情,但是关心的不多。相比而言,他还是喜欢郑州多一些,因为郑州和家乡比有一些雕塑公园、博物馆,他觉得这些东西挺有文化氛围的。

"网络对我帮助更大。特别是现在各种自媒体,因为好多信息是从这个方面了解到的。相当于现在人人都离不开手机,经常关注的话题比方说财经类、创业类,还有体育、康复医疗这些的，我干这一行的。"赵某平时最喜欢看财经新闻、体育新闻，会经常上网。节目比较喜欢这种人物访谈、纪录片类型的，提起农民工的相关报道，他还是比较赞同"电视报道中总有一些关于农民工新闻报道，感觉真实，因为农民工很难融入城市，确实是。比较信服农民工朴素的表达吧"。他认为政府或单位在制定一些相关的政策时，考虑到农民工的利益，在制定外来人员的政策制度上不存在歧视，至于政府制定的一系列外来人口的优惠政策，就如孩子上学、医疗，他没有了解过。赵某对自己的身份定位是城里人，因为他不可能再回农村，其实他内心觉得农村挺好的，田园风光，但是已经回不去了。农村居民和城市居民的区别在于思想状况、眼界，还有精神层面上的东西。赵某感觉自己与郑州市民没有区别，"觉得我跟他们是一样的。自己的优缺点就是，优点是我是敢想敢做，缺点是有时候做事条理不够，执行力也不够。没有把条理一点一点弄清，时间观念也不清晰。"赵某不愿意别人称呼为他农民工，"其实我内心觉得我就不是农民工。如果我是农民工的话，假设别人说，你看这些农民工，其实我是觉得他是有歧视的成分。比方说我在路过一群搞建筑工地的时候，是有这种感觉的。"

"现在也适应了郑州的生活了，来郑州之后变化的话，之前是有点理想主义，现在是现实主义，做事更现实了。"赵某说他关注郑州发生的事情，郑州的发展肯定是跟他有关系的，因为城市的发展其实都是每个人努力的结果，"觉得郑州就是家，有安全感，归属感。"赵某希望媒体和政府多宣传下农民工的好政策，尤其是在子女上学等务实问题上。他现在的精神状态上，生活压力有一些，对未来的焦虑也稍微有一些，"目前最好的打算在郑州好好把事业做好，挣钱养家"。

后　记

　　我生于乡间，长于乡间。

　　上树掏鸟窝，下地放牛羊，我如野丫头一样风风火火地恣肆于乡村四季轮回中。

　　父辈们的大脚板砸实着沃野黄土，寒来暑往，家乡的日子依然清贫。

　　为了给家人更好的生活，他们开始走出乡间，扛着粮食袋子装的被褥来到城里打工，这就是第一代的农民工。

　　我的父亲就在其中。

　　我的父亲经历丰富，高中毕业的他做过农业技术员、乡镇教师，最后为了养活4个孩子选择去建筑公司当会计，成为第一代农民工，领着我们乡里的建筑工人在全国各地施工。每年的春节，是父亲最为忙碌的日子，因为要给回家过年的工人们发工资，我至今还记得拿到工钱的工人那泛着喜悦光芒的脸庞。每年农忙的夜晚，我家总聚满了返乡忙活的人。他们在我家聊天，聊城市的繁华，聊打工的苦乐，言谈中充满了对城市生活的羡慕，但是很认命地说那是别人的城市。如候鸟般的他们往返于城市与乡村间，用汗水建造起城市的大楼，用汗水使自己的家人过上经济宽裕的生活。对于城市人来说，他们是另一个世界里干着脏累差活的弱势群体农民工,但是对于村里人来说,他们是能人,是凭着技术养活一家老小的聪明人。致敬我的农民工父辈们。

后来,父亲所在的建筑公司进城了,成为县里收编的正式建筑公司,而且在城里买了地皮盖了家属楼。为了让我们接受更好的教育,父亲把家搬到了县城,但是由于我们是农业户口,城里的小学不愿接收我们,父亲多方努力疏通关系,最后达成的协议是,先让我们参加考试,通过考试后,我们比城里孩子每年多交几百元的赞助费。我们通过考试后,学校通知可以入学了,母亲兴奋地为我们准备了新书包、新衣服。城市小学完全不同于我们的乡村小学,我在城市小学里第一次见到那么雪白的教室,第一次见到那么明亮的灯管,第一次见到了脚踏钢琴,第一次拿起画笔上美术课,也第一次考到班级倒数第三。我们努力地适应着城市的学习生活,我的父母努力地给我们交着不菲的赞助费,但是户口的阴影依然挥之不去。我弟弟上初中时,学校发来通知,因为他不是城市户口,要求他退学,万般无奈的父母花巨款为弟弟办了个城市户口。

我感恩我的父母,是他们的拼死努力,铺就了我们的求学之路,我们姐弟4个如愿以偿地接受高等教育,有了稳定的工作,以此阻断了我们的代际传递。但我童年的小伙伴却延续着这个职业。我所在的村庄,外出做建筑工成为村里的传统,中、青年人外出打工,老人和孩子在家里种地维持,因此我和我的小伙伴们应该是最早的留守儿童。长大后的我们人生轨迹出现了分叉,他们成为新生代农民工,如我们的父辈一样在城里四处打工,每年回老家,和他们聚在一起,听他们讲在城里打工的酸甜苦辣,看他们玩着各式的山寨版手机。由于打工挣的钱比我的工资还高,我的小伙伴们没有自卑,相反他们对我这个读书那么久依然灰头土脸的人很不屑，他们对城市的印象也变成了只要有钱，在哪里都一样。因此他们努力挣钱，有的在家乡盖起了三层楼房，屋内设施如城里一样，有的发达了在城里买了房子把孩子接过去上学。只是他们也经历着当年我们家的遭遇，比如户籍，比如孩子上学难等一系列问题，所以，我想做点什么，为曾经的我，为我的童年小伙伴，为我们的后代。这也是我从事农民工相关问题研究的缘由。因此，非常感谢我的童年小伙伴们。

在做调研的过程中，问卷设计、发放与回收是很艰辛的，每一份问卷需要三十分钟，这对于访员和被访者都是很需要耐心的，感谢我的学生张莉莉等同学，在我的带领下，我们每一份问卷都采取了面对面的形式认真完成，也感谢接受问卷调查和访谈的新生代农民工们。我们在菜市场、在建筑工地、在立交桥下、在物业门口、在小商品城、在快递公司……耐心地倾听着他们的故事，感受着他们的喜怒哀乐，感受着他们的梦想坚持。这段调查时光使我受益匪浅，其中也有一些遗憾，在以后的研究过程中慢慢弥补成熟。

感谢中国社科院在招生过程中的公开、公平、公正，使我有机会在这个大师云集的研究机构中接受熏染。宁静质朴、沉郁雅致的校园环境，学术争鸣、大气包容的治学环境，阳光向上、探索不已的同窗好友，这些是我温暖而美好的回忆。感恩教授我每一节课的老师，感恩我的导师宋小卫先生。先生学术严谨而为人低调，直谅多闻而温暖有爱。感恩您次次体谅我跑到新闻所上课而留我用餐，感恩您在繁忙之中帮我逐句逐字地修改我的项目申请，感恩您耐心聆听我的很多不成熟的狂妄言论，感恩您细心地询问我的生活学习状况。记得开题结束后，您帮我仔细地修改我的调查问卷，将近三个小时，您讲得口干舌燥，汗流不止，谢谢您原谅我的任性、我的执拗，谢谢您的私心袒护，在众多老师面前评价我"人很乖"，您的学术品格和温暖力量将伴随我一生。感谢中国社会科学出版社的郭晓鸿老师，谢谢您的热心与严谨，才有我第一本专著的面世。

  风吹平野阔，暮色照大地，苍老而悠远的乡土是我永远的牵挂。而今的我依然怀念着那个赤脚蹦跳于乡间小路的野丫头，树叶的水滴，草尖的露珠，麦梢的薄雾，田野的白雪。这将是我此生难以醒来的故园梦。

  致敬，我最爱的乡土与亲人。

  爱你，我的大小三位孙先生。